**천종호 판사의
예수 이야기**

정의롭고 선한 삶을 고민하는 이들에게
천종호 판사의 예수 이야기

지은이 | 천종호
초판 발행 | 2021. 9. 27
4쇄 발행 | 2024. 10. 25
등록번호 | 제1988-000080호
등록된 곳 | 서울특별시 용산구 서빙고로 65길 38
발행처 | 사단법인 두란노서원
영업부 | 2078-3333   FAX | 080-749-3705
출판부 | 2078-3331

책값은 뒤표지에 있습니다.
ISBN 978-89-531-4078-3 03230

독자의 의견을 기다립니다.
tpress@duranno.com   www.duranno.com

ⓒ 이 출판물은 저작권법에 의해 보호를 받는 저작물이므로
   무단 전재와 무단 복제, 무단 사용을 할 수 없습니다.

두란노서원은 바울 사도가 3차 전도여행 때 에베소에서 성령 받은 제자들을 따로 세워 하나님의 말씀으로 양육하던 장소입니다. 사도행전 19장 8-20절의 정신에 따라 첫째 목회자를 돕는 사역과 평신도를 훈련시키는 사역, 둘째 세계선교(TIM)와 문서선교(단행본·잡지) 사역, 셋째 예수문화 및 경배와 찬양 사역, 그리고 가정·상담 사역 등을 감당하고 있습니다. 1980년 12월 22일에 창립된 두란노서원은 주님 오실 때까지 이 사역들을 계속할 것입니다.

정의롭고 선한 삶을
고민하는 이들에게

천종호 판사의 예수 이야기

천종호
지음

두란노

차례

추천사 8
책을 시작하며 12
프롤로그 15

○ 이야기 1
예수의 길 복음의 시작과 끝

여전히 가장 좋은 소식 예수 그리스도의 복음 26
고요한 밤, 거룩한 밤 예수의 탄생 34
삶의 전환점 성령 세례 40
만일 하나님의 아들이라면 광야의 시험 46
지금은 내 때가 아니다 피 흘림의 사역 예고 56
나를 따르라 제자를 부르심 61
가르치시고, 전하시고, 고치시다 공생애 사역 67
죄 사함을 받으라 온전한 치유 74
새 부대가 되지 않으면 예수님의 천국 잔치 84
안식일을 거룩하게 지킨다는 것 안식일의 의미 91
누구든지 하나님 뜻대로 하는 자는 하나님 나라의 가족 103

○ 이야기 2

예수를 향한 믿음 우리가 구원받는 유일한 길

그가 누구이기에 신뢰 112
그는 커지셔야 하고 나는 작아져야 한다 세례 요한의 사명 125
우리의 믿음은 나약하지만 찾아오시는 예수님 136
우리를 더럽히는 것은 정결한 것과 부정한 것 141
믿음 인격으로 거듭나려면 순전한 믿음 146
살아 계신 하나님의 아들 예수님은 누구이신가 153
기꺼이 낮아져야 한다 겸손과 섬김 163
하나님이 맺어 주신 관계 언약 관계의 책임 169
어떻게 하나님 나라에 들어갈 수 있을까 예수 공동체의 특징 177
예수님이 이 땅에 오신 이유 십자가와 부활 예고 184

°이야기 3

예수의 사명 죄 사함과 부활 선포

영원을 두고 싸우는 격전 8일 전쟁의 시작 190
내 집은 만민이 기도하는 집이라 성전을 정결케 하시다 195
요한의 세례가 하늘로부터냐 사람으로부터냐 논쟁과 가르침 199
내 장례를 미리 준비하였느니라 향유를 부은 여인 213
많은 사람을 위한 언약의 피니라 세족식과 최후의 만찬 218
엘리 엘리 라마 사박다니 십자가 227
안식 후 그가 살아나셨다 부활 240

○ 이야기 4

예수의 가르침 정의롭고 선한 삶을 위하여

하나님이 통치하시는 세계 하나님 나라와 천국 250
천국을 소유한 자의 증거 거듭난다는 것 258
하나님 나라 시민의 정체성 공동선을 이루는 길 265
하나님 나라 시민의 법 규범의 내면화 283
하나님 나라 시민이면 '행하라' 믿음과 행함 298
하나님 나라 시민이면 '하나님을 사랑하라' 하나님 사랑 303
하나님 나라 시민이면 '이웃을 사랑하라' 이웃 사랑 309
하나님 나라에는 심판이 있다 삶의 우선순위 320

에필로그 329
주 332

추천사

　일명 '호통 판사'로 널리 알려진 천종호 판사는 소년 범죄를 일으킨 아동이나 청소년을 위한 사회적 지원 시스템을 구축하고 아동청소년상담교육센터를 설립하여 보호 처분을 받은 이들에게 체계적인 교육 기회를 제공한 공로로, 2020년 5월에 옥조근정훈장을 수여받았습니다. 이처럼 그는 모범적인 법조인으로 살아왔습니다.
　천 판사는 그동안 여러 책을 썼지만, 이 책은 그의 신앙의 일면을 보여 주는 동시에 예수님의 생애에 대한 사실적 기술과 묵상, 그리고 예수님의 삶이 주는 교훈을 이야기 형식으로 기록한 값진 책입니다. 그는 하나님의 말씀인 성경에 대한 간절한 열망과 하나님의 말씀을 바르게 이해하려는 순연한 의지를 갖고 있었습니다. 그래서 성경을 읽고 묵상하면서 깨달은 계시의 의미를 오늘의 현실에서 이해하고 적용하려는 거룩한 열정으로 이 책을 쓰게 된 것입니다. 특별히 이 책은 그저 책상에서 만들어 낸 것이 아니라 그가 기도하고 묵상하고, 또 평소에 학생들을 지도하고, 때로는 새벽기도회와 수요기도회를 인도하면서 준비했던 말씀들을 모아 기술했다는 점에서 더욱 가치 있습니다.

이 책은 신약성경의 4복음서를 중심으로 예수님의 생애와 사역, 가르침을 기술했는데, 다음과 같은 특징이 있다고 생각합니다. 첫째, 이 책은 예수님의 생애를 시간 순서대로, 체계적으로 제시합니다. 중요한 역사적 배경이나 당시 상황도 소상하게 밝혀 줍니다. 예수님이 걸어가신 구원의 여정을 간명하게 읽을 수 있습니다. 둘째, 이 책의 내용은 신학적으로 매우 건실합니다. 그는 복음주의적인 교회에서 성장하면서 복음주의 신앙과 신학을 배웠고, 이 점이 책 전면에 자연스럽게 드러나 있습니다. 이런 면에서 이 책은 신뢰할 만하며 신학적으로 복음주의적 입장을 보여 주고 있습니다. 셋째, 이 책은 누구나 편안하게 읽을 수 있도록 독자들을 배려했습니다. 그러면서도 예수님이 누구이신가를 분명하게 제시했습니다. 저는 이 책을 읽으면서 예수님의 삶에 일어난 하나하나의 사건에 매료되어, 책을 손에서 놓을 수 없을 정도로 감동과 은혜를 받았습니다.

이런 점에서 이 책은 평신도에서부터 신학생이나 목회자 모두에게 귀한 가르침을 주는 예수 전기라고 생각합니다. 기쁜 마음으로 이 책을 추천합니다.

김상석 부산 대양교회 원로 목사

겉모양만 보고 판단하기 쉽다. 판사라는 직업, 시원하게 호통 치는 깐깐한 모습, 연예인 못지않은 인기를 누리는 유명인 정도로

만 안다. 그의 초기작부터 모든 책을 꼼꼼히 읽고, 여러 차례 북토크 강사로 초청해서 대화를 나누고, 그를 통해 청소년회복지원시설 아이들과 인문학 모임을 진행하는 나는 천종호 판사에게서 3가지가 보였다.

먼저 그는 작가다. 그의 모든 책을 열독한 나는 매번 감탄한다. 술술 잘 읽히는 문장, 정확한 사실에 기초한 논리, 아이들의 삶의 이야기에서 길어 올린 감성이 없다면 그의 책은 이렇게 읽히지 않았을 것이다. 글 잘 쓰는 작가이다.

다른 하나는 신자이다. 아무도 생각하지 않은 길, 생각했더라도 가지 않을 길을 개척하고, 많은 칭찬과 지지 이상으로 비판을 받는 외로운 길을 꿋꿋하게 밀고 나가는 저력은 어디서 오는 걸까? 천종호를 움직이는 힘의 원동력은 신앙이다. 세상 그 무엇으로도 흔들 수 없는 예수님에 대한 온전한 신앙이 그를 있게 했다.

마지막으로 그는 본질과 근원을 추구하는 작가이자 신자이다. 그의 첫 책부터 따라가며 읽으면 처음에는 위기 청소년들을 변호하는 법관에서, 가정과 아비 부재를 근원적 문제로 지목하고 아이들을 다독이는 상담가요 해법을 제시하는 사회학자로, 그리고 정의란 무엇인가를 묻는 법철학자인 천종호를 만난다. 위기 청소년의 대변자에서 이론가로 변신하는 모양새다.

그 종착지가 어디인지 몰라도 나는 내심 성경일 것으로 추측하며 기대했다. 바로 그것이 천 판사를 현재의 삶으로 내몬 심장이기 때문이다. 그리고 보니 그는 예수의 이야기에 흠뻑 빠져 성장했고, 그 예수의 이야기를 법정에서 실천했고, 예수의 이야기를 글로 쓰고 있었구나. 이 땅에 정의로운 하나님 나라를 세우려던 예수의 이야기는 지금 여기에서 천종호 판사의 삶의 이야기로 나타났고, 이제 그 이야기로 우리 모두를 초대하는구나. 나는 천 판사의 초대장을 들고 따라가 볼 참이다. 아, 설렌다.

김기현 로고스교회 담임 목사

깊은 샘에서 길어 올린 생수의 청량감을 맛보았다. 천종호 판사는 목마른 사람이 우물 판다는 말로 자신의 성경공부 동기를 설명한다. 하나님 말씀에 대한 갈급함과 생수가 터지기까지 포기하지 않는 끈기가 이 책을 가능하게 했지 싶다. 성경의 저자들이 전하고자 하는 주제를 벗어나지 않으려는 노력과 다양한 목소리를 하나로 종합해 일관된 그림을 제시하는 능력은 탁월하다.

  좋은 사람은 좋은 이야기를 가진 사람이다. 행복한 사회는 아름다운 이야기가 넘치는 사회이다. 천 판사가 법정과 청소년들을 돌보는 현장에서 남긴 이야기는 이미 잘 알려져 있다. 이 책은 그 아름다움이 예수의 이야기라는 샘에서 나왔음을 잘 보여 준다. 이 책에 담긴 예수의 이야기로 목을 축여 보시라 권하고 싶다. 이 책을 읽고 자신의 방식으로 예수의 이야기를 살아 내는 사람들이 이어질 때 우리 사회에 아름다운 반향이 울려 퍼질 것이다.

박영호 포항제일교회 담임 목사

책을 시작하며

저는 초등학교 5학년 때인 1978년에 신앙생활을 시작했고, 그 후 42년이 지났습니다. 돌아보면 아주 긴 기간입니다만, 성경공부를 게을리한 탓에 스스로 말씀을 묵상하여 내 것으로 만들기보다는 주로 목사님들의 설교나 기독교 서적을 통해 태초부터 계셨던, 말씀이신 예수님에 관한 지식을 확장해 왔습니다.

하지만 목사님들의 설교는 제한된 시간과 신학을 전공하지 않은 평신도 대상이라는 한계에 맞추다 보니, 예수님을 통째로 그려 낼 수 없었습니다. 뿐만 아니라 설교자들의 신학적, 철학적 및 인문학적 소양이 설교에 반영되다 보니 성경 본문의 맥락에서 벗어날 때가 많아 안타까웠습니다. 또 말씀을 제대로 이해하고 싶어 읽었던 책들도, 저자들이 설정한 주제 때문에 예수님의 생애와 말씀에 관해 제가 원하는 통합적인 이해를 주지 못했습니다. 그렇다 보니 늘 영혼에는 말씀에 대한 갈망이 남을 수밖에 없었습니다.

그 갈망은 예수님의 파편들을 들고 그것이 예수님의 전부인 것처럼 생각하는 것이 아니라 한 편의 영화를 보듯 예수님을 통째로 이해할 수 있도록 해 달라는 외침으로 바뀌었습니다. 하지만 저의 갈망을 충족할 길을 찾을 수 없었습니다. 결국 목마른 사람이 우물을 판다는 말처럼, 저는 혼자서 예수님을 '통째로' 알기 위해 4복음서를 있는 그대로 본문의 맥락에 따라 읽어 보겠다는 생각에 말씀을 묵상하기 시작했습니다. 그 결과 이 책을 여러분 앞에 내놓게 되었습니다.

이 묵상 내용들은 제가 섬기는 교회의 학생부 및 청년부와 함께 성경공부를 하면서 깨달은 것들과 하나님의 특별한 섭리로 잠시 동안 제가 섬기는 교회의 수요예배 및 새벽기도회를 인도하면서 깨달은 것들을 모은 것입니다. 그러나 저의 독단적인 생각만으로 구성된 것이 아닙니다. 오랫동안 들은 설교와 독서에서 얻은 깨달음이 포함되었습니다. 특별히 중요하다고 생각되는 부분은 직접 책에서 인용해 소개했습니다.

이야기를 통해 예수님을 알아 가기 위해, 텍스트는 4복음서 중 가장 빨리 기록되었고 신학적으로 풀어야 할 내용이 적다고 생각된 마가복음을 선택했습니다.

이야기 1, 2, 3은 예수님의 탄생과 죽음, 부활과 승천까지의 이야기를 정리했는데, 가급적 신학적인 색채는 빼고 인본주의적 요소는 첨가하지 않은 채 마가복음 말씀만을 기본으로 하여 이야기 형식으로 예수님의 일생을 풀어 보았습니다. 말씀의 행간에 숨은 부분을 드러낼 때는 문장의 맥락에 어긋나지 않게 하고, 필요한 경우 마태복음, 누가복음, 요한복음의 내용을 추가함으로써 예수님이 말씀하신 바를 순수하게 이해하고자 했습니다. 이야기 4는 앞의 내용들과 같은 형식은 아니지만 마가복음의 이야기만으로 풀어낼 수 없는 예수님의 가르침을 따로 뽑아 정리했습니다. 시간이 부족하고 이 내용이 어렵게 여겨진다면 최소한 이야기 1, 2, 3이라도 읽으시면 좋겠습니다.

    세상에 예수님에 관한 책들이 많이 나와 있지만 결례를 무릅쓰고 또 한 권의 책을 내놓습니다. 책을 낼까 말까 망설였지만, 제 아이들에게 예수님의 생애를 통합적으로 설명해 주자는 생각으로 이 책을 쓰게 되었습니다. 심오한 예수님의 말씀을 모두 밝혀내지 못한 면도 있고, 신학적으로 여러분의 생각과 다른 내용들도 있을 것으로 생각합니다. 평신도 법조인으로서의 열정이라고 생각하시고 부디 너그러이 용납해 주시면 감사하겠습니다. 아울러 이 책이 나오기까지 수고해 주신 두란노서원에 감사를 전합니다.

    부디 이 책을 통해 저의 신앙 고백이 드러나기를 바라고, 이 책을 읽는 분들과 제 아이들이 심판의 주요 사랑의 주이신 예수님을 조금이라도 더 알게 되고, 진리이신 예수님께로 한 발짝 더 다가설 수 있게 되기를 소망합니다.

2021년 9월 금정산 자락에서
천종호

프롤로그

　　예수님을 알아 가기 위해서는 두 가지 좌표를 설정해 두어야 합니다. 신학적 좌표와 역사적 좌표입니다.
　　첫 번째로, 신학적 좌표를 살펴봅시다. 우리는 신학적으로 예수님을 순도 100%의 하나님이시자 순도 100%의 인간이시라고 고백합니다. 하지만 인간의 능력으로 그 의미를 온전히 이해하기는 어렵습니다.
　　우주 만물을 만드신 하나님은 자신의 창조물을 초월하실 뿐만 아니라 우주 만물에 내재하시는 존재입니다. 먼저, 초월적 하나님은 인간으로서는 감히 근접조차 할 수 없는 존재로서의 하나님을 말합니다. 초월적 하나님의 가장 고유한 특성은 거룩성입니다. 구약성경을 통해 알 수 있는 것은 하나님의 거룩성을 함부로 대했다가는 죽음에 이를 수도 있다는 것입니다. 인간은 거룩하신 하나님의 피조물인지라 그분 앞에 서기 위해서는 하나님의 허가를 받아야 합니다.
　　구약성경의 에스더서를 보면 에스더가 아하수에로왕 앞에 설 수 있었던 것은 아하수에로왕이 규를 내밀었기 때문입니다(에

5:2). 다시 말해 아하수에로왕의 허가가 있었기 때문입니다. 마찬가지로 피조물이 하나님 앞에 서기 위해서는 하나님의 거룩성이 필요합니다. 아담과 하와의 범죄 이후 피조물들에게 거룩성이 있는지를 먼저 살펴보는 것이 바로 하나님의 '심판'입니다. 인간은 아담과 하와의 범죄로 타락했지만, 예수님의 피로써 거룩할 수 있게 되었습니다. 따라서 우리가 하나님 앞에 섰을 때 관건은 '예수 그리스도의 보혈로써 의롭다 함을 얻었는가'입니다. 어쨌든 초월적 하나님께는 심판이 필연입니다.

성경에서 '심판'이라는 단어는 크게 3가지 뜻으로 사용됩니다. 첫 번째, 죄인을 정죄(유죄 판결을 내림)하고 그에 상응한 벌을 받게 한다는 뜻입니다. 두 번째, 의인(양, 알곡, 좋은 물고기)과 죄인(염소, 가라지, 못된 물고기)을 가린다는 뜻입니다. 세 번째, '심판 권한'이라는 뜻입니다. 예수 그리스도의 생명책에 이름이 기록된 사람들은 '심판'(양과 염소를 분리하고, 알곡과 가라지를 구분하며, 좋은 물고기와 못된 물고기를 구분하는 심판)을 통과해 하나님 나라의 축복을 누리게 됩니다. 그렇지 못한 자들은 영원한 형벌을 받습니다.

한편, 내재적 하나님은 우주 만물과 이 세상에 사랑으로 섭리를 펼치시는 존재를 말합니다. 내재적 하나님의 가장 선명한 형태는 예수님이 인간으로서 이 땅에 오신 것입니다. 이를 '임마누엘의 하나님'이라고 합니다. 내재적 하나님께는 사랑이 필연입니다.

그런데 최근 들어 '하나님이 죽었다'는 근대 계몽주의 사상, 우주와 성경이라는 텍스트에 대한 해석권이 저자이신 하나님께 있는 것이 아니라 인간에게 있다는 포스트모더니즘 사상에 의해 복음주의가 심각하게 오염되고 있습니다. 기독교 신학과 삶의 태도에서 예수님이 성자 하나님이 아니라 인간에 불과하다고 주장하는 것입니다.

뿐만 아니라, 하나님에 대한 죄는 인간에 대한 악으로, 죄의 결과는 인간 본성의 상실이 아니라 인간에게 해로운 질병으로, 하나님에 대한 지식의 추구는 인간 자아에 대한 지식 추구로, 하나님의 심판은 인간에 대한 사랑으로, 하나님의 섭리는 인간의 자율로, 성도의 인격은 인간으로서의 성격(개성)으로, 기도는 명상으로, 죄 사함을 통한 인간 본성의 회복을 구하는 기독교적 영성은 인간의 심리적 위안을 얻기 위한 현대적 영성으로, 신학은 심리학이나 상담학으로 대체해 버리는 경향이 광범위하게 퍼져 있다는 것이 그 증거입니다.

하지만 이는 하나님의 초월성을 명시적이지는 않지만 실질적으로 부정하는 것일 뿐만 아니라 하나님을 인간 심리 속에 가두어 버림으로써 하나님의 내재성마저도 부정하는 것이 되고, 결국 입으로는 하나님의 이름을 부르지만 실질적으로는 하나님의 존재를 부정하는 결과에 이르게 합니다. 올바른 신학과 신앙은 하나님의 초월성과 내재성을 동시에, 그리고 실질적으로 인정하는 것에 바탕하고 있음을 잊어서는 안 됩니다.

두 번째로, 역사적 좌표를 살펴봅시다.[1] 역사적으로 예수님은 BC 3-4년경 이스라엘 베들레헴에서 태어나셔서 32-34세에 정치범으로 몰려 인간이 고안한 형벌 중에 최악의 형벌인 십자가형으로 처형되셨습니다. 이러한 예수님의 생애는 이스라엘이 BC 586년

바벨론에게 최종적으로 멸망당한 이후부터 AD 130년 로마 제국에게 다시 멸망당하기까지의 역사적 맥락 속에서 살펴보아야 합니다. 그래야만 예수님을 더 깊고 풍성하게 알 수 있습니다.

이스라엘은 솔로몬왕이 죽은 뒤 남유다와 북이스라엘로 분열되었습니다. 북이스라엘은 BC 722년 앗수르 제국에게 멸망당하고, 남유다는 BC 605년에 백성들이 1차로 포로로 끌려간 것을 시작으로 BC 586년에 3차로 포로로 끌려감으로써 바벨론에게 최종적으로 멸망당합니다. 이스라엘은 하나님의 특별한 섭리와 바벨론 왕들의 배려를 받아 3차에 걸쳐 고국으로 돌아왔지만, 정치적 독립을 이룬 것은 아니었고, 바벨론의 지배는 여전히 계속되었습니다.

이후 바벨론은 페르시아 전쟁(BC 492-479년까지 3차에 걸쳐 페르시아가 그리스를 침범하면서 일어난 전쟁)에서 그리스에게 패배하고, 알렉산더는 그리스의 패권을 차지한 이후 이집트, 바벨론, 시리아, 블레셋, 이스라엘 등을 정복해 알렉산더 제국을 세웁니다.

알렉산더가 죽은 뒤 헬라 제국의 프톨레미 왕조에 이어 셀루커스 왕조의 지배를 받던 예루살렘은 시몬(BC 142-133) 대에 이르러 80년간 정치적 독립을 누리게 됩니다. 시몬의 아들 요한 힐카누스 1세는 아버지가 암살당한 후 왕위를 계승하여 하스몬 왕조를 열었습니다. 그는 BC 104년에 사망했는데, 그의 뒤로 왕위를 계승한 사람은 아리스토불루스 1세이고, 그다음으로는 알렉산데스 야나이우스입니다.

알렉산데스 야나이우스가 죽자 그의 두 아들 힐카누스 2세와

아리스토불루스 2세 사이에 왕권 계승 분쟁이 발생했습니다. 이런 분쟁을 틈타 로마 제국의 폼페이우스는 BC 64년에 이스라엘을 지배하기 위해 들이닥쳤고 힐카누스 2세를 대제사장직에 앉혔습니다. 그 후 로마 제국에서는 율리우스 카이사르와 폼페이우스 사이에 내전이 발생했는데, 내전에서 승리한 카이사르는 힐카누스 2세의 지위를 공고히 해 주는 한편 헤롯 대왕의 아버지 안티파터를 이스라엘의 행정장관으로 임명했습니다. 하지만 자신의 이익을 챙기기에 바빴던 안티파터는 이스라엘 사람에게 암살당합니다.

안티파터의 뒤를 이은 사람이 바로 성경에서 유명한 헤롯 대왕입니다. 헤롯 대왕은 카이사르 이후 로마 제국의 실권자인 안토니우스에게 뇌물을 주며 자신을 이스라엘 왕으로 임명해 줄 것을 간청했습니다. 로마 제국은 하스몬 왕조를 멸망시킨 다음 행정에 관한 권한은 분봉왕에게 맡기고, 정치 및 군사에 관한 권한은 총독에게 맡기며, 종교에 관한 권한은 대제사장에게 맡기는 정책을 펼쳤습니다. 헤롯 대왕이 분봉왕이 될 수 있었던 것도 바로 이러한 정책 때문이었습니다.

헤롯 대왕은 BC 40년경 분봉왕에 올라 BC 4년까지 자리를 지켰습니다. 예수님이 탄생하신 때가 바로 헤롯 대왕이 분봉왕으로 있을 때였습니다. 한편, 예수님의 처형에는 헤롯 대왕의 아들이고 갈릴리 지역의 분봉왕이었던 헤롯 안디바(분봉왕 헤롯), 총독 빌라도, 대제사장 가야바가 관여되는데, 이것도 바로 로마 제국의 정책에 따른 것이었습니다.

헤롯 가문의 통치는 AD 44년까지 이어졌고, 로마 제국은 야고보 사도를 처형한 헤롯 아그립바 1세(행 12:1)가 죽은 뒤로는 분봉왕을 통한 통치를 그만두고 행정권까지 총독에게 맡겼습니다. AD 66년 총독 플로루스는 로마에 바쳐야 하는 세금이 밀리자 예루살렘 성전 금고에서 금화를 몰수해 세금으로 환수시켰습니다. 이를 계기로 대규모 폭동이 일어났고, 결국 '유대전쟁'이라는 전쟁까지 발발합니다.

결국 AD 70년 예루살렘성 전체가 완전히 로마군의 손에 넘어갔습니다. 헤롯 대왕이 건축한 성전도 "돌 하나도 돌 위에 남지 않고"(마 24:2) 철저히 파괴됩니다. 아울러 산헤드린 공회, 사두개파, 에세네파 그리고 열심당도 모두 사라졌습니다. 그리고 하드리아누스 황제는 AD 130년에 예루살렘에서 유대인들을 완전히 추방했습니다. 이후 이스라엘 사람들은 1948년 나라를 다시 세우기까지 나라 없는 민족으로 살아야 했습니다.

예수님이 이스라엘에서 공생애 활동을 하실 때는 이스라엘은 하스몬 왕조가 멸망하고 로마 제국과 에서의 후손인 헤롯 가문의 지배를 받고 있을 때였습니다. 그리고 예수님이 십자가에서 처형당하신 때부터 약 40년쯤 뒤에 예루살렘성이 로마 제국의 손에 완전히 정복됩니다. 예수님이 이 땅에 계시던 시기를 전후로 이스라엘 백성의 삶은 오랜 기간 동안 계속된 전쟁과 폭력, 폭압적 지배와 저항, 극악한 십자가형과 그에 대항한 암살, 가난과 질병 등으로 그야말로 참혹하기 짝이 없었습니다. 복음서에 수많은 병자와 귀신 들린 자가 등장하는 것도 이런 시대적 배경 때문이 아닌가 생각합니다.

우리는 특히 곧 망하게 될 예루살렘성을 보고 "예루살렘아! 예루살렘아!" 하고 절규하며 눈물 흘리시던 예수님과 함께 통곡할 수 있어야 합니다. 인류의 구속사를 완성하기 위해 아브라함 때에 하나님에 의해 선택되어 제국의 각축장이었던 '레반트'(해가 뜨는 동쪽이라는 뜻으로, 보통 팔레스타인, 시리아, 요르단, 레바논 등이 있는 지역을 의미함) 지역의 한가운데에서 잠시도 쉴 날이 없이 제국들의 도전을 견디며 힘겹게 하나님의 말씀과 예루살렘성을 지켜 온 이스라엘 사람들을 향한 예수님의 애정을 읽을 수 있어야 합니다. 또 구속사를 완성한 이후 예수님과 함께 장렬히 산화(散華)해야 할 운명인 이스라엘을 보고 통곡하시는 예수님의 한없는 긍휼도 느낄 수 있어야 합니다. 이것이 바로 예수님의 역사적 좌표입니다.

이상에서 본 두 개의 좌표는 복음서에 나타난 예수님을 알아가는 데 중요한 지표입니다. 인간은 타락 이후 낙원을 상실했지만, 상실한 낙원에 대한 희미한 기억은 남아 있습니다. 인간이 끊임없이 신의 존재에 관해 의문을 품고 탐구하며, 인간 사회에서 끊임없이 유토피아를 논하는 것은 바로 낙원에 대한 희미한 기억 때문입니다. 하나님의 하나님 되심을 전제하는 한 그리스도인 누구라도 창조주에 관한 질문과 묵상을 멈춰서는 안 된다고 생각합니다. 그런 질문과 묵상을 멈추는 것은 하나님의 전능하심을 제약하는 것이라고 생각합니다.

하나님은 우주 만물을 지으시고, 인간을 만드시고, 지금까지 우주 만물 가운데서 섭리하고 계시며, 인간의 표현으로는 담을 수 없을 만큼 크고 넉넉한 분이시기에 먼지 같은 인간의 옹졸한 생각조차도 너그러이 품어 주실 것입니다. 그리스도인들 중에는 성경의 무오류를 전제로 권위의 말씀에 절대 의심을 해서는 안 된다는 사람이 있는가 하면, 도마 사도와 같이 치열한 변증과 탐구의 삶을 사는 사람도 있습니다. 하나님의 주인 되심을 인정한다면 그 누구의 삶도 잘못된 것이 아닙니다. 다만, 그 삶의 과정에서 맞닥뜨리게 될 기쁨의 맛에 엄청난 차이를 느낄 뿐입니다.

하나님이신 예수님은 BC 3-4년경 하나님의 보좌를 떠나 인간의 몸을 입고 오셨으나 지금은 다시 하나님의 보좌 우편에 앉아 계십니다. 그리고 성령 하나님을 보내 주셔서 인간들과 소통하고 계십니다. 인간의 지성과 영성으로는 하나님을 완전히 이해할 수 없습니다. 따라서 예수님이 생애 동안 하셨던 말씀도 온전하게 이해할 수 없습니다. 그러므로 예수님의 말씀에서 이해할 수 없는 부분은 신비로 남겨야 하는 것이 그리스도인의 근본 자세라고 할 것입니다.

하지만 이를 핑계로 말씀 공부를 등한시하는 것은 잘못이라고 생각합니다. 왜냐하면 하나님이 하나님의 형상대로 우리를 만드셔서 우리에게 진리를 인식할 수 있는 지성을 남겨 주셨기 때문입니다. 따라서 우리는 예수님을 좀 더 깊고 넓게 이해함으로써 하나님의 임재 앞에 한 발짝 더 다가서기 위해 우리에게 남겨진 지성을 최대한 동원해야 합니다. 하나님은 우리의 눈을 뜨고 볼 수 없는 거룩한 광채시지만, 그 광채에서 발산되는 먼지같이 작은 불

꽃 한 점이라도 보게 되면 우리의 갈급한 영혼은 말로 다 할 수 없는 평안함을 누릴 것입니다.

이야기 1

예수의 길
복음의 시작과 끝

여전히 가장 좋은 소식
예수 그리스도의 복음

　구약성경의 시작인 창세기는 "태초에 천지를 창조하시니라"(창 1:1)라는 말로 출발하고, 신약성경의 복음서 중에서 가장 먼저 기록된 마가복음은 "복음의 시작이라"(막 1:1)라는 말씀으로 출발합니다. 두 구절을 비교해 보면, 창세기를 비롯한 구약성경은 하나님의 '창조 사역'을 보여 주고, 마가복음을 비롯한 신약성경은 하나님의 '재창조 사역'을 보여 줍니다. 창조 사역이든 재창조 사역이든 말씀이시자 임마누엘의 하나님이신 예수님이 함께하셔야 완성됩니다. "하나님의 아들 예수 그리스도의 복음의 시작이라"라는 마가복음 1장 1절은 바로 이런 의미에서 선포된 말씀입니다.

'복음'의 뜻

성경에서 '복음'(福音, Good news, Gospel)이라는 말은 그리스어 '에우앙겔리온'(εὐαγγέλιον)을 번역한 것입니다. '에우앙겔리온'의 'εὐ'는 '좋은'이라는 뜻이고, 'ἄγγελος'은 '전령, 사자, 천사'라는 뜻이므로, 두 단어를 합치면 '좋은 소식을 전하는 전령, 사자, 천사'입니다. 이 단어가 실제 어떤 의미로 사용되는 말인지 알려면 '마라톤 전투'에서 헌신한 병사의 이야기를 보면 됩니다.

마라톤 전투는 BC 492년부터 BC 479년까지 세 번에 걸쳐 치러졌던 페르시아와 그리스의 전쟁(페르시아 전쟁) 중 마라톤 평야에서 치러졌던 두 번째 전투를 말합니다. 당시 그리스군은 1만 명의 병력으로 20만 명의 페르시아 대군을 맞아 싸워야 했습니다. 그야말로 다윗과 골리앗 사이의 싸움이었습니다. 참전하지 않은 그리스 사람들은 페르시아에 맞서 이길 수 없다고 생각했기 때문에, 불안과 두려움에 사로잡혀 암울한 나날을 보냈습니다.

그런데 전쟁이 시작된 지 한 달이 지날 무렵, 한 병사가 아테네로 달려오는 모습이 포착되었습니다. 사람들은 그 병사가 전령인 것을 알고 무슨 일인지 궁금해하며 병사를 기다렸습니다. 병사가 비틀거리며 마을로 들어오자 사람들은 주위로 모여들었고, 그 입에서 어떤 소식이 나올지 마음 졸이며 기다렸습니다. 이윽고 병사는 거친 숨을 몰아쉬며 "승리는 우리에게"라는 외마디의 말을 내뱉었다고 합니다. 그러고는 바로 숨을 거두었습니다. 하지만 그 한마디면 충분했습니다.

승리 소식을 듣게 된 사람들은 "에우앙겔리온!"이라고 외치기 시작했고, 이 말을 들은 사람들도 "에우앙겔리온!"이라고 외쳤다고 합니다. 그야말로 좋은 소식이 아닐 수 없었던 것입니다. 죽음의 사자를 기다리던 사람들에게 생명의 천사가 나타나 소식을 전해 주니 얼마나 좋았을까요. 페르시아 전쟁이 끝난 후 그리스의 패권은 마라톤 전투를 주도했던 아테네에게 넘어갔고, 지도자인 페리클레스는 아테네의 황금시대를 열었습니다. 그리고 인간의 한계를 넘어 42.195km(실제 거리는 아님)를 달려 온 병사의 고귀한 희생을 기리기 위해 올림픽 경기에 '마라톤'이라는 종목을 넣었습니다.

'에우앙겔리온'이라는 말은 이외에도 왕(황제)이 대관식을 치르고 통치를 시작할 때나 결혼식을 치를 때, 왕의 자녀가 태어났을 때에도 사용되었습니다. 이러한 국가의 경사가 있을 때면, 일시적이지만 죄인에 대한 사면과 억눌린 자들을 위한 신원(伸冤)이 이루어지고, 세금이 면제되거나 탕감되며, 가난한 자들에게는 양식이 분배되고, 마을마다 풍성한 잔치가 열려 소외당하던 장애인, 병자, 이방인(외국인) 등 사회적 약자들도 초대되어 함께 즐거움을 누릴 수 있었기 때문입니다. 이로 말미암아 에우앙겔리온은 '좋은 소식을 전하는 전령' 외에 '좋은 소식' 자체를 의미하는 말로도 사용되어 왔습니다.

구약성경 에스더서에는 아하수에로왕이 왕후 와스디를 폐위하고 에스더를 왕후로 삼겠다는 좋은 소식을 전하며 크게 잔치를 베풀고, 각 지방의 세금을 면제하고 왕의 이름으로 큰 상을 주는 모습이 기록되어 있습니다(에 2:18).

('예수 그리스도의 복음'의 뜻

'예수 그리스도의 복음'의 의미를 앞에서 살펴본 '복음'의 의미에 비추어 보면 다음과 같습니다.

예수님은 하나님이시자 하나님의 아들이십니다. 이것은 삼위일체의 오묘한 신비입니다. 예수님이 이 땅에 오셨다는 것은 만물의 주인이며 왕이기도 하신 하나님이 오셨다는 것을 뜻할 뿐만 아니라 하나님의 아들이 오셨다는 것을 뜻하기도 합니다.

이 땅에 오신 예수님은 인간의 죄의 문제를 해결해 주셨고, 병자와 귀신 들린 자를 고치셨으며, 수천 명의 사람에게 생명의 양식을 공급하셨고, 아이들, 여성들, 창녀, 세리, 이방인 등 사회적 약자들을 일으켜 세우시고 자신의 신부로 삼아 주셨습니다. 그 기쁨을 누리시기 위해 예수님의 공생애 3년 동안은 "먹고 마시"(마 11:19)는, 다시 말해 떠들썩한 잔치가 끊이지 않았습니다. 그리고 최종적으로 예수님은 죄가 없으심에도 불구하고 십자가를 지심으로써 악으로 악을 갚지 않고 선으로 악을 갚는 승리를 이루셨습니다.

이것이 바로 마가복음에서 전하고자 하는 예수 그리스도의 복음입니다. 또 마태복음, 누가복음, 요한복음에서 전하고자 하는 왕이신 예수 그리스도에 관한 '좋은 소식'입니다.

(예수 그리스도가 다스리시는 나라

예수님이 만물의 주권자인 왕이시라면 그분이 다스리시는 나라와 백성이 있어야 합니다. 그러면 예수님이 다스리시는 나라와 백성은 어디에 있을까요?

먼저 단도직입적으로 말하면, 예수님이 다스리시는 나라는 영원 세계를 의미하는 '천국'(하늘)과 시공간 세계를 의미하는 '세상'(땅) 모두를 의미합니다. 예수님이 이 땅에 오셨다는 것은 영원 세계에서 시공간 세계로 임재하셨다는 뜻입니다. 왕이 그의 나라에 임재한다는 것은 그가 통치하고 다스린다는 뜻입니다.

그리고 예수님이 다스리시는 백성은 세상에 사는 모든 사람입니다. 예수님은 이스라엘만의 메시아가 아닙니다. 신구약 성경을 통틀어 예수님을 지칭할 때 가장 많이 등장하는 단어는 '인자'(사람의 아들)입니다. 이 말은 여러 가지 의미로 사용되나 그중 하나는 '이스라엘'의 아들이 아니라 '사람'의 아들이라는 의미입니다. 다시 말해, '인자'라는 말은 예수님이 이스라엘 사람인 마리아에게서 태어나셨지만 이스라엘 사람들만의 구세주가 아니라 온 세상 사람들의 구세주라는 뜻입니다. 전 인류를 속량(구속)하시기 위해 예수님이 세상에 오시고, 세상을 다스리신다는 것입니다. 천사들도 이 점을 분명히 인식하고 "하나님이 기뻐하신 이스라엘 사람들 중에 평화로다"라고 외친 것이 아니라 "하나님이 기뻐하신 사람들 중에 평화로다"(눅 2:14)라고 외쳤습니다.

그런데 당시 예수 그리스도가 왕으로 세상에 오셨다면서 "에우앙겔리온!"이라고 선포하고 다니는 것은 이스라엘을 지배하고 있던 로마 황제의 입장에서는 권력에 대한 심각한 도전이 아닐 수 없었습니다. 그럼에도 마가복음의 저자는 당당히 "하나님의 아들 예수 그리스도의 복음"(막 1:1)이라고 외쳤습니다. 그가 그렇게 선포할 수 있었던 것은 예수님이 당시 이스라엘 백성이 기대한 것처럼 정치적·종교적으로 세상에 오신 것이 아님을 잘 알고 있었기 때문입니다. 마가는 예수님이 그들의 생각을 넘어, 정치를 넘어, 종교를 넘어 세상에 오셨음을 알리고 싶었던 것입니다.

이 때문에 가장 심각한 위기의식을 느꼈던 자는 세상의 일시적 권세자인 사탄이었습니다. 예수님의 공생애에서 귀신을 쫓아내시는 사역은 사탄과의 전쟁을 뜻합니다(마 12:28). 그래서 예수님은 제자들에게 "주여 주의 이름이면 귀신들도 우리에게 항복하더이다"(눅 10:17)라는 말을 들었을 때 "사탄이 하늘로부터 번개같이 떨어지는 것을 내가 보았노라"(눅 10:18)고 말씀하셨던 것입니다. 그러므로 예수님의 나라는 천국뿐만 아니라 세상도 포함됨을 명심해야 합니다.

예수님이 세상에 오신 것은 모세가 이스라엘 백성을 출애굽시켜서 가나안 땅으로 빼낸 것처럼 세상에 있는 자기의 백성(특히, 당시 메시아를 기다리던 이스라엘 백성)을 빼내어 하늘 위에 있는 천국으로 보낸 다음 세상을 무시하거나 없애기 위함이 아닙니다(요 12:31-32). 예수님은 이 땅에서 벌어지는 사탄과의 전쟁을 종식시키고 세상에 평화와 자유를 회복해 주시기 위해서 오셨습니다.

(**현재 진행형인 예수 그리스도의 복음의 시작**

예수 그리스도의 복음은 예수님이 세상에 오신 것으로 시작되었습니다. 하지만 예수 그리스도의 복음은 아직 끝나지 않왔습니다. 예수님이 십자가에 달려 죽으시고 부활하신 이후에도 여전히 그분의 백성에 대한 통치권은 유효하고, 아무리 시간이 흘러도 예수 그리스도의 복음은 여전히 사람들에게 기쁘고 좋은 소식입니다.

하지만 예수 그리스도의 복음은 시공간적으로는 예수 그리스도가 재림하시는 날에 끝이 납니다. 엄밀히 말하자면, 복음이 끝이 나는 것이 아니라 종전의 복음보다 더 기쁘고 더 강력한 영원한 복음으로 승계된다는 것입니다. 예수님이 재림하시는 날에는 새 하늘과 새 땅이 만들어집니다. 이 땅이 사라지는 것이 아니라 새로운 모습으로 변화되는 것입니다. 영원 세계와 시공간 세계가 통합된 새 하늘과 새 땅이 어떤 모습일지 상상하는 것은 불가능합니다. 하지만 그날은 반드시 옵니다.

결론적으로 예수 그리스도의 복음은 그것이 시작되고 2,000년이 지났음에도 여전히 현재 진행형입니다. 이 때문에 마가복음의 저자는 "하나님의 아들 예수 그리스도의 복음의 시작이라"(막 1:1)라는 표현을 사용한 것이고, 우리는 오늘도 복음을 전합니다. 이사야서는 "좋은 소식을 전하며 평화를 공포하며 복된 좋은 소식을 가져오며 구원을 공포하며 시온을 향하여 이르기를 네 하나님이 통치하신다 하는 자의 산을 넘는 발이 어찌 그리 아름다운가"(사 52:7)라고 복음을 전하는 자의 아름다운 모습을 그립니다.

예수 그리스도의 복음을 전하는 우리의 발에 새겨진 상처와 굳은살이 세상 사람들에게는 보기 흉할지 모르지만, 복음의 주인이신 예수님께는 칭찬을 받는 아름다운 흔적이 될 것입니다.

핵심 정리 예수 그리스도의 복음

예수 그리스도의 복음은 예수 그리스도에 관한 좋은 소식(에우앙겔리온)입니다. 그 내용은 하나님의 아들이신 예수님이 모든 사람을 속량(구속)하시기 위해 이 세상에 오셨고, 세상을 다스리신다는 것입니다. 예수 그리스도의 복음은 지금도 여전히 사람들에게 좋은 소식입니다. 그래서 마가는 이렇게 선포합니다. "하나님의 아들 예수 그리스도의 복음의 시작이라"(막 1:1).

- '예수 그리스도의 복음'은 어떤 내용을 담고 있습니까? 그 복음의 내용이 당신의 삶에 진정한 기쁨과 활력이 되고 있습니까?

고요한 밤, 거룩한 밤
예수의 탄생

마가복음은 "하나님의 아들 예수 그리스도의 복음의 시작이라"(막 1:1)라는 언급을 한 다음 예수님이 세례 요한에게 세례 받으시는 장면으로 넘어갑니다. 예수님이 언제, 어디에서 태어나셨는지에 관해서는 언급이 없는데, 이는 요한복음도 마찬가지입니다.

(**왕으로 나시다**

예수님의 탄생 장면은 마태복음과 누가복음에만 나옵니다. 이 두 복음서의 기록에는 다음과 같은 공통점이 있습니다.

첫째, 예수님은 동정녀 마리아에게서 태어나셨고, 둘째, 예수님은 AD 1년 전후에 태어나셨으며(역사적으로 BC 3-4년경 탄생), 셋째, 예수님의 탄생지는 베들레헴이고, 넷째, 예수님의 고향은 이스라엘 북부 지역의 갈릴리 나사렛이라는 것입니다.

특히 예수님이 "여자의 후손"(창 3:15)이시라는 것, 즉 동정녀 마리아에게서 나셨음을 강조하기 위해, 마태복음에서는 "아브라함이 이삭을 낳고 이삭은 야곱을 낳고 야곱은 유다와 그의 형제들을 낳고 … 야곱은 마리아의 남편 요셉을 낳았으니"(마 1:2-16)라며 부계 혈통에 따라 계보를 기록하다가 예수님에 이르러서는 "마리아에게서 그리스도라 칭하는 예수가 나시니라"(마 1:16)라고 기록합니다. 누가복음에서는 처음부터 마리아의 혈통에 따라 계보를 기록합니다.

이상의 내용과 마태복음과 누가복음의 나머지 기록을 바탕으로 예수님이 탄생하시고 갈릴리 나사렛으로 돌아오시기까지의 과정을 추측해 보면 다음과 같습니다.

요셉과 만삭의 임산부인 마리아는 (누가복음에 따른다면) 호적 신고를 하려고 원적지인 베들레헴으로 갑니다. 갈릴리 나사렛에서 출발했다면 나사렛에서 베들레헴까지의 거리(직선거리로 170km, 갈릴리에서 여리고와 예루살렘을 거쳐 베들레헴으로 가면 약 230km)를 감안할 때, 최소 10일 이상의 여정으로 베들레헴에 도착했을 것입니다.

베들레헴에 도착한 요셉과 마리아는 여행자들이 많아 방을 잡을 수 없었고, 마구간에서 밤을 보내야 했습니다. 그런데 마리아는 바로 그 무렵 출산의 진통을 시작했고, 아기가 탄생하자 아이를 강보(포대기)에 싸서 구유에 뉘어 두었습니다. 그러자 목자들과 동방박사들이 찾아와 아기에게 경배와 찬송을 드렸습니다.

요셉과 마리아는 예수님이 탄생하신 지 8일째 되는 날 아기의 이름을 '예수'라 짓고 베들레헴에서 출발해 예루살렘으로 가서 할

례와 정결예식을 치렀습니다. 그런데 천사가 나타나 헤롯왕이 아기 예수를 죽이려고 하니 이집트로 피신하라고 명령했고, 요셉과 마리아는 그 명령에 따라 이집트로 피신했습니다. 헤롯왕이 죽자 천사가 요셉과 마리아에게 다시 나타나 이제는 이스라엘로 돌아가도 된다고 했습니다. 이에 요셉과 마리아는 갈릴리 나사렛으로 예수님과 함께 돌아왔습니다. 이로써 갈릴리 나사렛이 예수님의 고향이 되었고 예수님은 '나사렛 예수'가 되셨습니다.

(**하나님께는 영광, 땅에서는 평화**

마가복음에서는 예수님이 하나님의 아들로서 이스라엘뿐 아니라 온 세상의 구주로 오셨고, 그것이 바로 복음, 즉 '에우앙겔리온'이라고 전제합니다. 앞에서 '에우앙겔리온'이라는 말은 국가의 존립을 좌우하는 전쟁에서 승리했을 때, 왕이 대관식을 거행할 때나 왕비를 맞을 때, 왕위를 계승할 왕의 아들이 태어났을 때에 사용되고, 이 단어가 선포될 때는 한동안 국가에 축제가 열린다고 했습니다. 그런데 예수님이 세상에 오셨던 기록들을 보면, 정말 하나님의 아들이 탄생하신 것이 맞는지 의심스러워질 정도입니다.

아기 예수는 태어나자마자 궁궐의 요람이 아니라 짐승의 냄새가 풍기는 구유에 누우셨습니다. 왕의 아들의 탄생을 알리는 '에우앙겔리온'의 선포 대신 당시 사회적으로 가장 천대받은 계층에 속했던 목자들에게 천사가 나타나 '큰 기쁨의 좋은 소식', 다시 말해 '에우앙겔리온'을 전했습니다. 그 소식을 들은 목자들이 마구간으로 찾아가서 천사가 아기 예수에 대해 말한 것을 전했습니다. 또 이스라엘 사람들이 같이 식사하기조차 꺼려하는 이방인들인 동방박사들이 아기 예수를 찾아와 경배하며 선물을 드렸습니다.

가장 낮은 곳에서 태어나셨기 때문에 가장 낮은 곳에 있는 사람들도 자유롭게 축하하러 올 수 있는 역설의 현장이었습니다. 화려한 궁궐에서 태어나셨다면 가난하고 소외된 자들이 어찌 감히 예수님을 뵐 수 있었겠습니까. 이는 예수님이 빈부귀천이나 지위고하를 막론하고 세상 모든 사람을 맞이하시기 위해 이 세상에 오셨음을 가르쳐 주는 표적입니다.

하지만 이로 인해 아기 예수에게는 위기가 찾아옵니다. 동방박사들은 아기 예수에게 경배하러 오기 전에 예수의 탄생을 이스라엘 사람들도 당연히 알 것으로 생각하고 속세의 왕인 헤롯왕을 찾아가 "유대인의 왕으로 나신 이"(마 2:2)가 어디 계신지 알려 달라고 했습니다. 동방박사들의 방문은 예수님이 이스라엘만의 메시아가 아니라 천하 만민을 위한 메시아이심을 강력하게 암시합니다. 헤롯왕은 동방박사들이 말한 '유대인의 왕으로 나신 이'의 의미를 정치적으로 해석하여 그 아기가 구심점이 되어 반역을 일으켜 자신의 권력이 찬탈될까 두려워하기 시작했고, 그 싹을 제거하기 위해 아기 예수를 죽이려고 했습니다.

한편, 이스라엘의 지도자들이었던 대제사장과 서기관들은 동방박사들에게 그리스도(메시아) 탄생 소식을 들었음에도 기뻐하기는커녕 냉랭한 반응을 보였습니다. 오히려 헤롯왕이 그들에게

"그리스도가 어디서 나겠느냐"(마 2:4)고 묻자, 구약성경 말씀을 제시하며 "유대 베들레헴"(마 2:5)이라고 알려 줍니다. 그토록 메시아를 고대해 왔고 메시아가 어디에서 탄생하실지까지 구체적으로 알고 있던 자들이, 정작 이방인들에게 메시아의 탄생 소식을 듣는 창피를 당했을 뿐만 아니라 오히려 메시아를 죽음의 위험에 빠트렸던 것입니다. 이로 인해 아기 예수의 탄생의 기쁨을 누린 것도 잠시, 부모는 아기 예수를 지키기 위해 출생한 지 얼마 되지 않은 핏덩어리를 부둥켜안고 이집트로 도망가야만 했습니다.

이것이 우리가 그려 보는 예수 그리스도의 복음의 시작입니다. 어떻게 생각하면, 한없이 초라하고 희망이라고는 찾아볼 수 없는 장면일 수도 있습니다. 특히 예수님 탄생 당시 이스라엘 지도자들의 반응은 예수님에 대한 그들의 태도가 처음부터 적대적이었음을 암시합니다. 예수님이 십자가에서 처형당하신 것이 하나님의 뜻이라는 점에 초점을 맞추게 되면, 이는 하나님이 미리 정하신 각본에 따른 것이고 이스라엘의 지도자들과 가롯 유다는 들러리에 불과하다는 잘못된 관념에 빠질 가능성이 높습니다.

이스라엘 지도자들은 메시아는 이스라엘 백성을 구하기 위해 오시는 분이기 때문에 메시아가 오셨다면 자신들이 가장 먼저 알았을 것이라는 교만에 빠져 메시아가 탄생하셨다는 동방박사들의 말을 믿지 않았을 것입니다. 그리하여 그들은 동방박사들이 말한 메시아는 가짜 메시아라고 생각하면서 헤롯왕에게 아기 예수의 탄생지를 알려 주었을 것입니다.

메시아의 탄생 소식을 접한 순간부터 시작된 그들의 잘못된 생각은 예수님의 공생애 내내 계속되었고, 결국에는 그들로 하여금 예수님을 처형하도록 만들었습니다. 잘못 끼운 첫 단추로 그들은 영원한 불명예를 안게 되었습니다. 하지만 여기에 예수 그리스도의 복음의 비밀이 숨어 있습니다. 사탄은 필사적으로 예수님의 탄생을 막으려 했지만, 하나님은 아기 예수를 세상의 가장 낮은 곳에서 태어나게 하시는 승리를 이루셨습니다. 그리고 세상에서 가장 낮은 취급을 받던 목자들과 이방인들의 축하를 받게 하셨습니다.

이처럼 예수님은 보통의 인간들이 생각하는 방식으로 이 땅에 오신 것이 아닙니다. 하지만 수많은 천군이 천사와 함께 "지극히 높은 곳에서는 하나님께 영광이요 땅에서는 하나님이 기뻐하신 사람들 중에 평화로다"(눅 2:14)라고 하나님을 찬송했습니다. 이것이 예수 그리스도의 복음의 시작의 비밀입니다.

핵심 정리 예수의 탄생

예수님은 구유에서 태어나셨고, 이스라엘 사회에서 변두리에 있던 목자들과 이방인들인 동방박사들에게 축하를 받으셨습니다. 이는 예수님이 빈부귀천이나 지위를 막론하고 모든 사람을 맞이하시기 위해 이 세상에 오셨음을 가르쳐 주는 것입니다.

- 가장 낮은 곳에서, 가장 낮은 계층에 속했던 사람들에게 축하를 받으며 세상에 오신 예수님의 모습은 당신에게 어떤 교훈을 줍니까?

삶의 전환점
성령 세례

예수님의 삶은 세례 요한에게 세례를 받으시기 전과 후로 나눌 수 있습니다. 세례를 받으신 이후의 삶을 '공생애'라고 합니다. 세례 받으시는 장면은 마가복음 1장 2-11절에 기록되어 있고, 같은 장면이 마태복음, 누가복음, 요한복음에도 등장합니다(마 3:1-17; 눅 3:3-22; 요 1:29-34 참조).

(요한이 베푼 세례의 의미

'세례'는 신약성경의 시작과 동시에 등장하는 단어입니다. '세례'는 그리스어로 '밥티조'(βαπτίξω)인데, 이는 '물에 완전히 잠그다'라는 의미입니다. 이 의미를 되살리기 위해 침례교에서는 세례식을 거행할 때 사람을 머리에서 발끝까지 완전히 물에 잠기도록 합니다.

　세례와 함께 성경에 등장하는 요한은 요단강에서 세례를 베푸는 의식으로 당시 이스라엘뿐만 아니라 그 주변 지역에서도 아주 유명한 인물이었습니다(행 18:24-25 참조). 요한은 낙타털로 짠 옷을 입고 메뚜기와 석청을 양식 삼아 광야에서 생활했으며, 때를 따라 요단강으로 와서 세례를 베풀었던 것 같습니다. 사람들은 남쪽의 유대 및 예루살렘에서, 북쪽의 갈릴리에서, 그 밖에 이스라엘 주변 지역에서 그에게로 구름같이 모여들었습니다. 어떤 사람들은 그를 이스라엘 사람들이 그토록 기다리던 그리스도(메시아)로 여기기도 했습니다(눅 3:15).

　요한의 말에 따르면 그가 세례를 베푼 이유는 사람들로 하여금 회개하게 하기 위함이었습니다. 그런데 회개하지 않으면 심판을 면할 수 없다는 요한의 말로 미루어 볼 때, 회개는 기본적으로는 자신의 죄에 대한 고백과 반성 행위를 의미한다고 할 것입니다. 보통의 이스라엘 사람들은 태어난 지 8일 만에 할례를 거행하기만 하면 이스라엘 백성으로, 다시 말해 믿음의 조상 아브라함의 자손으로 인정받고, 이후 모세의 율법만 잘 지키면 심판받지 않고 천국에 갈 수 있다고 생각했습니다.

　하지만 요한은 천국에 들어가려면 할례와 같은 것만으로는 안 되고 "죄 사함을 받게 하는 회개"(눅 24:47)를 해야 하고, 세례는 그 증표라고 가르쳤습니다. 그래서 자신들은 할례를 받았으니 세례가 필요 없다고 생각하는 바리새인과 사두개인이 거들먹거리며 세례 베푸는 곳으로 오는 것을 보자, 세례 요한은 공개적으로 "독사의 자식들아 누가 너희를 가르쳐 임박한 진노를 피하라 하더냐 그러므로 회개에 합당한 열매를 맺고 속으로 아브라함이 우리 조상이라고 생각하지 말라"(마 3:7-9)고 선포했던 것입니다.

더 나아가 요한은 자신이 베푸는 물세례만으로 충분하지 않고 그리스도가 성령과 불로 베푸시는 세례를 받아야만 심판을 받지 않는다고 했습니다(마 3:11-12 참조). 그런 회개는 굳이 이스라엘 사람이 아니더라도 가능한 것이었습니다. 하지만 사람들은 성령과 불로 받는 세례가 무엇인지 알 길이 없었습니다.

이런 요한의 선포는 깊은 의미를 담고 있습니다. 요한의 선포를 보면, 구원을 받기 위해 할례를 받을 필요가 없다고 명시적으로 말한 것은 아닙니다. 하지만 실질적으로는 그렇게 말하고 있습니다. 요한의 발언이 이런 의미라면, 그의 선포는 당시 이스라엘의 실상에 비추어 볼 때 가히 혁명적인 것이었습니다.

그 이유는 먼저, 요한 이전의 선지자 중에는 이런 선포를 한 사람이 없었기 때문입니다. 다음으로, 당시 이스라엘 사람들은 민족 정체성을 이루는 데 할례가 가장 중요하다고 판단했고, 할례를 받지 않으면 구원의 반열인 아브라함의 자손이 될 수 없다고 생각했습니다. 그러므로 할례를 받지 않고도 구원을 얻을 수 있다는 주장은 이스라엘 사람들의 정체성을 근본부터 무너뜨리는 것이었습니다. 더 나아가 회개를 전제로 한 요한의 세례는 이스라엘 사람들이나 이방인들에게 차별 없이 적용될 수 있었습니다.

요한의 선포는 당시에도 그랬고, 지금도 그렇고, 그 혁명적 성격이 제대로 부각되지 않습니다. 하지만 요한의 선포는 이스라엘 구원 역사의 흐름을 일거에 바꾸었고, 이는 예수님의 공생애 사역에 심히 중대한 의미를 갖는 것이었습니다. 요한의 선포를 통해 우리는 예수님이 이스라엘 사람들만의 메시아가 아니라 온 인류의 메시아시라는 것을 알게 되기 때문입니다. 이것은 동방박사들이 아기 예수를 알현한 이야기를 통해서도 암시되었습니다.

복음서에 드러난 요한의 생애를 보면 기적을 베푼 흔적도 없고, 깊이 있는 가르침을 남긴 것도 아니며, 죽음도 어처구니없이 당한 것처럼 느껴지기도 합니다. 하지만 그는 혁명적 선포를 하고, 자신에게 몰려든 사람들의 관심을 예수님께로 돌림으로써 "주의 길을 곧게 하라고 광야에서 외치는 자의 소리"(요 1:23)라는 자신의 사명을 철저하게 수행했습니다. 그러고는 새벽이슬처럼 사라짐으로써 구시대인 선지자 시대를 마감하고 새 시대인 제자(사도)의 시대를 열어 주었습니다.

(**성령 세례를 받아야만**

어느 날 예수님이 세례를 받기 위해 갈릴리에서 요단강으로 오셔서 요한에게 나아오셨습니다. 세례 요한은 예수님의 존재를 즉각 알아보고는 "내가 당신에게서 세례를 받아야 할 터인데 당신이 내게로 오시나이까"(마 3:14)라며 예수님께 세례 베풀기를 거절했습니다. 요한은 죄인인 인간이 거룩하신 하나님의 아들로부터 세례를 받는 것이 아니라 그에게 세례를 베푼다는 것은 용납할 수 없는 불의한 일이라고 생각했던 것입니다. 또 죄인인 자신이 "죄 있는 육신의 모양으로"(롬 8:3) 오셨으나 죄가 없으신 하나님의 아들에게 죄에 대한 회개를 바탕으로 하는 세례를 베푼다는 것도 터무니없는 일이라고 생각했습니다.

세례 요한의 심중을 간파하신 예수님은 그에게 "모든 의를 이루는 것이 합당하니라"(마 3:15)라고 말씀하시면서 세례를 베풀어야 한다고 주장하셨고, 그 말에 요한은 순종할 수밖에 없었습니다. 예수님의 말씀의 뜻은 자신이 세례를 베풀 최종 권위를 가진 하나님인 동시에 하나님의 아들이지만, 인간의 몸으로 세상에 온 이상 세례를 받음으로써 인간 및 왕으로서 모범을 보이시겠다는 뜻이었습니다. "율법이나 선지자를 … 폐하러 온 것이 아니요 완전하게 하려 함이라"(마 5:17)라는 예수님의 말씀이 떠오릅니다.

예수님은 성령과 불로 세례를 받은 이후 세상을 향해 나아가셨고, 인간의 죄를 대신해 십자가에서 치욕스럽고 고통스러운 죽음을 맞으셨습니다. 하지만 예수님은 죽음을 이기고 부활하시고 승천하셨습니다. 승천하시면서 제자들에게 "요한은 물로 세례를 베풀었으나 너희는 몇 날이 못 되어 성령으로 세례를 받으리라"(행 1:5)라고 하신 다음 "그러므로 너희는 가서 모든 민족을 제자로 삼아 아버지와 아들과 성령의 이름으로 세례를 베풀고"(마 28:19)라고 명령하셨습니다.

예수님이 승천하신 이후 성령이 마가의 다락방에 임하셨고, 제자들은 예수님이 말씀하신 대로 성령으로 세례를 받았습니다. 성령의 도우심으로 두려움과 무기력에서 벗어난 제자들은 하나님의 아들 예수 그리스도의 복음의 전령으로 땅끝까지 달려갔습니다. 그리고 각자 예수님을 영접하는 사람들에게 세례를 베풀었고, 마라톤 전투의 전령처럼 '에우앙겔리온'을 전하며 복음의 순교자가 되었습니다.

핵심 정리 성령 세례

세례 요한의 세례는 죄 사함을 받게 하는 회개를 전제로 합니다. 나아가 세례 요한은 그리스도가 성령과 불로 베푸시는 세례를 받아야만 심판받지 않는다고 전했습니다. 요한의 선포는, 구원은 할례를 받지 않아도 얻을 수 있고, 모든 사람에게 차별 없이 적용된다는 점에서 혁명적이었습니다. 예수님은 공생애를 시작하시면서 세례 요한에게 세례를 받으셨고, 직후 성령이 임했습니다. 성령으로 세례를 받으신 예수님은 십자가의 길을 걸어가셨습니다.

- 세례의 의미를 참고해 성령 세례가 무엇인지 설명해 봅시다. 성령 세례를 받고 난 후 당신에게는 어떤 변화가 일어났습니까?

만일 하나님의 아들이라면
광야의 시험

예수님이 세례 요한에게 세례를 받으실 때 성령이 임하셨습니다. 성령으로 세례를 받으신 것입니다. 그 직후 성령은 예수님을 광야로 몰아내셨고, 사탄에게 시험을 받게 하셨습니다.

(**사탄에게 시험을 받으시다**

사탄은 예수님이 금식하신 지 40일이 지나자마자 기다렸다는 듯이 의기양양하게 예수님 앞에 모습을 드러냅니다. 그리고 세 번의 질문을 하며 예수님을 시험했습니다. 사탄이 예수님께 던진 질문 중 첫 번째, 두 번째 질문의 핵심은 "네가 만일 하나님의 아들이어든"(마 4:3, 6)입니다. 이는 '네가 하나님의 아들이라고 하는데, 만일 그것이 사실이라면 하나님이 전지전능하시듯이 너도 그럴 것이니 그 능력을 한번 보여 달라'는 뜻이었습니다.

예수님은 공생애 동안 인간이 도무지 따라 하지 못할 기적들을 무수히 베푸셨습니다. 그런 점에 비추어 보면 예수님이 돌로 떡을 만들기는 누워서 떡 먹기였을 것이고, 터럭 하나도 다치지 않고 성전 꼭대기에서 뛰어내리실 수 있었습니다. 하지만 예수님은 성경 말씀을 인용하면서 사탄의 요청을 거절하셨습니다.

그러자 사탄은 천하만국과 그 영광을 보여 주면서 "만일 내게 엎드려 경배하면 이 모든 것을 네게 주리라"(마 4:9)라고 제안합니다. 예수님은 하나님의 아들이시기 때문에 그 제의가 예수님으로서는 가소로웠을 것입니다. 그래서 예수님은 다시 "주 너의 하나님께 경배하고 다만 그를 섬기라"(마 4:10)라고 성경 말씀을 인용해 말씀하심으로 사탄의 제안을 단호히 거절하셨습니다.

이러한 예수님과 사탄의 대화를 통해 우리는 다음과 같은 사실을 알게 됩니다.

첫 번째로, 인간의 이성으로는 이해하기 힘들지만 예수님은 100% 하나님이실 뿐만 아니라 순도 100% 인간이십니다. 다시 말해, 예수님은 온전한 '인자'이십니다. 예수님이 인간이시라는 것은 인간이 겪는 배고픔과 목마름, 슬픔과 고통 등을 온전히 지각할 수 있으시다는 뜻입니다. 오히려 하나님의 아들이시고 죄가 없는 분이시기에 그러한 지각이 더욱 예민할지도 모릅니다. 그런데 사탄과의 시험을 통해서 예수님이 선포하고자 하신 것은 자신의 신적 능력을 자신을 위해서는 단 0.1%도 사용할 수 없고 사용하지도 않겠다는 것이었습니다. 예수님은 생애 동안 배고픔과 목

마음, 슬픔과 고통을 신적 능력으로 사라지게 만드신 적이 단 한 번도 없습니다. 오히려 십자가형까지 받으심으로써 인간이 경험할 수 있는 최악의 고통도 온전히 감내하셨습니다.

두 번째로, 세상은 하나님이 창조하신 것이므로 통치의 최종 권위자는 하나님이십니다. 그런데 아담과 하와의 타락으로 세상은 사망의 권세 아래 놓이게 되었고, 그 권세는 사탄에게 주어졌습니다. 예수님이 인간의 몸을 입고 세상에 오신 것은 사망의 권세 아래 놓인 인간을 비롯해 하나님이 보시기에 좋았던 피조물들에게 참 자유와 평화를 주시기 위해서입니다. 이를 위해 예수님은 세상의 권세자인 사탄과의 전쟁을 치르셔야 했습니다. 하지만 예수님이 선택하신 방식은 폭력에 폭력으로 맞서지 않는 것이었습니다. 폭력은 악이므로 폭력에 대해 폭력으로 갚아 주는 것은 악을 악으로 갚는 것이 되기 때문입니다.

사탄이 자신이 통치하는 천하만국과 그 영광을 보여 주며 엎드려 절하면 이 모든 것을 주리라고 말한 이면에는 '너는 내가 지배하는 세상에서 인류 최대의 폭력인 십자가 형벌을 당하기로 되어 있지. 하지만 내게 절하면 내가 그 폭력을 사용하지 않겠다'는 뜻이 있었고, 이는 예수님이 세상에 오신 목적을 근본적으로 무너뜨리는 것이었습니다.

이러한 사탄의 제안이 강력한 이유는 예수님은 순도 100%의 인간이실 뿐만 아니라 전지하신 하나님이시므로 아직 당하지는 않았지만 십자가 형벌의 고통을 누구보다도 잘 알고 있었으며 그 공포와 두려움을 극복하는 것은 결코 쉬운 일이 아니었기 때문입니다. 하지만 예수님은 단호히 사탄의 제안을 거절하셨습니다. 폭력에 폭력으로 맞서지 않겠다고 선언하신 것입니다. 죽음의 폭력에서 세상을 구하는 길은 악을 악으로 갚지 않고 선으로 악을 갚는 길, 다시 말해 생명의 비폭력으로 죽음의 폭력에 대항하는 것임을 보여 주고자 하셨습니다.

(**선으로 악을 이기다**

기독교 신학은 인간의 창조 목적이 "하나님을 영화롭게 하고 영원토록 그를 즐거워하는 것"이라고 합니다(소요리문답 제1조). 이 말을 하나님의 입장에서 다시 쓰면, 하나님이 인간을 창조하신 목적은 인간과 '교제'하시기 위함이라고 할 수 있습니다. 그렇다면 인간이 하나님과 교제하기 위한 조건은 무엇입니까? 그 조건은 첫째, 하나님 앞에 설 자격을 갖추는 것이고, 둘째, 하나님과 교제할 성품과 인격을 갖추는 것입니다.

먼저, 하나님 앞에 설 수 있는 자격은 거룩함입니다. 거룩하신 하나님 앞에 설 때는 반드시 거룩함의 옷을 입어야 합니다. 다음으로, 하나님과 교제하려면 하나님을 닮은 성품을 지녀야 합니다. 결국 인간에게 창조 본연이란 생명(영생)을 얻어 최고선이신 하나님의 성품과 인격을 닮은 상태라고 할 수 있습니다.

그런데 선악과 명령 위반으로 전적 타락 상태가 된 인간은 하나님 앞에 설 수 있는 자격인 생명을 잃었을 뿐 아니라, 하나님의 성품과 인격을 닮아 갈 능력을 상실했습니다. 전적 타락에서 하나님과의 교제를 회복하려면 먼저 거룩하신 하나님 앞에 설 자격인 생명을 회복해야 하는데, 그것이 바로 '구속(속량)의 성취'입니다. 한편, 구속함을 받아 구속의 성취를 이룬 사람은 하나님과 예수님의 성품과 인격을 완성해 나가야 합니다. 결국 전적 타락 이후 인간이 선을 이루기 위해서는 '구속의 성취'와 '성품과 인격의 완성'이라는 양면이 모두 필요하게 되었습니다. 이것이 바로 창조 본연을 회복하는 출발점입니다.

이미 언급했듯이 '구속의 성취'와 창조 본연의 '성품과 인격의 완성'은 인간으로서는 결코 해결할 수 없는 문제입니다. 하지만 사랑이신 하나님은 문제 해결의 길을 마련해 놓으셨습니다. "누구든지 주[예수]의 이름을 부르는 자는 구원을 받으리라"(롬 10:13)라고 선포하신 것입니다. 이 말씀에 따르면 예수님을 자신의 구세주로 영접하고 성령으로 거듭난 그리스도인들은 구속의 성취 문제는 해결되었습니다.

하지만 구속의 성취를 이룬 그리스도인이라도 이 땅에서 사는 동안은 완벽하게 하나님과 예수님의 성품과 인격을 닮을 수 없습니다. 이는 우리의 힘만으로는 선을 온전히 행할 수 없음을 의미합니다. 그러나 다행히도 성부 하나님의 섭리하심, 성자 예수님의 간구하심과 성령 하나님의 내주하심, 우주 만물의 탄식과 우리에게 주어지는 고난들, 다시 말해 모든 것이 합력하여 우리의 선을 이루게 합니다(롬 8:28). 이 모든 것이 우리로 하여금 날마다 구속의 확신을 더해 가게 할 뿐 아니라 하나님과 예수님의 성품과 인격을 닮아 가게 한다는 말입니다. 그로 인해 하나님 나라의 시민은 복 있는 사람, 다시 말해 하나님과 예수님을 영화롭게 하고 영원토록 그분을 즐거워하기 위해 열심을 내는 사람이 되어 갑니다.

한편, 악은 선의 부재입니다. 악은 인간으로 하여금 구속의 성취를 이루지 못하게 하고 하나님과 예수님의 성품을 닮아 가지 못하게 합니다. 폭력은 선의 부재를 초래하므로 악입니다. 폭력은 아무리 좋은 동기에서 출발하여 행사되더라도 선의 부재, 다시 말해 악을 만들어 낼 수 있기에 인류 사회에서의 폭력은 합법적이라고 해도 지극히 예외적인 경우에만 행사되어야 합니다. 그러나 아무리 신중하게 폭력에 대한 권한을 부여한다 해도, 인간이 만든 제도로는 완벽한 정의를 이룰 수 없습니다.

하지만 하나님이 통치하시는 나라에서는 완벽한 정의가 이루어집니다. 하나님은 절대선이시므로 심판하실 때 티끌만큼의 악도 용납하지 않으시기 때문입니다. 하나님의 심판은 선의 완전한 회복을 이루므로 선의 부재 현상은 있을 수 없고, 결국 악은 소멸하게 됩니다. 악의 완전한 소멸은 악에 대한 완벽한 응징을 통해 이루어집니다. 하나님 나라에서 사탄에 대한 최종 폭력권은 천지만물의 창조주이신 하나님께 속한 것입니다. 때문에 예수님은 하나님께 자신이 당한 폭력을 갚아 줄 것을 맡기셨고, 자신에게는 추호의 악도 용납하지 않으셨습니다.

예수님의 재림 때에 심판이 없다면 예수님이 당하신 폭력뿐만 아니라 성도들이 당하는 폭력도 의미가 없고, 성도들의 삶도 소망이 없습니다. 하지만 하나님이 우리의 눈물을 닦아 주시는 날이 있기에 우리는 소망을 가질 수 있고, 그 소망으로 우리는 폭력에 맞서 폭력을 행사하지 않는다고 선언할 수 있는 것입니다. 이는 어떠한 폭력도 사용되면 안 된다는 '절대적 비폭력주의'가 아닙니다. 예수님의 재림 때에 하나님의 신적 폭력이 펼쳐질 것을 소망하며 폭력에 대한 심판을 하나님께 일임하는 '종말론적 비폭력주의'라고 할 수 있습니다.

그래서 예수님은 "칼을 가지는 자는 다 칼로 망하느니라"(마 26:52)라고까지 말씀하셨던 것입니다. 그리고 선으로 악을 이기는 모범을 보이셨습니다. 이로써 예수님은 이미 승리하셨고, 십자가의 승리도 이미 이루셨으며, 우리에게는 신적 폭력을 통한 정의가 이루어질 것이라는 소망이 되셨습니다.

(광야 시험을 이기신 예수님

지금까지 살펴본 내용을 바탕으로 예수님이 광야에서 시험받으시는 장면(마 4:1-11)을 보겠습니다. 우선 사탄은 예수님의 육신의 문제를 건드립니다. "예수여, 지금 매우 목마르고 배고프시지요? 당신이 하나님의 아들이 맞다면 이 돌로 떡을 만들 수도 있고, 성전 꼭대기에서 뛰어내리더라도 아무 문제가 없겠지요. 당신이 앞으로 펼칠 기적에 비하면 이까짓 것은 식은 죽 먹기가 아닙니까? 사람들만이 아니라 당신을 위해서도 기적 좀 사용해 보세요. 그게 무슨 문제가 되겠습니까?"라고 예수님을 유혹한 것입니다. 하지만 예수님은 사탄의 유혹에 요동하지 않으시고 성경말씀을 인용하며 단호히 거절하셨습니다.

그러자 사탄은 예수님을 데리고 높은 산으로 가서 천하만국과 영광을 보여 주며 "만일 내게 엎드려 경배하면 이 모든 것을 네게 주리라"(마 4:9)라고 다시 제안합니다. 여기에서 사탄은 자신과 예수님의 처지를 강조한 것처럼 보입니다. 사탄이 실제로 하고 싶었던 말은 "예수여, 당신은 하나님의 아들이면서 돌을 떡으로 만들지도 못하고, 성전 꼭대기에서 뛰어내리지도 못하시네요. 그러면서 무슨 하나님의 아들이라고 하십니까? 당신을 이렇게 약한 인간의 몸으로 세상에 보낸 것은 하나님이시지 않나요? 그런 것을 보면 하나님은 당신을 버리시고 제게 넘기신 게 분명합니다. 제게 절만 하십시오. 그러면 당신은 저와 함께 세상을 멋지게 다스릴 수 있을 것입니다"라는 것일지도 모릅니다. 하지만 예수님은 "사탄아 물러가라 기록되었으되 주 너의 하나님께 경배하고 다만 그를 섬기라 하였느니라"(마 4:10)라고 사탄을 꾸짖으셨습니다.

예수님은 하나님의 뜻을 거스를 생각이 추호도 없으셨습니다. 아니, 그럴 수도 없으셨습니다. 예수님은 사탄에게 "네가 하나님의 계획을 무너뜨리려고 안달이 났나 본데, 네 뜻대로 되지는 않을 것이다. 내가 나의 의지로 하나님의 뜻에 순종해 인간의 육신을 입고 고통과 고난을 감수하기로 결정했다. 내가 지금은 사망의 지배 아래 있으나 조만간 사망을 이긴 영생의 몸으로 부활할 것이다"라고 말씀하고 싶으셨을 것 같습니다. 이러한 예수님의 대답에 사탄은 어디 두고 보자며 물러갑니다. 이 모습에 기뻐한 천사들은 승리하신 예수님께 나아와 수종을 들었습니다(마 4:11).

십자가 고난을 예고하시다

광야에서 예수님이 당하신 시험은 골고다 언덕에서 예수님이 당하시게 될 고난의 데자뷰입니다.

먼저, 돌들로 떡덩이를 만들라는 사탄의 요구를 거절하시는 장면은 예수님이 십자가를 지실 때 사람들이 준 쓸개 탄 포도주(마 27:34; 막 15:23, '몰약을 탄 포도주'; 눅 23:36, '신 포도주')를 마시지 않으시는 장면을 연상시킵니다.

다음으로, 거룩한 성전 꼭대기에서 뛰어내려 보라는 사탄의 시험은 행인들, 군인들, 대제사장들, 서기관들, 옆 십자가에 달려 있던 강도가 예수님을 향해 "네가 만일 하나님의 아들이어든 자기를 구원하고 십자가에서 내려오라 … "(마 27:40-44; 막 15:29-32; 눅 23:37) 하며 희롱하는 장면과 겹칩니다. 예수님이 골고다 언덕에서 십자가를 지신 것은 예수님이 거룩한 성전이심을 상징합니다.

끝으로, 자신에게 엎드려 경배하면 천하만국과 그 영광을 주리라는 사탄의 시험은 예수님이 십자가에 달리시기 전 빌라도가 예수님께 "내게 말하지 아니하느냐 내가 너를 놓을 권한도 있고 십자가에 못 박을 권한도 있는 줄 알지 못하느냐"(요 19:10)라고 말하는 장면을 떠올리게 합니다.

이처럼 예수님이 골고다 언덕에서 어떻게 고난을 당하실지는 예수님의 공생애 시작부터 이미 예고된 것이었습니다. 육신의 고통을 당하시고, 죄가 없으신데도 흉악한 범죄를 저질러 십자가에 달린 강도에게까지도 멸시와 조롱을 당하시며, 참 재판관이심에도 불구하고 거짓 재판관에게 심판받는 부정의를 경험하셔야 하는 예수님의 생애를 미리 보여 주는 것이 광야에서의 시험이었습니다. 광야에서의 시험은 인간의 생각을 초월하시는 하나님의 놀라운 섭리가 담겨 있습니다.

광야에서의 시험 직후, 저 멀리 골고다 언덕 위에는 검은 먹구름이 서서히 몰려들며 전운이 감돌기 시작합니다. 예수님은 그 언덕을 향해 무거운 발걸음을 내딛기 시작하셨습니다. 예수님의 발걸음은 십자가를 통해 세상에 퍼져나갈 에우앙겔리온, 즉 기쁜 소식을 완성하시기 위한 것이었습니다.

핵심 정리 광야의 시험

사탄에게 시험받으신 예수님은 사탄의 제안을 단호하게 거절하셨습니다. 이는 악을 악으로 갚지 않겠다는 선언입니다. 예수님의 선언은 사탄에 대한 최종 심판권을 전적으로 하나님께 일임하는 신뢰에서 나온 것입니다. 마찬가지로 우리가 악을 악으로 갚지 않는 이유는 예수님의 재림 때에 완벽한 정의가 이루어질 것이고, 그때 하나님이 악을 완전하게 심판하실 것을 믿고 소망하기 때문입니다. 이것은 종말론적 비폭력주의입니다.

- 예수님이 선으로 악을 이기신 것을 생각하며 시험을 당할 때마다 종말론적 소망을 가지고 인내하겠다는 다짐을 나누어 봅시다.

지금은 내 때가 아니다
피 흘림의 사역 예고

예수님이 골고다 언덕에서 당하신 고난은 부서짐과 피 흘림입니다. 인간의 목마름을 해결해 주는 포도주가 되기 위해 포도 알이 짓밟혀 진액을 토해 내듯 또 생명을 주는 빵이 되기 위해 밀이 부서져 고운 가루가 되듯 예수님의 고난은 온몸의 물과 피를 쏟아 내는 사건이었습니다. 예수님은 광야를 지나는 이스라엘 백성을 위해 자신의 몸인 반석을 갈라 생명수를 토해 내셨고, 십자가에 달리시기 전날에는 고난을 통해 만들어진 떡과 포도주를 준비하셔서 떡은 자신의 몸이요, 포도주는 자신의 피라고 하시며 성찬식을 거행하셨습니다. 한마디로, 예수님의 사명은 피의 사명이었습니다.

피 흘림의 사역을 예고하다

　　예수님이 당하실 고난을 연상시키는 이야기가 또 있습니다. 바로 요한복음 2장 1-11절에 기록된 '가나 혼례식' 이야기입니다. 특이하게도 마태복음, 마가복음, 누가복음에는 기록되어 있지 않은 이야기입니다. 요한복음의 기록을 따라 가나 혼례식 이야기를 읽어 내려가 보겠습니다.

　예수님은 세례 요한에게 세례를 받으신 다음 날, 갈릴리 가나에서 거행되는 어느 혼례식에 초대를 받고 어머니 및 제자들과 함께 참석하셨습니다. 그런데 혼례식이 거행되던 도중에 포도주가 떨어졌다는 말이 들려왔습니다. 그러자 예수님의 어머니인 마리아가 예수님께 뜬금없이 "저들에게 포도주가 없다"(요 2:3)라고 말했습니다. 요한복음에는 마리아가 무슨 취지로 그런 말을 했는지 아무런 언급이 없습니다. 하지만 계속 이어지는 이야기를 좇아가 보면 마리아의 의도가 무엇인지 드러납니다.

　한편, 예수님은 어머니가 무슨 뜻으로 그렇게 말하는지 잘 알고 있으면서도 그녀를 향하여 "여자여"라고 운을 떼신 다음 이어서 "나와 무슨 상관이 있나이까 내 때가 아직 이르지 아니하였나이다"(요 2:4)라고 말씀하셨습니다.

　예수님이 가르치신 말씀을 토대로 이 대답의 의미를 다음과 같이 풀이해 볼 수 있습니다. 예수님은 하나님 나라의 왕으로서 새 하늘과 새 땅에서 혼례식을 치를 계획을 가지셨습니다. 혼례식의 신부는 하나님의 택한 백성들입니다. 그들이 예수님의 신부가 되기 위해서는 죄 씻음을 받고 새 생명을 얻어야 합니다. 이를 위해서는 예수님의 피가 필요한데, 예수님은 그 피를 자신의 혼례식에 참가할 신부에게 기꺼이 주고자 하셨습니다. 그런데 예수님은 마리아에게 다른 사람의 혼인 잔치를 위하여 물로 포도주를 만들어 달라는 부탁을 받았습니다. 성경에서 피는 종종 포도주로 상징되므로, 예수님은 자신의 혼례식과 흘려야 할 피를 생각하지 않을 수 없으셨습니다. 그래서 예수님은 마리아에게 자신의 사역의 의미를 환기시켜 주기 위해 "내 때가 아직 이르지 아니하였다"(요 2:4)라고 말씀하신 것입니다. 이러한 예수님의 피의 사역은 예수님이 십자가에 달리시기 전에 떡과 포도주를 가지고 베푸신 성찬식을 통해 구체화되었고, 최종적으로는 십자가에 달리셔서 흘리신 물과 피로써 실제로 구현되었습니다.

어쨌든 예수님은 어머니에게 자신이 세상에 온 이유를 간접적으로 전달하신 것이었습니다. 하지만 마리아는 예수님의 말씀에 아무런 대꾸를 하지 않고 혼례식이 거행되는 집의 하인들에게 "너희에게 무슨 말씀을 하시든지 그대로 하라"(요 2:5)는 지시를 내립니다. 예수님이 누구이신지 누구보다 잘 알던 마리아는 혼주가 겪는 곤란함을 예수님이 어떻게든 해결해 주시기를 바랐던 것입니다. 마리아가 하인들에게 명령하는 것을 옆에서 지켜보시던 예수님은 마리아의 부탁 아닌 부탁을 거절하실 수 없게 됩니다. 그래서 주위를 둘러보시다가 유대인의 정결 예식을 따라 두세 통 드는 돌 항아리 여섯 개에 주목하시고 하인들에게 "항아리에 물을 채우라"(요 2:7)라는 명령만 내리셨습니다.

이러한 예수님의 명령에 따라 하인들은 돌 항아리 여섯 개 모두에 물을 가득 채웠습니다. 이미 마리아에게 명령을 받았던 터라 가타부타 말할 상황이 아니었던 것입니다. 더구나 돌 항아리는 사람들이 손을 씻는 등 정결 예식에 사용되던 터라 새 물을 채워 넣는다고 특별히 문제가 되지 않을 것이기 때문이었습니다. 하인들이 예수님의 명령에 따라 돌 항아리의 아귀까지 물을 가득 채우자 예수님은 다시 하인들에게 "이제는 떠서 연회장에게 갖다 주라"(요 2:8)라는 명령을 내리십니다. 이때 하인들은 예수님의 명령을 이해하기 어려웠을 것입니다. 하지만 이미 마리아에게 들은 얘기가 있었기 때문에 하인들은 예수님의 말씀대로 돌 항아리에 길어다 놓은 물을 떠서 연회장에게 가져다줍니다.

그런데 포도주를 받아 든 연회장은 깜짝 놀랍니다. 이미 포도주가 동이 났다는 것을 알고 있었는데 느닷없이 새로운 포도주가 등장했고, 새로 내온 포도주가 먼저 내놓았던 포도주와는 비교할 수 없을 정도로 맛이 좋았기 때문입니다. 성경 기록에는 없지만 연회장이 놀랐을 때 물을 떠다 준 하인들은 더욱 놀랐을 것입니다. 연회장은 흥분해 신랑을 불러 "사람마다 먼저 좋은 포도주를 내고 취한 후에 낮은 것을 내거늘 그대는 지금까지 좋은 포도주를 두었도다"(요 2:10)라고 말하며 입이 마르도록 칭찬했습니다. 영문을 모르는 신랑은 연회장의 칭찬을 가만히 듣고 있을 수밖에 없었을 것입니다.

사도 요한은 가나 혼례식에서의 표적이 예수님이 베푸신 '첫 표적'이라고 하는 한편, 이를 통해 예수님의 영광이 드러났다고 하며 가나 혼례식 이야기를 끝맺습니다.

예수님이 물로 포도주를 만드셨던 표적을 통해 예수님의 영광이 드러난 것은 분명합니다. 하지만 물이 포도주가 되는 표적 자체만으로 예수님의 영광이 드러났다고 해석하는 것은 가나 혼례식 이야기의 진짜 핵심을 파악했다고 보기 어렵습니다. 오히려 "내 때가 아직 이르지 아니하였다"라는 예수님의 말씀, 다시 말해 "내가 피 흘려야 할 혼례식이 아니다"라는 예수님의 말씀을 바탕으로 가나 혼례식의 표적을 해석하는 것이, 이 이야기의 의미를 더욱 잘 이해하도록 할 것입니다. 이 점에서 보면 예수님의 사역은 피의 사역이고, 가나 혼례식의 표적은 예수님의 사역이 피 흘림의 사역이라는 것을 미리 선포하는 것으로 이해해야 합니다. 그리고 3년 뒤에 십자가를 지심으로써 그 선포는 실제로 드러납니다.

핵심 정리 피 흘림의 사역 예고

예수님의 공생애 첫 번째 표적 사건인 가나 혼례식은 예수님의 피 흘림의 사역을 예고합니다. 물로 포도주를 만드신 표적에서 "내 때가 아직 이르지 아니하였다"는 말씀은 내가 피 흘려야 할 혼례식이 아직 오지 않았다는 것입니다. 예수님의 사역은 피 흘림으로 시작해서 피 흘림으로 마칠 것이고, 이를 통해 예수님의 영광이 온전하게 드러날 것임을 우리에게 전해 줍니다.

- 가나 혼례식을 예수님의 십자가 사역과 연결시켜 설명해 봅시다. 또한 이 표적에서 드러난 예수님은 어떤 분이신지도 생각해 봅시다.

나를 따르라
제자를 부르심

예수님은 공생애를 시작하신 이후 가르침을 받겠다며 찾아온 사람들을 배척하지 않으셨습니다. 또 가르침을 따를 수 없다며 떠나는 사람들을 붙들지도 않으셨습니다. 예수님이 공생애 동안 지향하신 공동체는 '열린 공동체'였습니다. 12명의 제자들은 다양한 경로로 예수님의 부르심을 통해 제자가 되었습니다.

(**제자를 부르시다**

가장 먼저 예수님의 제자가 된 사람들은 베드로(시몬)와 그의 형제 안드레 및 세베대의 아들 야고보(12제자 중 가장 먼저 순교함, 행 12:2)와 그의 형제 요한입니다. 그런데 이 네 사람이 제자가 되는 순서는 성경의 기록상 약간의 차이가 있습니다. 우선, 마가복음과 마태복음은 베드로와 그의 형제 안드레가 먼저 예수님을 만난 것으로 기록합니다. 예수님이 베드로와 안드레에게 "나를 따라오라 내가 너희로 사람을 낚는 어부가 되게 하리라"(막 1:17)라고 하시자 곧바로 예수님을 따랐습니다. 그 후 야고보와 요한이 예수님을 만났습니다(막 1:14-20; 마 4:18-22 참조). 반면 요한복음은 요한과 안드레가 먼저 예수님을 만났고, 안드레가 베드로를 예수님께 데려갔다고 기록합니다(요 1:35-42 참조).

한편 베드로, 안드레, 야고보, 요한과 비슷한 시기에 예수님의 제자가 된 사람들이 있습니다. 빌립과 나다나엘(바돌로매)입니다. 그들이 예수님의 제자가 되는 장면은 요한복음 1장 43-51절에 등장합니다. 또한 일곱 번째로 예수님의 제자가 된 사람은 마태복음의 저자인 마태(레위)입니다. 그가 예수님의 제자가 되는 과정은 마태복음, 마가복음, 누가복음의 기록이 일치합니다(막 2:14; 마 9:9; 눅 5:27-28).

나머지 5명의 제자들은 어떤 경위로 예수님의 제자가 되었는지 네 권의 복음서에 기록되어 있지 않습니다. 특히 스승을 배반한 가룟 유다가 어떻게 예수님의 제자가 되었는지가 궁금하지만 아쉽게도 그에 관한 기록은 복음서에서 찾아볼 수 없습니다.

이상에서 살펴본 바에 의하면 12제자 중 베드로, 안드레, 야고보, 요한, 빌립, 나다나엘이 예수님의 제자가 되는 계기는 의외로 단순합니다. 나다나엘을 제외하고는 "나를 따르라"라는 예수님의 말씀만으로 그분의 제자가 된 것처럼 보입니다. 나다나엘이 제자가 된 것은 예수님이 무화과나무 아래 서 있는 그를 보았다고 말씀하셨기 때문이었습니다. 약간의 기적적인 요소가 있다고 할 수 있지만, 이러한 기적은 예수님이 생애 동안 사람들에게 베푸신 기적에 비하면 그리 놀랄 만한 것이 아닙니다.

이처럼 앞에서 본 6명의 제자들은 예수님이 베푸시게 될 기적들을 아직 보지 못한 상태에서 예수님의 제자가 되었다고 할 수 있습니다. 예수님의 명성이 갈릴리와 유대 지역 전체에 이미 알려진 이후에 제자가 된 마태를 포함한 다른 6명과는 다릅니다.

예수님의 수제자로 불리는 베드로도 마찬가지입니다. 어부였던 베드로가 자신의 생업을 포기하고 예수님을 따르게 된 결정적인 계기는 무엇이었을까요? 일반적으로 사람들은 예수님의 도움으로 그물이 찢어질 정도로 많은 물고기를 잡은 기적 때문이라고 생각합니다. 하지만 마가복음 1장 16-18절에는 물고기 잡는 기적은 전혀 언급이 없습니다. 단지 예수님의 말씀만으로 베드로가 예수님을 따르게 되었다고 말합니다. 더구나 요한복음에는 베드로가 메시아를 만나러 가자는 안드레의 권유로 예수님을 만난 것으로 기록되어 있습니다.

우리가 베드로의 회심에서 기적을 강조하게 되는 것은 누가복음의 기록 때문입니다. 하지만 누가복음의 기록을 자세히 읽어 보면 기적에 앞서 베드로를 변화시킨 무언가가 있었다는 것을 알 수 있습니다.

누가복음 5장 1-11절의 내용은 이렇습니다. 베드로는 이날 밤새 작업을 하였으나 물고기를 한 마리도 잡지 못했습니다. 더 이상 일을 할 수 없었던 베드로는 집으로 돌아가기 위해 배를 호숫가에 대어 놓고 그물을 씻고 있었습니다. 그런데 바로 그때 수많은 군중이 무슨 일이 일어난 것처럼 자기 쪽으로 몰려왔습니다. 그들 사이로 한 사람이 보였는데, 다름 아닌 예수님이셨습니다.

예수님은 구름같이 모여드는 군중으로 인해 호숫가에서 말씀을 전하기가 마땅치 않으시자 양해도 구하지 않고 베드로의 배에 올라 그에게 호숫가에서 조금 떨어져 나가자고 부탁하셨습니다. 베드로로서는 전혀 예상하지 않은 상황이었지만, 예수님의 부탁을 거절하지 않고 다시 노를 저었습니다. 예수님은 배가 일정한 거리에 다다르자 무리를 향하여 말씀을 선포하기 시작하셨습니다. 정확한 시간은 알 수 없지만 꽤 긴 시간 동안 말씀을 전하셨을 것입니다. 그동안 베드로는 노를 잡고 배가 호숫가에서 일정한 간격을 유지하도록 애를 썼을 것입니다.

베드로가 빨리 집으로 돌아가지 못함에 대하여 불만을 품었는지는 모르지만, 예수님을 배에 태운 것은 그에게 엄청난 축복을 가져다주었습니다. 사람들은 병을 고쳐 보겠다는 심산으로 예수님의 옷자락이라도 만지기 위해 예수님을 향해 달려들곤 했지만, 수많은 인파로 인해 예수님과 접촉하기란 결코 쉽지 않았습니다. 그런데 베드로는 자신이 원한 것이 아니었음에도, 마음만 먹으면 예수님을 껴안을 수도 있는 위치에 있었던 것입니다. 하지만 베드로는 예수님께 말 한마디 하지 않고 해가 져 어두운 호수 위의 삐걱거리는 배 위에서 묵묵히 자신의 소명만 감당하고 있었습니다.

말씀이 끝나고 군중은 흩어졌습니다. 예수님의 말씀이 그들의 영혼에 어떤 영향을 끼쳤는지는 알 수 없으나, 베드로의 영혼에는 커다란 영향을 끼쳤을 것으로 생각됩니다. 누구보다도 예수님의 말씀을 선명하게 들을 수 있는 위치에 있었기에 예수님의 말씀은 베드로의 영혼에 깊은 울림이 되었을 것입니다. 예수님의 말씀을 듣는 동안 베드로의 마음 밭이 옥토로 변했다고 할 수도 있습니다.

이렇게 변화된 베드로의 마음은 진리이신 예수님의 말씀을 거역할 수 없게 되었습니다. 예수님이 뜬금없이 "깊은 데로 가서 그물을 내려 고기를 잡으라"(눅 5:4)라고 명하시자 베드로가 "선생님 우리들이 밤이 새도록 수고하였으되 잡은 것이 없지마는 말씀에 의지하여 내가 그물을 내리리이다"(눅 5:5)라고 말하며 즉각 순종하는 모습은 이를 잘 증명합니다.

베드로의 순종에는 기적이 따라왔습니다. 노련한 어부였던 그의 예상과는 달리 많은 물고기를 잡게 되었습니다. 깜짝 놀란 베드로는 예수님의 무릎 아래에 엎드려 "주여 나를 떠나소서 나는 죄인이로소이다"(눅 5:8)라고 고백했습니다. 그러자 예수님이 "무서워하지 말라 이제 후로는 네가 사람을 취하리라"(눅 5:10)라고 말씀하십니다. 이후 베드로는 자신의 생업을 버리고 예수님의 수제자가 되어 예수님을 전하다 순교까지 하게 됩니다.

이상에서 보았듯이 기적은 그냥 오는 것이 아닙니다. 그것은 말씀을 향한 순종이 전제가 되어야 합니다. 베드로가 생업을 버리고 예수님을 따른 것은 그에게 닥친 기적이 중요한 계기가 되었겠지만, 그보다 더 중요한 것은 기적 이전에 예수님의 말씀을 들었다는 것입니다. 말씀을 듣고 변화를 받으면 기적을 체험할 수도 있습니다. 기적보다는 우선 말씀을 갈망해야 합니다.

복음서를 통해 예수님의 제자가 되는 과정에서 중요한 것은 기적이 아니라 예수님의 말씀이라는 점을 깨닫게 됩니다. 기적을 먼저 체험한 자는 기적에 매이게 될 가능성이 높지만, 말씀을 먼저 맛본 사람은 기적 너머에 있는 송이꿀보다도 단 예수님의 말씀을 갈망하게 됩니다. 예수님이 여섯 명의 제자들을 불러 모으시는 과정을 너무도 단순하게 기록한 것은 어쩌면 이 점을 가르쳐 주기 위함인지도 모릅니다.

예수님의 음성이 울려 퍼지는 고요한 호숫가, 그 저녁에 베드로에게 찾아왔던 말씀이 기적보다 먼저 우리에게 임하기를 기도해야겠습니다.

핵심 정리 제자를 부르심

베드로, 안드레, 야고보, 요한, 빌립, 나다나엘은 예수님이 베푸시게 될 기적을 보지 못한 상태에서 예수님의 말씀을 듣고 제자가 되었습니다. 예수님의 제자가 되는 과정에서 중요한 것은 기적이 아니라 예수님의 말씀입니다. 말씀을 먼저 맛본 사람은 기적 너머에 있는 예수님의 말씀을 갈망하게 됩니다.

- 당신이 주님께 자주 구하는 것은 기적입니까, 하나님의 말씀입니까? 예수님과의 더 깊은 만남을 위해 구해야 할 것은 무엇인지 생각해 봅시다.

가르치시고, 전하시고, 고치시다
공생애 사역

예수님의 공생애 사역을 3가지로 압축하면 '교육(가르침), 전도(전파), 치유(고침)'라 할 수 있습니다. 마태복음은 "예수께서 온 갈릴리에 두루 다니사 그들의 회당에서 가르치시며 천국 복음을 전파하시며 백성 중의 모든 병과 모든 약한 것을 고치시니"(마 4:23)라는 말로 예수님의 3가지 사역을 요약합니다.

교육 : 가버나움의 회당에서 가르치시다

베드로, 안드레, 야고보, 요한을 제자로 부르신 예수님은 가버나움이라는 마을로 들어가셨습니다(막 1:21). 예수님의 고향은 나사렛이지만 예수님의 주된 사역지는 갈릴리 호수 옆에 있던 가버나움이었습니다. 이곳을 거점으로 예수님은 이스라엘 북부 갈릴리 지역에 복음을 전하셨습니다. 갈릴리 지역은 역사적으로 멸시와 냉대를 받던 곳이었습니다. 이 지역은 이스라엘 족속 중 소외된 족속인 스불론 족속과 납달리 족속의 거주지였고, 솔로몬이 두로 왕 히람에게 성전 건축의 대가로 넘겨주었으나 히람이 눈에 들지 않아 '가불'(쓸모없는 땅)이라고 불렀던 20개의 성읍도 이 지역에 위치합니다(왕상 9:10-14). 시대적으로는 로마의 통치와 종교 지도자들의 압제 때문에 백성의 통곡 소리가 그칠 날이 없던 곳이기도 했습니다. 그야말로 갈릴리 지역은 역사적, 시대적으로 흑암의 땅이요, 사망의 그늘이 드리워진 땅이었습니다.

예수님은 갈릴리에서 자라셨고 이곳을 중심으로 사역하셨습니다. 이로 인해 "요단 저쪽 이방의 갈릴리를 영화롭게 하셨느니라 흑암에 행하던 백성이 큰 빛을 보고 사망의 그늘진 땅에 거주하던 자에게 빛이 비치도다"(사 9:1-2)라는 이사야서의 예언은 성취됩니다.

가버나움은 예수님의 제2의 고향이라고도 불리는 곳입니다(마 9:1의 '본 동네', 막 2:1의 "예수께서 ⋯ 집에 계시다는 소문이 들린지라"). 또한 가버나움은 예수님이 이스라엘의 어느 지역에서보다 기적을 많이 베푸신 지역이기도 합니다. 더러운 귀신 들린 사람에게서 귀신을 쫓아내신 곳이고(막 1:23-27), 열병으로 누워 있던 베드로의 장모(막 1:29-31), 중풍병자(막 2:1-12), 오른손이 마비되었던 사람(막 3:1-6), 왕의 신하의 아들(요 4:46-53) 등을 치유하신 곳이며, 회당장 야이로의 죽었던 딸(막 5:35-43)을 살리신 곳입니다.

하지만 가버나움 사람들은 기적에만 머물러 있을 뿐 죄 사함을 받는 회개의 자리로 나오지 못했습니다. 이로 인해 가버나움은 예수님께 "심판 날에 소돔 땅이 너보다 견디기 쉬우리라"(마 11:24)라고 크게 질책을 당하기도 했습니다.

예수님이 가버나움에서 가장 먼저 하시려던 일은 사람들에게 하나님과 하나님의 계명을 올바르게 가르치는 것이었습니다. 예수님은 사람들을 가르치기 위해 회당을 이용하셨습니다. 왜냐하면 그곳에 가면 언제든지 유대인들을 만날 수 있기 때문이었습니다. 마을 단위로 세워진 회당은 성경을 가르치고 기도하는 곳으로, 유대인 공동체가 있는 곳이면 반드시 있었습니다. 회당은 이스라엘 사람들의 일상생활의 중심이었고, 교육과 훈련의 장소였으며, 예루살렘 성전의 기능을 일부 대신하는 곳이기도 했습니다. 마태복음 4장 23절에는 "예수께서 온 갈릴리에 두루 다니사 그들의 회당에서 가르치시며"라고 나옵니다. 이처럼 예수님의 가르침은 회당을 중심으로 이루어졌습니다.

> 예수께서 곧 안식일에 회당에 들어가 가르치시매 뭇사람이 그의 교훈에 놀라니 이는 그가 가르치시는 것이 권위 있는 자와 같고 서기관들[법률 전문가들]과 같지 아니함일러라 (막 1:21-22).

예수님의 가르침은 권위가 있었고, 가르침을 들은 사람들은 크게 놀랐습니다. 사람들은 예수님에 관한 사전 정보가 없는 상태에서 예수님의 가르침을 들었기 때문에 충격은 더 컸을 것입니다.

(　　치유 : 각종 병자들과 귀신 들린 사람들을 고치시다

마가는 예수님이 가버나움 회당에서 사람들을 가르치고 계실 때 일어났던 일을 먼저 소개합니다.

> 마침 그들의 회당에 더러운 귀신 들린 사람이 있어 소리 질러 이르되 나사렛 예수여 우리가 당신과 무슨 상관이 있나이까 우리를 멸하러 왔나이까 나는 당신이 누구인 줄 아노니 하나님의 거룩한 자니이다 예수께서 꾸짖어 이르시되 잠잠하고 그 사람에게서 나오라 하시니 더러운 귀신이 그 사람에게 경련을 일으키고 큰 소리를 지르며 나오는지라 다 놀라 서로 물어 이르되 이는 어찜이냐 권위 있는 새 교훈이로다 더러운 귀신들에게 명한즉 순종하는도다 하더라 예수의 소문이 곧 온 갈릴리 사방에 퍼지더라(막 1:23-28).

당시 회당에는 더러운 귀신 들린 사람도 있었습니다. 그런데 이해하기 쉽지 않은 일이 발생합니다. 그것은 귀신 들린 사람이 아니라 그 사람을 사로잡고 있던 더러운 귀신이 예수님을 알아보고 놀라서 소리를 지른 것이었습니다.

그러자 예수님은 그 귀신을 꾸짖어 그 사람에게서 나오라고 명하셨습니다. 귀신은 자신이 장악하고 있던 그 사람에게서 나오기를 강하게 거부했으나 결국에는 예수님의 명령을 따랐습니다. 누가복음에는 귀신이 그 사람을 넘어뜨리기까지 했으나 그 사람은 상하지 않았다고 합니다(눅 4:35).

더러운 귀신 들린 사람은 무슨 일로 회당에 있었는지, 그도 귀신처럼 예수님을 알아보았는지 더 이상의 기록은 없습니다. 결과적으로 귀신 들린 사람에게는 그날 그 시간에 회당에 있었던 것이 인생 최대의 축복이 되어 돌아왔습니다. 우리도 언제 어디서 예수님을 만나게 될지 모릅니다. 늘 준비하고 살아야 합니다.

다음으로 베드로의 장모를 고치신 이야기입니다. 예수님은 회당에서 나와서 베드로와 안드레의 집으로 가셨습니다. 그런데 가서 보니 베드로의 장모가 열병에 걸려 누워 있었고, 사람들이 그 사실을 예수님께 알렸습니다. 예수님이 베푸실 기적을 기대했는지도 모릅니다. 그러자 예수님은 친히 그녀에게 다가가 어떠한 말도 하지 않으시고 손을 잡아 일으키셨습니다. 놀랍게도 열병이 치유되는 기적이 일어났고, 베드로의 장모는 즉시 일어나 예수님과 그 일행의 수종을 들기까지 했습니다(막 1:29-31).

예수님이 가르치신 말씀의 권위와 귀신 들린 사람에게서 귀신을 몰아내시고 베드로의 장모를 치유하셨다는 소식은 사람들에게 엄청난 속도로 전파되었습니다. 그리고 그 소식은 예수님이 가버나움에 들어가신 지 하루도 되지 않아 사람들을 예수님께로 불러 모았습니다. 병든 많은 사람과 그의 가족들, 귀신 들린 사람들과 그의 가족들, 그 밖에 수많은 사람이 구름같이 몰려드는 장면을 상상해 보십시오. 당시의 의료 수준과 경제 수준을 감안하면 그 모습이 생생하게 그려질 것입니다.

이런 사정을 마가복음은 사람들이 그날 "저물어 해 질 때에 모든 병자와 귀신 들린 자"(막 1:32)를 데리고 예수님이 머물고 계신 베드로의 집으로 찾아오게 만들었다고 기록하고 있습니다. 예수님은 쉬셔야 했지만 사람들의 아픔과 애환을 모두 이해하시고 그들 모두를 치유해 주셨습니다. 예수님은 찾아온 모든 사람을 치유해 주시느라 밤이 깊어 가는 줄도 모르셨을 것입니다.

한 가지 특이한 점은 예수님이 귀신 들린 자를 고쳐 주신 다음에 귀신들에게 예수님이 누구신지 말하지 못하게 하신 것입니다. 마가복음은 예수님이 "각종 병이 든 많은 사람을 고치시며 많은 귀신을 내쫓으시되 귀신이 자기를 알므로 그 말하는 것을 허락하지 아니하시니라"(막 1:34)라고 전합니다. 회당에서 더러운 귀신 들린 사람에게서 귀신을 내쫓으실 때의 일 때문인지도 모릅니다.

(**전도 : 온 갈릴리에 다니시며 전도하시다**

예수님은 베드로의 집으로 몰려든 사람들을 밤이 깊도록 치유하셨을 것이고, 아마도 시간이 너무 늦어 치유받지 못한 사람은 집으로 돌려보내셨을 것입니다. 예수님은 사람들이 돌아가자 잠시 잠을 청하셨습니다. 그리고 "새벽 아직도 밝기 전에"(막 1:35) 일어나 한적한 곳으로 가서서 기도하셨습니다. 예수님의 생애에서 기도를 빼고는 말할 수 없을 정도로, 예수님은 눈코 뜰 새 없이 바쁘고 고단한 일상 속에서도 늘 기도하셨습니다. 특히 예수님은 하루를 시작하는 새벽에 일어나 기도하시거나 심야에 산에 올라 기도하기도 하셨는데, 이러한 기도를 습관에 따라, 다시 말해 매우 규칙적으로 하셨습니다(막 6:46; 눅 22:39).

동이 터 오자 사람들이 다시 몰려들었습니다. 베드로와 그와 함께한 사람들은 예수님이 기도하고 계신 곳으로 가서 예수님께 "모든 사람이 주를 찾나이다"(막 1:37)라고 하며 예수님의 의향을 조심스럽게 여쭈었습니다. 그러자 예수님은 "우리가 다른 가까운 마을들로 가자 거기서도 전도하리니 내가 이를 위하여 왔노라"(막 1:38)라고 하시며 제자들을 이끌고 다른 마을로 길을 나서셨고, 이후 "온 갈릴리에 다니시며 그들의 여러 회당에서 전도하시고 또 귀신들을 내쫓"(막 1:39)으셨습니다.

예수님이 떠나시면 자신들이 치유받지 못하게 될까 봐 안달이 난 가버나움 사람들은 예수님이 가지 못하시게 만류했습니다. 그러나 예수님은 "내가 다른 동네들에서도 하나님의 나라 복음을 전하여야 하리니 나는 이 일을 위해 보내심을 받았노라"(눅 4:43)라고 하시면서 갈릴리로 묵묵히 발걸음을 옮기셨습니다. 그리고 사람들도 예수님 일행을 따라 대이동을 시작했습니다.

핵심 정리 공생애 사역

예수님의 공생애 사역은 교육, 치유, 전도로 요약할 수 있습니다. 예수님은 회당을 중심으로 하나님과 하나님의 계명을 가르치셨고, 각종 병자와 귀신 들린 사람을 고치셨으며, 갈릴리에 다니시며 복음을 전하셨습니다.

● 예수님의 교육, 치유, 전도 사역이 당신에게 주는 도전은 무엇입니까?

죄 사함을 받으라
온전한 치유

    예수님은 제자들과 함께 가버나움을 떠나 전도 여행을 시작하셨고, 갈릴리 지역의 한 동네에서 머무셨습니다. 그때 예수님의 소식을 들은 한센병 병자 한 사람이 예수님께 찾아왔습니다. 예수님의 소식을 듣자마자 달려온 것 같습니다. 그는 예수님의 발아래 꿇어 엎드려 단도직입적으로 "원하시면 저를 깨끗하게 하실 수 있나이다"(막 1:40)라고 말하며 자신의 병을 고쳐 주실 것을 간절히 빌었습니다. 이 병자는 자신이 낫기를 원한다는 표현을 쓰지 않았습니다. 오히려 예수님의 입장에 서서 예수님이 마음만 먹으면 자신을 고치실 수 있다고 말했습니다.

네 몸을 제사장에게 보이라

예수님은 이 병자의 말을 한마디도 놓치지 않으시고, 그가 했던 간구의 순서대로 답변하셨습니다. "내가 원하노니 깨끗함을 받으라"(막 1:41)라고 말씀하셨습니다. 그러자 그 사람의 병이 치유되어 몸이 깨끗해졌습니다. 이에 예수님은 "삼가 아무에게 아무 말도 하지 말고 가서 네 몸을 제사장에게 보이고 네가 깨끗하게 되었으니 모세가 명한 것을 드려 그들에게 입증하라"(막 1:44)라고 경고하셨습니다.

한센병을 치유받은 사람에게 예수님이 하신 말씀의 내용은 두 가지입니다. 첫 번째는 삼가 아무에게 아무 말도 하지 말라는 것이고, 두 번째는 제사장에게 몸을 보이고 모세가 명한 대로 절차를 거쳐 깨끗하게 되었다는 인정을 받으라는 것입니다.

먼저, 예수님은 "삼가 아무에게 아무 말도 하지 말고"라고 하셨습니다. 누구에게도 그의 한센병을 누가, 어떻게 고쳐 주었는지에 관해서 말하지 말라는 것이었습니다. 앞에서 보았듯이 예수님은 각종 병이 든 사람들과 귀신 들린 사람들을 고쳐 주신 다음에, 그 사람들에게서 빠져나온 귀신들에게 예수님이 누구신지 말하지 못하게 하셨습니다(막 1:32-34). 그런데 이번에는 귀신들이 아니라 한센병을 치유받은 사람에게 그러한 명령을 내리셨습니다.

예수님이 귀신들이나 그 사람에게 그러한 명령을 내리신 이유에 관해서는 다양한 해석이 존재합니다. 그런데 한 가지 분명한 사실은 인간이나 귀신은 하나님이신 예수님의 존재를 완전히 알 수 없다는 점입니다. 예수님의 행적에서 드러나는 것들을 근거로 삼는다 해도, 하나님이신 예수님의 존재를 온전히 알 수는 없습니다. 때문에 예수님을 만나고 기적을 체험한 사람들의 입에서 나오는 어떤 말들도 예수님의 실체를 표현하기에 부족합니다. 이런 점 때문에 예수님이 베푸신 기적과 예수님의 존재에 관해 함부로 말하지 못하게 하셨던 것으로 생각해 볼 수도 있습니다.

또 다른 관점에서 보면, 예수님의 공생애 사역은 3년간 계속되었으므로 공생애 초기부터 자신의 존재가 드러나 종교 권력자들과 마찰이 생기길 원하지 않으셨을 수도 있습니다. 예수님은 자신의 사역이 완성될 십자가 위에서 자기 존재를 확증할 예정이셨기 때문에, 사역의 과정에서는 자기 존재 문제로 인한 종교 권력자들과의 무익한 다툼을 원하지 않으셨는지도 모릅니다.

예수님의 사역이 한창이던 때에 예수님은 제자들에게 "사람들이 나를 누구라고 하느냐"(막 8:27)라고 물으셨습니다. 제자들의 답변이 분분한 가운데 베드로가 "주는 그리스도시니이다"(막 8:29)라고 답을 말하자 예수님이 "자기의 일을 아무에게도 말하지 말라"(막 8:30)고 경고하신 것도 같은 맥락에서 이해할 수 있습니다.

다음으로, 예수님은 한센병을 치유받은 사람으로 하여금 왜 제사장에게 몸이 깨끗하게 된 것을 보이고 인정을 받으라고 하셨을까요? 여기에는 여러 가지 해석이 있는데, 저는 그 사람이 공동체 생활을 정상적으로 할 수 있도록 예수님이 배려하셨다고 이해합니다. 지금도 마찬가지지만 한센병 병자들은 천형을 받은 사람들로 간주되어 공동체 내에서 생활할 수 없는 사람들이었습니다. 그들이 공동체로 들어와 생활하기 위해서는 병이 완치되었다는 사실을 증명하고 엄격한 정결 예식을 거쳐야 했습니다(레 14:1-32).

한센병 병자들은 병으로 인한 고통뿐만 아니라 가족과 공동체에서 소외되는 슬픔도 겪어야 하는 사람들입니다. 그들은 병으로 인한 고통에서 벗어나는 것뿐만 아니라 가족과 공동체로의 회복도 절실한 사람들입니다. 이러한 점을 모두 감안한다면, 예수님의 명령은 그 사람의 회복을 위해 가장 긴급한 조치였습니다. 타락하고 부패한 개인과 공동체의 치유와 회복, 이것이 바로 예수님이 우리에게 가르쳐 주시려고 했던 천국이 아닐까요?

작은 자야, 네 죄 사함을 받았느니라

성경에 따르면 아담과 하와의 원죄 때문에 장애, 질병, 죽음이 찾아왔고 죄악이 인간 본성을 지배하게 되었습니다. 다시 말해, 장애, 질병, 죽음, 죄악은 원죄의 결과로서 인간에게 주어진 것입니다. 그런데 죽음이나 죄악을 원죄의 결과로 보지 않고 단순한 질병으로 보는 시각이 있습니다. 이들은 치료 방법만 찾아내면 죽음이라는 질병을 이기고 영생할 수 있다고 생각할 뿐만 아니라, 범죄나 부도덕한 행위조차도 인간의 질병으로 이해하기 때문에 그에 대해 형벌이나 도덕적 비난이 아니라 정신적·심리적 치료를 실시해야 한다고 주장합니다. 그러면 범죄나 부도덕한 행위에 대해서 형벌이나 윤리적 책임을 추궁할 수 없게 됩니다. 하지만 이는 성경적으로 옳은 견해가 아닙니다.

한편, 인간의 지식과 판단은 완전하지 않으므로 자범죄의 결과로서의 장애, 질병, 죽음과 그렇지 않은 장애, 질병, 죽음을 엄밀하게 구분할 수 없습니다. 따라서 인간에게 발생하는 장애, 질병, 죽음을 함부로 자범죄의 결과로 돌려서는 안 됩니다. 반대로 그것을 모두 원죄의 결과라고 속단해서도 안 됩니다. 제자들이 맹인으로 출생한 것이 누구의 죄 때문인지 물었을 때 예수님이 "이 사람이나 그 부모의 죄로 인한 것이 아니라 그에게서 하나님이 하시는 일을 나타내고자 하심이라"(요 9:3)라고 대답하신 것도 바로 그 점을 강조하시기 위함이라고 생각합니다.

예수님은 갈릴리로 가셔서 여러 날 동안 전도 여행을 하셨습니다. 그 여행은 많은 사람에게 기쁜 소식이었습니다. 그 뒤 예수님은 가버나움으로 돌아오셨고, 예수님이 집에 계시다는 소문은 삽시간에 동네 사람들에게 퍼졌습니다. 예수님이 돌아오시기를 기다리던 수많은 사람이 모여들었고, 사람들이 너무 많이 몰려들어서 예수님이 머무시는 집의 문 앞에까지도 들어설 자리가 없게 되었습니다. 그러한 상황에서 예수님은 '도'를 말씀하기 시작하셨습니다(막 2:2). 병을 고치거나 사람에게서 귀신을 쫓아내는 것보다 더 귀중한 하나님의 말씀을 전하고 싶으셨던 것입니다.

그때 한 무리의 사람들이 나타났습니다. 중풍병자를 어깨에 메고 온 네 친구들이었습니다. 그들은 문 앞까지 막은 사람들 때문에 집 안으로 들어갈 수 없었습니다. 그러자 예수님이 말씀하고 계신 집의 지붕 위로 올라가 지붕을 뜯어 구멍을 낸 다음, 중풍병자가 누운 침상을 줄로 달아서 예수님께로 내려보냈습니다.

침상을 달아 내린 줄은 어디서 구했을까요? 예수님이 중풍병자를 보시고 "작은 자야"라고 하신 것으로 미루어 볼 때 병자의 나이는 그리 많지 않았던 것 같습니다. 젊은 병자와 그가 누운 침상의 무게를 감안하면 튼튼한 줄이 필요했을 것이므로 그 줄을 즉석에서 만들기는 어려웠을 것입니다. 그렇다면 그들은 사태를 미리 예상하고 튼튼한 줄을 만들어 가지고 왔고, 만약의 경우에는 지붕을 뚫어 침상에 누인 채 병자를 집 안으로 내려보낼 생각까지 하고 있었을지도 모릅니다. 그 집의 주인 입장에서 볼 때 참으로 황당하고 무례한 행동이 아닐 수 없습니다.

그런데 예수님의 반응이 참으로 놀랍습니다. 중풍병자를 달아 내린 사람들을 나무랄 생각은 하지 않으시고, 오히려 "그들의 믿음"(막 2:5)을 먼저 보셨습니다. 그들의 믿음은 그들뿐만 아니라 중풍병을 앓던 친구의 죄를 사면하는 데까지 이르게 한 것입니다. 그래서 예수님은 중풍병자에게 "작은 자야 네 죄 사함을 받았느니라"(막 2:5)라고 말씀하셨던 것입니다. 중풍병자의 친구들이 지붕을 뚫고 그를 내려보낸 것은 병 고치기를 소망했기 때문이지 죄 사함을 받기 위해서가 아니었습니다. 그래서 예수님의 말씀에 그들은 잠시 당황했을지도 모릅니다.

아니나 다를까 예수님이 중풍병자에게 죄를 사하겠다는 말씀을 하시자마자, 거기에 있던 어떤 서기관들은 "이 사람이 어찌 이렇게 말하는가 신성모독이로다 오직 하나님 한 분 외에는 누가 능히 죄를 사하겠느냐"(막 2:7)라고 생각하며 예수님이 하신 말씀에 강력하게 이의를 제기했습니다. 이 말로 인해 예수님은 중풍병자를 침상에서 일으켜 세우는 일을 잠시 멈추셨습니다. 신성모독죄는 이스라엘 종교 지도자들이 예수님을 십자가형에 처할 때 뒤집어씌운 죄목이었습니다. 신성모독이란 하나님을 사칭하거나 인간으로서 하나님의 신성을 더럽힌 것을 의미합니다. 예수님의 공생애 초기부터 법률 전문가였던 서기관들의 머릿속에서 신성모독이라는 말이 나오기 시작했다는 것은 의미심장합니다.

인간이 저지르는 죄에는 '하나님에 대한 죄'와 '인간에 대한 범죄'가 있습니다. 하나님에 대한 죄의 피해자는 하나님이시고, 인간에 대한 범죄의 피해자는 인간입니다. 죄를 용서할 수 있는 자는 피해자이므로 하나님에 대한 죄는 하나님만이 용서하실 수 있고, 인간에 대한 범죄는 그 범죄의 피해자만이 용서할 수 있습니다.

그런데 인간에 대한 범죄가 하나님이 명하신 이웃 사랑의 계명을 어긴 것이 된다면 그 범죄는 하나님에 대한 죄도 되고, 결국 하나님도 피해자가 되십니다. 어쨌든 하나님에 대한 죄는 하나님 외에는 아무도 용서할 수 없습니다. 그리고 "성령을 모독하는 자는 영원히 사하심을 얻지 못하고 영원한 죄가 되느니라"(막 3:29)라고 성경은 말합니다. 그러므로 서기관들의 지적은 옳다고 할 수 있습니다. 하지만 그들은 예수님이 하나님의 아들이시자 삼위일체 하나님이심을 알지 못했습니다. 그 결과 그들이 예수님께 뒤집어씌운 신성모독죄는 터무니없는 것이었습니다.

예수님은 그들의 반응을 예상하시고 앞에서와 같은 말씀을 하셨던 것 같습니다. 예수님이 그들을 향해 던지신 도전장이었을 수도 있습니다. 여하튼 예수님은 그들의 생각을 아시고는, 그들의 수준에서 답변하기 어려운 날카로운 질문을 하셨습니다.

어찌하여 이것을 마음에 생각하느냐 중풍병자에게 네 죄 사함을 받았느니라 하는 말과 일어나 네 상을 가지고 걸어가라 하는 말 중에서 어느 것이 쉽겠느냐 그러나 인자가 땅에서 죄를 사하는 권세가 있는 줄을 너희로 알게 하려 하노라 (막 2:8-10).

증명이 필요하다는 입장에서 본다면 "네 죄 사함을 받았느니라"라는 말과 "일어나 네 상을 가지고 걸어가라"라는 말 중에서 어느 쪽이 말하기 쉬울까요? "네 죄 사함을 받았느니라"라는 말은 눈에 보이는 것이 아니므로 물리적으로 증명할 필요가 없습니다. 하지만 "일어나 네 상을 가지고 걸어가라"라는 말은 당장의 증명이 필요합니다. 따라서 인간에게는 물리적으로 증명할 필요가 없는 "네 죄 사함을 받았느니라"라는 말이 하기가 더 쉬울 것입니다. 그런데 서기관들의 판단으로는 예수는 하나님이 아닌 것이 분명했기에 "네 죄 사함을 받았느니라"라는 말은 죄 사함을 받은 증명과는 상관없이 그 자체로 거짓이었습니다. 그렇기에 그들은 마음속으로 강력하게 항변한 것입니다.

하지만 예수님의 입장에서는 어느 쪽을 말하는 것이 더 쉬우셨을까요? 예수님은 하나님의 아들이시기에 병을 고치는 것은 성령님의 도우심 아래 독자적인 권능으로 행하실 수 있었습니다. 하지만 죄를 사하는 권세는 최종 심판권자이신 하나님께 위임을 받아야 하는 것입니다. 이는 "죽인 후에 또한 지옥에 던져 넣는 권세 있는 그를 두려워하라"(눅 12:5)라는 말씀과 "너희 아버지께서 허락하지 아니하시면 그[참새] 하나도 땅에 떨어지지 아니하리라"(마

10:29)라는 말씀, "그날과 그때는 아무도 모르나니 하늘에 있는 천사들도, 아들도 모르고 아버지만 아시느니라"(막 13:32)라는 말씀을 통해 알 수 있습니다. 심판의 날과 때는 예수님조차도 모르시는 것처럼 창조와 심판에 대한 영역은 성부 하나님께 맡겨져 있습니다. 때문에 예수님의 입장에서는 "네 죄 사함을 받았느니라"라는 말을 하는 것이 "일어나 네 상을 가지고 걸어가라"라는 말을 하는 것보다 어렵지 않았을까 생각합니다.

어쨌든 자신들의 생각이 들통난 서기관들은 화들짝 놀랐을 것입니다. 이러한 서기관들의 반응을 보시면서 예수님은 그들에게 자신이 "땅에서 죄를 사하는 권세가 있는 줄을"(막 2:10) 알게 하겠다고 말씀하신 다음, 중풍병자에게 "내가 네게 이르노니 일어나 네 상을 가지고 집으로 가라"(막 2:11)고 명하셨습니다.

이 말씀에는 당장의 증명이 필요했습니다. 예수님이 누구신지 모르는 사람들은 마음 졸이고 있었을지도 모릅니다. 그런데 그들의 눈앞에 상상조차 할 수 없는 광경이 벌어졌습니다. 예수님의 명령에 따라 중풍병자가 일어나 침상을 가지고 모든 사람 앞에서 나갔던 것입니다. 그것은 단순한 기적을 넘어, 예수님께 죄를 사할 권세가 있음을 증명하는 것이었습니다. 거기에 있던 사람들은 너무나 놀라 하나님께 영광을 돌리며 "우리가 이런 일을 도무지 보지 못하였다"(막 2:12)라는 말밖에 더 할 말이 없었습니다.

한편, 이 이야기에서 하나 더 기억할 것은 공동체의 사면에 관한 것입니다. 성경은 죄가 인간 개개인을 타락시키고 부패시켰을 뿐만 아니라 인간과 하나님의 관계 및 인간 상호 간의 관계마저도 타락시키고 부패시키는 원인이 되었다고 합니다. 따라서 개인과 공동체가 죄로 인한 타락과 부패에서 벗어나려면 개인 및 공동체적 사면이 필수입니다. 예수님이 중풍병자 친구들의 믿음을 먼저 보셨다는 것은 중풍병자의 사면뿐만 아니라 그를 둘러싼 공동체의 사면과 그를 통한 공동체의 회복까지도 해결해 주셨다는 것을 뜻합니다. 이는 천국에서 이루어질 완전한 공동체를 예표합니다.

이상과 같은 예수님의 행적에 관한 소식, 특히 예수가 신성모독죄를 저질렀다는 잘못된 소식은 삽시간에 제사장들과 서기관들에게 전해졌을 것입니다. 이로 인해 하나님 나라의 총사령관이신 예수님과 사탄의 앞잡이인 종교 권력자들 사이의 전쟁이 서서히 전개되기 시작했습니다.

핵심 정리 온전한 치유

예수님은 중풍병자의 친구들의 믿음을 먼저 보시고 중풍병자의 병을 치유해 주셨습니다. 이는 개인의 사면뿐만 아니라 공동체의 회복까지 해결해 주신 것을 뜻합니다. 또한 유대인들 앞에서 죄 사함을 선포하신 것은 자신도 죄를 사하는 권능이 있음을 알려 주신 것입니다.

- 예수님이 중풍병자의 친구들의 믿음을 먼저 보시고 중풍병자를 치유해 주신 사건을 통해 당신이 깨닫게 된 것은 무엇입니까?

새 부대가 되지 않으면
예수님의 천국 잔치

예수님은 다시 바닷가에 가셨습니다(막 2:13). 그 바닷가는 갈릴리 호수였을 것입니다. 그런데 사람들이 그곳까지 예수님을 따라왔고, 예수님은 다시 그들을 가르치셨습니다.

(**건강한 자에게는 의원이 쓸데없다**

그 후 예수님은 갈릴리 호수를 떠나 가버나움으로 돌아가셨습니다. 예수님은 어느 곳을 지나시다가 알패오의 아들 레위, 즉 마태가 세관에 앉아 있는 것을 보시고는 그에게 "나를 따르라"(막 2:14)라고 명령하셨습니다. 세리로 직무를 수행 중이었던 마태는 즉각 자리에서 일어나 예수님을 따랐습니다. 누가복음에는 "그가 모든 것을 버리고 일어나 따르니라"(눅 5:28)라고 나옵니다. 이미 사람들에게 예수님의 소문을 듣고 있었기 때문에, 예수님을 만나자마자 바로 예수님을 따를 수 있었을 것입니다.

예수님은 마태의 집에 초대되어 식사를 대접받으셨습니다. 누가복음에서는 마태가 큰 잔치를 베풀고 많은 사람을 초대했다고 합니다(눅 5:29). 세리로서 재력가였기 때문에 가능했을 것입니다. 그 자리에는 예수님의 제자들뿐만 아니라 마태 외에 다른 세리들과 죄인들도 있었습니다.

당시 이스라엘 사회에서 세리들은 민족의 반역자 또는 배신자라고 멸시를 받았습니다. 때문에 평범한 이스라엘 사람이 이들과 함께 앉아 식사를 하면 부정한 일을 저지른 것으로 간주되어 종교적 및 사회적으로 크게 비난 받을 수도 있었습니다. 하지만 예수님은 그런 비난을 개의치 않으셨습니다. 오히려 예수님의 생애를 보면 세리, 창녀, 이방인들과의 교제를 기쁨으로 즐기셨습니다. 부활하시고 승천하실 때에는 예루살렘과 온 유대를 넘어, 이스라엘 사람들이 혐오하는 사마리아와 이방 끝까지 복음을 전하라고 명령하셨습니다. 예수님은 이스라엘만이 아니라 온 인류의 하나님의 아들로서 정당한 권리를 행사하신 것입니다.

어쨌든 예수님은 보란 듯이 세리인 마태의 집에서 세리들 및 죄인들과 함께 둘러앉아 식사를 하셨습니다. 이 장면을 보게 된 바리새인의 서기관들은 예수님께 직접 말하지 않고 예수님의 제자들에게 "어찌하여 세리 및 죄인들과 함께 먹는가"(막 2:16)라며 은근히 불쾌감을 드러냈습니다. 마태복음에서는 그들이 예수님을 향해 "보라 먹기를 탐하고 포도주를 즐기는 사람이요 세리와 죄인의 친구로다"(마 11:19)라고 비난했습니다. 예수님은 그들의 말을 들으시고는 "건강한 자에게는 의사가 쓸데없고 병든 자에게라야 쓸데 있느니라 나는 의인을 부르러 온 것이 아니요 죄인을 부르러 왔노라"(막 2:17)라고 대답하셨습니다.

바리새인의 서기관들은 이미 여러 곳에서 예수님이 행하신 기적에 관한 소문을 들었고, 그들이 간절히 기다리던 메시아(그리스도)라고 생각했을지도 모릅니다. 그래서 마태가 베푼 잔치에 초대를 받았을 때 반신반의하며 예수님을 만났을 것이고, 예수님이 자신들의 편에 서서 자신들의 지위와 행위를 옹호해 주시기를 바랐을 것입니다. 그런데 예수님은 중풍병자를 고치시면서 신성모독적인 발언으로 그들을 실망시키셨습니다. 또 예수님은 자신들이 아니라 자신들이 경멸하는 세리들 및 죄인들과 함께 앉아 식사를 하셨고, 그 모습에 그들은 심한 불쾌감을 느꼈습니다.

그들은 예수님이 하나님의 아들이심을 알고자 한 것이 아니라, 자신들이 율법을 잘 지켜 내고 있음을 알아주시기만 기대한 것 같습니다. 그렇다 보니 예수님은 보이지 않고, 자신들의 율법 조문에 위반되는 예수님의 행동만 부각되어 다가왔던 것입니다. 그들은 그들의 입장에서는 의인이었을지 모르나, 예수님의 입장에서는 하나님 앞에 회개해야만 하는 죄인일 뿐이었습니다.

예수님은 바리새인의 서기관들도 자신들이 죄인임을 깨닫고 회개하기를 바라셨습니다. 그러지 않고서는 하나님 나라의 잔치 자리에 앉을 수 없기 때문이었습니다. 그래서 예수님은 그들에게 "의인을 부르러 온 것이 아니요 죄인을 부르러 왔노라"라고 말씀하셨던 것입니다. 하지만 그들은 예수님이 자신들을 천국 잔치에 초대하고 계시다는 것을 깨닫지 못했습니다. 오히려 예수님이 율법의 전통을 위반하셨다면서 적대감만 쌓아 갔습니다. 이러한 경향은 메시아가 베들레헴에서 탄생하셨다는 소식을 들었을 때부터 예수님을 십자가에 못 박을 때까지 계속되었습니다.

(새 포도주는 새 부대에

세리와 범죄자들과의 식사 문제로 불쾌감을 느낀 사람들은 이제는 금식 문제로 예수님께 시비를 걸었습니다. "요한의 제자들과 바리새인의 제자들은 금식하는데 어찌하여 당신의 제자들은 금식하지 아니하나이까"(막 2:18)라며 따져 물었습니다. 아마도 이날이 금식하는 날이었던 것 같습니다.

당시 이스라엘 사람들은 정기적으로 또는 특별한 절기 동안 금식을 했다고 합니다. 특히, 바리새인들은 일주일에 2회 금식하도록 했다고 합니다. 예수님은 금식을 금하신 적이 없습니다. 오히려 예수님은 40일간 금식 기도도 하셨고, 금식할 때는 사람이 아니라 은밀한 중에 계신 아버지께 보이게 하라고 가르치기도 하셨습니다(마 6:16-18).

예수님은 자신의 제자들이 금식하지 않는다는 사람들의 항의에 "혼인 집 손님들이 신랑과 함께 있을 때에 금식할 수 있느냐 신랑과 함께 있을 동안에는 금식할 수 없느니라 그러나 신랑을 빼앗길 날이 이르리니 그날에는 금식할 것이니라"(막 2:19-20)라고 대답하셨습니다. 알아듣기 어려운 답변입니다. 그러시고는 이어서 " … 새 포도주를 낡은 가죽 부대에 넣는 자가 없나니 만일 그렇게 하면 새 포도주가 부대를 터뜨려 포도주와 부대를 버리게 되리라 오직 새 포도주는 새 부대에 넣느니라"(막 2:21-22)라고 하셨습니다. 잘 이해되지 않는 답변입니다.

예수님의 이 말씀은 두 부분으로 나누어 볼 수 있습니다. 첫 번째는 금식을 해서는 안 될 때가 있다는 것이고, 두 번째는 금식을 하는 목적에 관해서입니다.

먼저, 금식을 해서는 안 될 때에 관해서입니다. 그중 하나가 혼인 잔치 때입니다. 혼인 잔치에서는 신랑, 신부뿐만 아니라 잔치에 모인 모든 사람이 기쁨을 함께 나누기 위해 함께 먹고 마셔야 합니다. 예수님은 천국 혼인 잔치에 신부들을 데려가시기 위해 이 땅에 오셨습니다. 신부들은 예수님이 자신의 피 값을 치르고 사신 택한 백성입니다. 따라서 예수님과 함께 있는 동안은 천국의 혼인 잔치가 벌어지므로 함께 먹고 마시며 즐거워해야지 금식하며 괴로워해서는 안 된다는 것입니다.

예수님은 이를 증명이라도 하시듯 자신의 행적과 비유의 말씀을 통해서 함께 먹고 마시며 기쁨을 누리는 잔치나 식사 장면을 자주 보여 주셨습니다. 마태의 집에서의 잔치, 오병이어 및 칠병이어의 대잔치, 최후의 만찬, 부활 이후 숯불에 구운 생선을 제자들에게 권하시는 모습 등 실로 다양한 식탁을 보여 주셨습니다.

다음으로, 금식을 하는 목적입니다. 예수님은 자신의 피로 지참금을 지불하고 신부들을 데려가는 신랑으로서 이 땅에 오셨습니다. 따라서 예수님의 살을 먹고 피를 마시지 않으면 천국 잔치에 초대되는 신부가 될 수 없습니다. 우리가 예수님의 피를 마신다는 것은 우리의 영혼에 예수님의 피를 담는다는 뜻입니다. 결국 우리는 예수님의 피를 상징하는 포도주를 담아야 하는 부대입니다.

그런데 헌 부대에 새 포도주를 넣으면 새 포도주의 맛이 변해 버립니다. 또 잘못했다가는 낡은 부대가 터질 수도 있습니다. 따라서 우리는 새 포도주인 예수님의 피를 우리 영혼에 담기 위해 새롭게 변화되어 새 부대가 되어야 합니다. 우리가 새롭게 변화되어 새 부대가 되지 않으면 새 포도주를 담거나 지속적으로 보관할 수 없습니다. 새 부대가 되기 위해 금식이 필요할 때가 있습니다. 금식은 성령의 지배를 받아 새 부대가 되기 위해서 하는 것입니다. 다시 말해, 성령이 우리를 지배하시게 되면 새 부대가 되어 새 포도주를 받을 수 있게 됩니다.

새 부대가 되어 새 포도주를 담는 날은 성대한 천국 잔치가 열리는 날입니다. 그날에는 누구에게도 금식이 허용되지 않습니다. 우리 영혼에 성령의 임재를 허용하기 위해 하는 금식이 필요 없게 되는 것입니다. 예수님은 이것을 우리에게 가르쳐 주시고자 했습니다. 가나 혼례식에서처럼 이번에도 자신의 사역이 피 흘림의 사역임을 드러내기 원하셨습니다. 예수님은 철두철미하게 인간을 위해 자신이 피 흘릴 것을 계속 암시해 주신 것입니다.

핵심 정리 예수님의 천국 잔치

예수님은 자신의 피로 지참금을 지불하고 신부들을 데려가는 신랑으로서 이 땅에 오셨습니다. 따라서 우리는 신랑이신 예수님의 살을 먹고 피를 마시지 않으면 천국 잔치의 신부가 될 수 없습니다. 우리는 새 포도주인 예수님의 피를 영혼에 담기 위해 새 부대가 되어야 합니다.

- 우리가 변화되어 새 부대가 되려면 반드시 성령의 도우심이 필요합니다. 지금 당신에게 가장 변화가 필요한 모습은 무엇인지 나누어 보고, 그 변화를 위해 성령의 도우심을 구합시다.

안식일을 거룩하게 지킨다는 것
안식일의 의미

예수님은 가족과 친족들을 뒤로한 채 제자들과 함께 전도의 길을 떠나셨습니다. 그날은 마침 안식일이었는데, 예수님의 제자들이 밀밭을 지나가다가 길을 열며 밀 이삭을 잘랐습니다. 그러자 바리새인들은 무슨 큰일이라도 난 듯이 예수님께 "보시오 저들이 어찌하여 안식일에 하지 못할 일을 하나이까"(막 2:24)라고 따져 물었습니다.

그러자 예수님은 "다윗이 자기와 및 함께한 자들이 먹을 것이 없어 시장할 때에 한 일을 읽지 못하였느냐 그가 아비아달 대제사장 때에 하나님의 전에 들어가서 제사장 외에는 먹어서는 안 되는 진설병을 먹고 함께한 자들에게도 주지 아니하였느냐"(막 2:25-26)라고 그들에게 되물으셨습니다. 그리고 "안식일이 사람을 위하여 있는 것이요 사람이 안식일을 위하여 있는 것이 아니니 이러므로 인자는 안식일에도 주인이니라"(막 2:27-28)라고 하시며 안식일을 거룩하게 지키는 것의 진정한 의미를 가르쳐 주셨습니다.

(**안식일의 의미**

　　　　자신이 안식일의 주인이라고 말씀하신 예수님은 회당에 들어가셨습니다. 그런데 거기에는 한쪽 손이 마른 사람이 있었습니다. 사람들은 예수님이 안식일에 병자를 고치시는 현장을 포착하기 위해 뚫어지게 예수님을 쳐다보고 있었습니다. 그런 일을 시도하기라도 하면 예수님을 고발하겠다는 뜻이었습니다. 안식일에는 병든 사람도 고쳐서는 안 된다는 것이 그들의 입장이었습니다. 예수님이 이미 안식일 성수의 의미를 가르쳐 주셨는데도 그들은 예수님의 가르침을 받아들일 생각이 없었던 것입니다.

　그들의 생각을 읽고 계셨던 예수님은 선수를 치셨습니다. 예수님은 손이 마른 사람에게 일어서서 한가운데로 나오라고 명하셨습니다. 그런 다음 그들에게 "안식일에 선을 행하는 것과 악을 행하는 것, 생명을 구하는 것과 죽이는 것, 어느 것이 옳으냐"(막 3:4)라고 물으시자 그들은 아무 말도 하지 못했습니다. 예수님은 그들의 마음의 완악함을 탄식하사 노하심으로 그들을 둘러보시고 손이 마른 사람에게 손을 내밀라고 말씀하셨습니다(막 3:5). 그 사람은 예수님의 명령에 따라 손을 내밀었습니다. 그 순간 말랐던 손이 회복되었습니다. 그러자 바리새인들은 회당을 나가 버렸고, 헤롯당을 찾아가 예수님을 죽일 방안에 관해 의논했습니다. 로마의 이스라엘 통치 문제를 놓고 서로 적대적인 관계였던 바리새파 사람들과 헤롯당 사람들이 의기투합하는 웃지 못할 장면입니다.

그렇다면 안식일이 어떤 날이기에 바리새인들은 예수님이 안식일을 성수하지 않으셨다는 이유로 죽이겠다고 했을까요?

신앙생활은 내면적인 부분과 외면적인 부분으로 나누어 볼 수 있습니다. 한 개인의 신앙생활의 내면적인 부분은 그 사람 이외의 다른 사람이 그 진정성을 판단하기가 어렵습니다. 그가 하나님을 믿는다고 말해도 그 진실성 여부는 말을 한 사람 자신만이 판단할 수 있을 뿐이기 때문입니다. 이와 달리 신앙생활의 외면적인 부분은 내면적인 부분을 어느 정도 들여다볼 수 있게 해 줍니다. 그렇기에 외면적인 부분은 신앙의 본질적인 부분이 아님에도 중요성을 지니게 되는 것입니다. 다시 말해, 신앙생활의 내면적인 부분과 외면적인 부분이 일치될 때, 그 외면적인 부분이 신앙적으로 가치를 지니게 되는 것입니다.

바리새인들은 안식일을 성수할 때 외면적인 부분을 지나치게 강조했고, 이로 인해 엄격한 세부 시행 규칙들이 만들어졌습니다. 이는 안식일 성수의 본질을 훼손시키는 것이었습니다. 예수님은 바로 이 점을 드러내고자 하셨던 것입니다. 그런데 바로 이 점은 바리새인들이 크게 우려하는 바였습니다. 만일 예수님의 지적에 따라 안식일을 성수할 때 (그들의 입장에서 보면) 예외라고 할 수 있는 부분을 허용해 나가기 시작하면, 그들의 권위가 추락되어 그들을 정점으로 하는 공동체의 기반이 흔들릴 것이기 때문이었습니다. 그래서 그들은 안식일 성수와 관련해 그들이 정한 예외 말고는 어떤 것도 허용할 수 없었습니다. 이런 이유로 바리새인들은 예수님을 죽여야겠다고 생각하게 된 것입니다. 하지만 예수님이 바리새인들에게 가르치신 것은 안식일 성수의 예외가 아니라 원칙적인 부분이었습니다. 예수님과 바리새인들의 가장 큰 차이점은 무엇이 원칙이고, 무엇이 예외인가 하는 것이었습니다.

예수님과 바리새인들의 안식일 논쟁의 핵심은 안식일에 일을 하는 것이 안식일 성수에 위배되는지, 위배되지 않는다면 일을 하기 위해 정기적으로 예배를 드리지 않아도 되는지, 위배된다면 병원 응급실이나 119구조대 등 긴급한 상황에 인간의 생명을 구하기 위한 업무도 하지 말아야 하는지에 관한 것이었습니다. 예수님이 그들에게 가르쳐 주고 싶으셨던 것은 안식일의 제정 주체와 진정한 의미에 관한 것이었습니다.

먼저, 안식일은 인간이 만든 것이 아니라 하나님이 제정하신 것입니다(엄밀히 말하면 '창조'하신 것인데 여기서는 '제정'이라는 표현을 쓰겠습니다). 안식일 성수 명령의 제정자가 하나님이시냐 인간이냐 하는 것은 중대한 의미를 가집니다. 하나님이 안식일의 제정자시라고 하면 인간은 안식일 성수 명령을 자기 편의대로 고칠 수 없습니다. 만일 인간이 제정자라고 한다면 당연히 인간의 편의에 따라 마음대로 고칠 수 있을 것입니다.

그런데 창세기 2장 1-3절에는 안식일 제정과 관련하여 다음과 같이 기록되어 있습니다.

천지와 만물이 다 이루어지니라 하나님이 그가 하시던 일을 일곱째 날에 마치시니 그가 하시던 모든 일을 그치고 일곱째 날에 안식하시니라 하나님이 그 일곱째 날을 복되게 하사 거룩하게 하셨으니 이는 하나님이 그 창조하시며 만드시던 모든 일을 마치시고 그날에 안식하셨음이니라 (창 2:1-3).

하나님은 전지전능하고 영원무궁한 분이시므로 창조의 뜻을 가지셨을 때 모든 것을 계획하시고 예정하셨을 것입니다. 그 계획과 예정 속에 안식일도 포함되었을 것입니다. 그렇기에 안식일 성수는 하나님이 제정하신 것이지, 인간이 만든 것이 아닙니다. 다시 말해, 하나님은 안식일도 창조하셨습니다. 예수님이 "인자는 안식일의 주인이니라"(마 12:8; 막 2:28)라고 선언하신 것도 바로 그 때문이었습니다.

하나님이 안식일에 안식하시면서 그날을 복되고 거룩하게 만드신 이유에 관해서는 성경에 기록이 없습니다. 일을 하고 나면 반드시 쉬어야 하는 유한한 인간들과 달리, 하나님은 전능한 분이시기에 영원히 '일'을 하셔도 문제가 없으십니다. 그런 하나님이 창조의 일을 마치고 멈추셨다는 것은 하나님이 깨뜨릴 수 없는 언약으로 자기를 제약하신다는 것을 의미합니다.

하나님은 절대 자유이실 뿐만 아니라 절대 불변이십니다. 그런 하나님이 인간에게 자유 의지를 부여한다고 선언하셨습니다. 이것은 절대 불변이신 하나님이 하신 선언이므로 절대 불변의 약속이 됩니다. 이 약속으로 말미암아 하나님의 절대 자유에는 제약이 생겼습니다. 다시 말해, 하나님의 절대 자유는 인간의 자유 의지의 범위 내에서 자제되는 것입니다. 이러한 자제에 대한 약속은 하나님이실지라도 깨뜨릴 수 없는 언약입니다.

그 증거는 이른바 횃불 언약입니다. 횃불 언약 사건은 반으로 쪼개진 짐승들 사이를 하나님이 횃불이 되어 홀로 걸어가신 것을 말합니다(창 15:17). 구약성경 시대의 사람들은 언약을 맺을 때 짐승을 반으로 갈라놓고 그 사이를 약속 당사자들이 함께 걷는 의식을 치렀는데, 그 의미는 약속을 어기면 이 짐승들처럼 반으로 쪼개져 죽음을 맞게 된다는 것이었습니다. 하나님도 믿음의 대표인 아브라함과 언약을 맺으실 때 홀로 쪼개진 짐승들 사이를 지나가셨습니다. 이는 설령 인간이 약속을 어길지라도 하나님은 절대로 약속을 어기지 않으신다는 뜻입니다. 우리는 이러한 제약을 '하나님의 언약적 자제'라고 할 수 있습니다.

하나님의 언약적 자제는 하나님의 '섭리의 원리'입니다. 하나님의 언약적 자제는 일정한 범위 내에서는 인간의 삶과 역사에 개입하지 않으신다는 의미입니다. 또한 하나님의 언약적 자제는 하나님이 일정한 범위 내에서는 인간의 행위에 영향을 받으신다는 것을 의미합니다. 성경에서 하나님의 언약적 자제가 표현된 부분은 첫째, 인간에게 지구의 관리권을 맡기심으로써 지구의 관리와 관련해서는 인간의 행위가 필요하도록 해 놓으신 것, 둘째, 선악을 알게 하는 나무의 열매를 아담과 하와의 자유 의지로 따 먹을 수 있게 하신 것, 셋째, 우주와 인간을 창조하신 지 7일째 되는 날 안식하시고 인간에게도 7일 주기로 안식하게 하신 것, 넷째, 인간의 기도에 따른 하나님의 개입으로 개인과 인류의 삶과 역사가 이루어져 가도록 하신 것, 다섯째, 온 우주에 충만한 신성 자체이신 하나님이 이스라엘 민족이 광야 생활을 할 때 만든 천막에서 머무셨던 것, 여섯째, 인간들의 죄를 사면해 주시기 위해 하나님이신 예수로 하여금 전지전능한 창조주의 능력을 버리고 유한한 피조물인 인간의 몸으로 시공간 세계로 가게 하신 것 등이 있습니다.

안식일 성수의 명령은 아담과 하와의 범죄 이후 보다 큰 의미를 지니게 되었습니다. 아담과 하와가 범죄를 저지르기 전, 다시 말해 선악과를 따 먹지 말라는 하나님의 명령을 위반하기 전에는 인간이 하나님과 항상 동행할 수 있었으므로 구원의 문제가 없었습니다. 하지만 범죄 이후 인간은 에덴동산에서 추방되었습니다. 그 이후 저주를 받아 "얼굴에 땀을 흘려야 먹을 것"(창 3:19)을 먹게 되는, 다시 말해 생존을 위해서는 일을 해야만 하게 되었습니다. 이러한 상황에 처한 인류는 생존과 번식에 대한 불안과 공포 때문에, 또 삶의 욕망으로 인한 탐욕 때문에 제대로 쉴 수 없는 존재가 되었습니다.

이는 인간으로 하여금 위의 것을 생각할 여유, 즉 자신을 창조하신 하나님을 위한 시간을 낼 수 없게 만들어 버렸고, 그 결과 인간은 구원의 기회로 제공된 인생을 아무런 성취도 없이 허비할 수밖에 없게 되었습니다. 이에 하나님은 창조주를 기억하고 스스로의 영혼 상태를 되돌아보기 위한 시간을 인간들이 가질 수 있도록 하기 위해 안식일을 성수하라는 엄명을 십계명을 통해 명시적으로 내리신 것입니다.

안식일을 어떻게 보낼 것인가

안식일 성수를 준수하는 첫 번째 핵심은 '나 자신이 안식일을 거룩하게 보내는 것'입니다. 나 자신이 안식일을 거룩하게 보내야 하는 이유는 안식일의 주인이신 하나님이 베푸시는 구원에 대해 감사를 드리기 위함입니다. 결국 안식일을 거룩하게 보낸다는 것은 안식일에 드리는 예배를 통해 구원의 소망을 견고하게 하는 것을 의미합니다. 따라서 안식일에는 구원의 소망을 견고하게 하는 활동을 우선적으로 해야 합니다. '안식일에 아무 일도 하지 말라'는 것은 바로 이런 의미입니다.

그런데 사람들은 "안식일이 사람을 위하여 있는 것이요 사람이 안식일을 위하여 있는 것이 아니니"(막 2:27)라는 말씀을 들어, 안식일 성수 계명을 희석시키려고 합니다. 하지만 앞에서 살펴보았듯이 '안식일이 사람을 위하여 있다'는 말씀이 안식일의 주인이 사람이라는 뜻이 아니며, 또 이 말씀에서의 비교 대상은 인간과 안식일이지, 인간과 하나님이 아니라는 것을 명심해야 합니다.

앞에서 살펴보았듯이, 범죄 이후 안식일의 의미는 인간의 구원에 그 초점이 있습니다. 구원을 이루기 위해서는 하나님께 절대 의존되어야 합니다. 하나님의 은혜로 절대 의존되어지는 것이지 우리 힘으로 하나님을 절대 의존하는 것이 아닙니다. 안식일이 인간을 위해 존재한다는 말은 은혜로 구원받은 신앙인들로 하여금 구원의 기쁨을 주신 하나님께 감사드리고 그 기쁨을 누리도록 하기 위해 안식일이 존재한다는 것입니다.

따라서 안식일은 하나님과는 상관없이 인간의 욕망을 채우는

데 시간을 보내게 하거나 긴급하지도 않은 일을 하기 위해 존재하는 것이 아닙니다. 만일 안식일이 그런 목적으로 존재한다고 하면 안식일의 주인은 인간이라고 할 수밖에 없을 것이고, 이는 안식일의 창조자도 인간이라는 결론에 이르게 합니다. 하지만 이러한 결론은 하나님이 안식일을 창조하셨다는 창세기 말씀과 예수님이 안식일의 주인이시라는 복음서 말씀에 명백히 위배되는 것입니다.

한편, 제7일째를 거룩하게 보내기 위해서는 엿새 동안 힘써 모든 일을 행하여 안식일을 기쁘게 맞을 준비를 해야 합니다. 그렇지 않고서는 안식일이 되어서도 세속적 탐욕과 걱정으로 천국의 기쁨을 맛볼 수 없습니다. 이것이 바로 "엿새 동안은 힘써 네 모든 일을 행할 것"(출 20:9)이라는 말씀의 의미입니다. 따라서 성도는 자신에게 주어진 6일 동안, 안식일 성수를 방해할 만한 모든 것을 제거하고 안식일을 맞아야 합니다. 이것은 예수님의 재림을 맞는 성도들의 자세와도 일맥상통합니다.

한편, 7일 모두를 세속적인 일에 활용할 수 있는 사람들과 달리 성도들이 활용할 수 있는 시간은 6일뿐입니다. 단 1초도 허비할 시간이 없습니다. 오히려 6일의 삶이 7일의 효과가 나도록 해야 합니다. 하나님이 광야의 이스라엘 백성에게 제6일째에는 이틀 치의 만나를 거두라고 하신 것(출 16:22)은 이를 가르치시기 위함입니다. 계획한 일을 내일로 미뤄서도 안 됩니다. 철두철미하게 시간을 아껴 안식일을 준비해야 합니다. 그렇지 않으면 하나님께 영광을 돌릴 수 없습니다. 목숨 걸고 6일을 살다가 제7일을 맞이하는 자가 진정으로 안식일을 성수하는 자이고, 영원한 천국의 기쁨을 맛보게 될 자입니다. 목숨 걸고 6일간의 인생을 살다가, 죽은 후 천국에 가서 7일째에 진정한 안식을 누리게 되는 것과 같은 이치입니다.

안식일 성수 명령의 두 번째 핵심은 '나를 제외한 모든 사람도 안식일을 거룩하게 보내게 하는 것'입니다. 십계명 중 제4계명의 내용을 보겠습니다.

> 안식일을 기억하여 거룩하게 지키라 엿새 동안은 힘써 네 모든 일을 행할 것이나 일곱째 날은 네 하나님 여호와의 안식일인즉 너나 네 아들이나 네 딸이나 네 남종이나 네 여종이나 네 가축이나 네 문안에 머무는 객이라도 아무 일도 하지 말라 (출 20:8-10).

이 말씀을 보면 안식일을 지키는 것은 나만의 문제가 아니라 나와 관계된 모든 사람과 연관된 문제라는 것을 알 수 있습니다. 예를 들어, 회사를 경영하는 사람이 일요일에 쉬지 않고 일을 하게 되면, 그 회사의 종업원들도 쉬지 못할 가능성이 높습니다. 그때 그 종업원이 회사 경영자와 같은 신앙 공동체에 속해 있다면 그는 안식일 성수 규정을 들어 떳떳하게 일요일에 쉬겠다고 말할 수 있을 것입니다. 이처럼 안식일 성수 명령은 모든 인간에게 보장된 휴식권을 보장해 준다는 의미에서 공동체 유지 및 존속을 위해 없어서는 안 되는 규범이라고 할 수 있습니다. 이 성경 구절에서는 잠시 머무는 손님에게도 휴식권을 보장해 줘야 함을 명령하고 있습니다. 수천 년 전에 이미 이런 규범이 있었다는 것은 참으로 놀라운 일이 아닐 수 없습니다.

하나님이 제7일째 되는 날에 쉬셨기 때문에 우리가 쉴 수 있듯이, 인간의 권력 관계에서 보면 이른바 '갑'의 입장에 있는 사람이 쉬어야만 '을'의 입장에 있는 사람도 쉴 수 있다는 것을 잊어서는 안 됩니다. 공동체의 구성원 모두가, 부자이든 가난한 사람이든 상관없이 평등하게 일주일에 한 번 정도는 생계를 위한 근로에서 벗어나 마음 놓고 가족과 함께 휴식할 수 있도록 사회적 여건을 조성하는 것이 무엇보다 중요하다고 생각합니다. 한마디로 '내 이웃도 쉬게 해야 한다'는 것입니다. 이 점에서 안식일 성수 명령은 현대의 사회복지 차원에서도 대단히 중요한 의미를 갖습니다.

하지만 긴급을 요하는 일은 안식일에도 해야 합니다. 예를 들어, 병원 응급실, 119구급대, 공공 교통수단 등은 인간의 생명을 살리고 공동체의 안전과 질서를 유지하는 데 필수적이므로 안식일에도 할 수 있도록 해야 합니다. 이것은 안식일 성수의 예외적인 부분이 아니라 원칙적인 부분이라고 생각합니다. 예수님이 마태복음 12장 1-13절과 마가복음 2장 23절부터 3장 6절에서 말씀하고자 하신 것도 바로 이 부분일 것입니다. 이러한 예수님의 말씀에 바리새인들은 아무런 반박을 하지 못했습니다. 그것을 보면 그들은 예수님이 말씀하신 뜻을 이해했다고 볼 수 있습니다. 그런데 그들은 이해한 바에서 출발하여 자신들의 잘못된 전통을 고칠 생각에까지는 이르지 못했습니다. 오히려 예수님을 죽여야겠다는 결의를 하기에 이르렀습니다.

하나님이 제7일째에 쉬라고 하지 않으셨다면 인간은 본성상 7일

주기로 휴식을 취할 생각을 못했을 것입니다. 마찬가지로 우리가 7일 주기로 휴식을 취하지 않는다면 우리와 관계를 맺은 사람들도 정기적으로 휴식을 취할 수 없을 것입니다. 안식일 성수 명령은 하나님의 인간에 대한 사랑과 인간들의 이웃에 대한 사랑이 선명하게 드러나는 명령입니다. 쉼이 필요한 현대인들에게 안식일 성수 명령보다 소중한 명령은 없다고 봅니다. 예수님이 가르쳐 주신 바에 따라 지혜롭게 안식일을 성수해야겠습니다.

핵심 정리   안식일의 의미

예수님이 가르쳐 주신 안식일의 핵심은 하나님이 베푸신 구원에 대해 감사를 드리며 안식일을 거룩하게 보내야 한다는 것과 나아가 나를 제외한 모든 사람도 안식일을 거룩하게 보낼 수 있도록 해야 한다는 것입니다. 안식일 성수는 인간에 대한 하나님의 사랑과 이웃에 대한 인간의 사랑이 드러나는 명령입니다.

- 예수님이 알려 주신 안식일의 의미를 되새기며 주일을 어떤 마음과 태도로 보내야 하는지 생각해 봅시다.

누구든지 하나님 뜻대로 하는 자는
하나님 나라의 가족

예수님은 산에 올라 예수님이 원하는 자들을 부르셨고, 그들은 예수님 앞으로 나아왔습니다. 그중에서 12명을 특별히 세우셨습니다. 그렇게 하신 이유는 그들을 예수님과 동행하게 하고, 보내어 전도하게 하고, 그들에게 귀신을 내쫓는 권능도 주시기 위함이었습니다.

또 산에 오르사 자기가 원하는 자들을 부르시니 나아온지라 이에 열둘을 세우셨으니 이는 자기와 함께 있게 하시고 또 보내사 전도도 하며 귀신을 내쫓는 권능도 가지게 하려 하심이러라 이 열둘을 세우셨으니 시몬에게는 베드로란 이름을 더하셨고 또 세베대의 아들 야고보와 야고보의 형제 요한이니 이 둘에게는 보아너게 곧 우레의 아들이란 이름을 더하셨으며 또 안드레와 빌립과 바돌로매와 마태와 도마와 알패오의 아들 야고보와 및 다대오와 가나나인 시몬이며 또 가룟 유다니 이는 예수를 판 자더라(막 3:13-19).

이들 중에는 민족적으로 지탄을 받던 세리(세금 징수원)가 직업인 레위 마태가 있고, 예수를 처형하는 일을 주도했던 대제사장과 잘 아는 사도 요한도 있으며, 극단적인 민족주의자 단체인 열심당(셀롯당)에 소속된 가나나인 시몬이 있고, 스승을 정적에게 팔아넘긴 가룟 유다도 있습니다(어떤 사람들은 가룟 유다도 열심당원이었을 가능성이 높다고 합니다). 12제자 중 베드로, 안드레, 야고보, 요한, 빌립, 나다나엘, 마태가 예수님의 제자가 되는 과정은 성경에 기록되었지만, 나머지 제자들에 관해서는 아무런 기록이 없습니다.

(나라가 스스로 분쟁하면 그 나라가 설 수 없다

예수님은 가버나움에 있는 집으로 돌아가셨습니다. 그런데 무리가 다시 모여들었고, 이로 인해 예수님은 식사할 겨를도 없으셨습니다(막 3:20). 예수님의 사정을 아는지 모르는지 예수님의 친족들이 예수님을 붙들러 왔습니다. 그 이유는 예수님이 미쳤다는 소문이 들렸기 때문입니다(막 3:21). 더구나 예루살렘에서 내려온 서기관들은 "그가 바알세불이 지폈다", "귀신의 왕을 힘입어 귀신을 쫓아낸다"(막 3:22)라는 거짓말을 퍼뜨렸을 뿐만 아니라 "더러운 귀신이 들렸다"(막 3:30)라는 악질적인 거짓말까지 퍼뜨렸습니다. 때는 예수님의 공생애 사역 초기인데도, 북부의 가버나움에서 시작된 예수님의 소식이 벌써 남부의 예루살렘까지 퍼졌던 것 같습니다.

그들의 반응이 참으로 어처구니가 없으셨던지 예수님은 그들을 특별히 불러다가 비유를 들어 훈계하셨습니다.

> 사탄이 어찌 사탄을 쫓아낼 수 있느냐 또 만일 나라가 스스로 분쟁하면 그 나라가 설 수 없고 만일 집이 스스로 분쟁하면 그 집이 설 수 없고 만일 사탄이 자기를 거슬러 일어나 분쟁하면 설 수 없고 망하느니라 사람[예수님]이 먼저 강한 자[사탄]를 결박하지 않고는 그 강한 자의 집[사탄의 지배 아래 있는 영역]에 들어가 세간[사탄에게 지배당하는 사람들]을 강탈하지 못하리니 결박한 후에야 그 집을 강탈하리라(막 3:23-27).

그런 다음 "내가 진실로 너희에게 이르노니 사람의 모든 죄와 모든 모독하는 일은 사하심을 얻되 누구든지 성령을 모독하는 자는 영원히 사하심을 얻지 못하고 영원한 죄가 되느니라"(막 3:28-29)라고 경고하셨습니다. 서기관들의 말에 따르면, 예수님이 행하신 기적은 바알세불이나 귀신의 왕의 힘을 빌려서 행한 것이 됩니다. 하지만 예수님이 행하신 기적은 성령님의 도우심으로 된 것이므로, 서기관들의 주장은 거짓이 되고, 성령님에 대한 심각한 모독이 됩니다. 예수님은 그러한 모독은 영원히 용서받을 수 없다며 함부로 지어내지 말라고 엄중하게 경고하셨던 것입니다 (이와 동일한 이야기가 마태복음 12장 22-37절과 누가복음 11장 14-26절에 좀 더 상세하게 기록되었습니다. 서로 비교하며 읽어 보시기 바랍니다).

(누구든지 하나님의 뜻대로 하는 자는

예수님은 친족들이 예수님을 향해 미쳤다고 하며 잡아가려고 몰려들었음을 잘 알고 계셨습니다. 그럼에도 예루살렘에서 내려온 서기관들과 논쟁을 벌이고, 친족들의 걱정을 누그러뜨리기는커녕 증폭시켜 버리셨습니다. 그러자 이제는 예수님의 어머니와 형제들이 등장합니다. 친족들보다 뒤늦게 온 이유에 관해서는 성경에 아무런 기록이 없습니다.

예수님께는 동생들이 있었는데, 남동생들은 야고보(신약성경 야고보서의 저자), 요셉, 시몬, 유다(신약성경 유다서의 저자)로 그 이름이 복음서에 기록되었습니다. 여동생들의 이름은 기록에 없습니다(마 13:55). 여하튼 예수님의 어머니와 동생들은 집 안으로 들어오지 않고 밖에 서서 사람을 보내어 예수님을 밖으로 불러 달라고 했습니다(막 3:31). 그들이 원하기만 했다면, 예수님의 가족이므로 사람들이 안으로 들어갈 길을 열어 주었을 것입니다. 그러나 그들은 안으로 들어가겠다고 한 것이 아니라, 서기관들과 논쟁 중이신 예수님을 밖으로 불러 달라고 요구했습니다.

그들에게는 안으로 들어갈 마음이 없었던 것 같습니다. 들어가서 예수님의 말씀을 듣고 객관적인 입장에서 판단이라도 해 보겠다는 것이 아니라, 예수님이 미쳤다는 사람들과 친족들의 소문을 그대로 믿은 것입니다. 예수님의 말씀은 들어 볼 필요도 없으며 예수님이 벌이신 논쟁을 중단시키고 집으로 데려가겠다는 뜻이었습니다. 예수님이 미쳤다, 귀신 들렸다, 바알세불이 지폈다는 소문으로 인해 마을에서 곤란한 입장이 되어 버렸는데, 서기관들과의 논쟁으로 상황이 더 악화되는 것을 용납할 수 없던 것 같습니다.

그러한 사정을 눈치라도 챘는지, 가족의 요청을 들은 무리가 예수님께 "보소서 당신의 어머니와 동생들과 누이들이 밖에서 찾나이다"(막 3:32)라고 말씀드렸습니다. 그러자 예수님은 "누가 내 어머니이며 동생들이냐"(막 3:33)라고 반문하신 다음, 잠시 후 둘러앉은 자들을 보시며 "내 어머니와 내 동생들을 보라 누구든지 하나님의 뜻대로 행하는 자가 내 형제요 자매요 어머니이니라"(막 3:34-35)라고 선언하셨습니다.

이 말씀에는 예수님의 말씀을 듣고 소문의 진위를 판단할 생각은 하지 않고 공동체에서 당할 비난을 피하기에만 급급한 가족들을 향한 질책이 담겼다고 해석할 여지도 있습니다. 그렇게 해석한다면 예수님의 말씀으로 어머니와 동생들이 상처를 받았다고 해도 무방할 것 같습니다. 하지만 예수님이 진정으로 말씀하시고자 한 것은 하나님과 그 아들을 믿는 사람들로 구성된 하나님 나라의 가족 또는 권속(오이케이오시스, oikeiosis)이라면 어떻게 처신해야 할지 판단하라는 것이었습니다.

더 나아가 예수님은 하나님의 뜻대로 하지 않는 육신의 가족들은 하나님 나라에서는 더 이상 가족이 아니라 동거할 수 없는 원수라고 말씀하셨습니다. 하지만 예수님이 육신의 부모를 공경하지 않으시거나 동생들을 원수같이 대하신 것은 아닙니다. 오히려 그들을 더욱 공경하고 사랑하셨습니다(마 10:34-36; 눅 12:51-53).

요한복음에는 예수님의 형제들이 예수님의 사역에 대하여 제대로 이해하지 못했음을 보여 주는 일화가 한 가지 소개됩니다.

예수님은 제사장들과 서기관들이 자신을 죽이려고 한다는 사실을 아셨습니다. 하지만 예수님은 하나님이 정하신 때가 이를 때까지 숨어 지내셔야 했습니다. 그래서 갈릴리에서 다니시고 유대에서 다니려 아니하셨습니다(요 7:1). 초막절이 가까워져 유대인의 관습에 따라 예루살렘으로 올라가야 했지만 드러내 놓고 올라가실 수 없었습니다. 그러자 예수님의 형제들이 예수님께 비난조로 "당신이 행하는 일을 제자들도 보게 여기를 떠나 유대로 가소서 스스로 나타나기를 구하면서 묻혀서 일하는 사람이 없나니 이 일을 행하려 하거든 자신을 세상에 나타내소서"(요 7:3-4)라며 불만을 토로했습니다. 사도 요한은 예수님의 형제들이 이렇게 말한 까닭은 그 형제들까지도 예수를 믿지 아니했기 때문이라고 합니다(요 7:5). 이처럼 예수님은 육신적으로 가장 가깝다고 할 수 있는 형제들에게도 인정받지 못하셨습니다.

형제들의 따가운 비난에도 불구하고 예수님은 형제들과 함께 예루살렘으로 가시지 않고 집에 남으셨습니다. 하지만 예수님은 형제들이 시야에서 벗어나자 그들이 예상치 못했던 행동을 전격적으로 취하셨습니다. 은밀히 예루살렘으로 올라가신 것이었습니다. 그런 다음 명절의 중간이 되자 성전에서 자신을 드러내 놓고 말씀을 전하셨습니다. 성전에서 예수님을 맞닥뜨리게 된 형제들의 반응이 어떠했을지 궁금해집니다.

이처럼 예수님의 형제들은 예수님이 십자가에서 죽으시고 부활하시기 전까지는 그분이 하나님의 아들이심을 온전히 믿지 못했습니다. 그러나 나중에 대반전이 일어납니다. 그 계기는 바로 예수님의 부활입니다. 평소 자신의 육신의 형에게 거부감이 심했던 야고보는 십자가의 부활을 체험(고전 15:7)한 뒤 형을 '주'라고 고백하기에 이릅니다(약 1:1). 십자가와 부활이 2,000년 전의 야고보를 변화시켰듯이 현재를 살아가는 우리에게도 십자가와 부활은 절대 필수입니다.

핵심 정리 하나님 나라의 가족

예수님의 형제 야고보는 예수님이 십자가에서 죽으시고 부활하시자 그분을 '주'라고 고백합니다. 우리도 예수님의 십자가와 부활 사건을 통해 예수님을 '나의 주님'이시라고 고백합니다. 그리고 예수님을 믿는 사람들이 모여 하나님 나라의 가족이 됩니다.

- "누구든지 하나님의 뜻대로 행하는 자가 내 형제요 자매요 어머니이니라"(막 3:35)라는 말씀에 비추어 볼 때 그리스도인에게 '가족'의 개념은 어떻게 확장되는지 생각해 봅시다.

이야기 2

예수를 향한 믿음
우리가 구원받는 유일한 길

그가 누구이기에
신뢰

마가복음 4장 1-34절에는 예수님이 갈릴리 바다의 배 위에서 해변에 몰려든 큰 무리에게 천국에 관하여 가르치시는 장면이 기록되었습니다. 예수님은 사람들에게 '4가지 땅에 떨어진 씨 비유', '등불 비유', '자라나는 씨 비유', '겨자씨 비유'를 통해 천국이 어떤 곳인지를 상세하게 설명해 주셨습니다.

(**그가 누구이기에 바람과 바다도 순종하는가**

예수님이 설교를 마치셨을 때는 해가 질 무렵이었습니다. 그런데 예수님은 배에서 내려 집으로 돌아가실 생각은 하지 않으시고 배에 탄 채로 제자들에게 "우리가 저편으로 건너가자"(막 4:35)고 명령하셨습니다. 이어지는 이야기를 보면 예수님은 분명한 목적을 가지고 그렇게 하신 것 같습니다. 그 목적은 바로 군대귀신 들린 사람을 고쳐 주시는 것이었다고 볼 수 있습니다.

제자들은 예수님과 함께 배에 탄 그대로 무리를 떠났고, 다른 배들도 함께했습니다. 갈릴리 바다의 어느 지점에 이르자 큰 광풍이 일어나며 파도가 높아져 배에 물이 가득하게 되었습니다. 그런 상황에서도 예수님은 고물에서 느긋하게 주무시고 계셨습니다. 겁을 먹은 제자들은 예수님을 깨운 다음 "선생님이여 우리가 죽게 된 것을 돌보지 아니하시나이까"(막 4:38)라고 외쳤습니다. 예수님은 목수이셨지 뱃사람이 아니셨습니다. 따라서 인간의 기능적 차원에서 보면 제자들의 반응은 뜻밖이라고 할 수밖에 없습니다. 결국 그들은 위기의 순간에 예수님을 평범한 인간으로 본 것이 아니라 위기에서 건져 내 줄 신비한 능력을 가지신 분으로 본 것입니다.

제자들의 다급한 요청에 단잠이 깨신 예수님은 먼저 바람을 꾸짖으시고 바다더러 "잠잠하라 고요하라"(막 4:39)라고 이르셨습니다. 그러자 놀랍게도 바람이 그치고 바다는 아주 잔잔해졌습니다. 그런 다음 예수님은 "어찌하여 이렇게 무서워하느냐 너희가 어찌 믿음이 없느냐"(막 4:40)라고 제자들을 꾸짖으셨습니다. 예수님의 말씀은 "어찌하여 이렇게 호들갑을 떠느냐. 너희들이 위기를 느꼈을 때 바로 나를 찾았는데, 내가 누구라고 생각하고 도움을 요청했느냐? 내가 하나님의 아들임을 아직 모르는 것이냐? 설령 그렇다고 해도 내가 그동안 행한 기적을 보면, 그 권능이 누구에게서 왔는지 알 수 있지 않느냐? 하나님께로부터 온 것이 아니냐? 그렇다면 호들갑을 떨며 나에게 도움을 요청하기 전에 먼저 하나님 아버지께 기도할 수는 없었더냐? 어찌 그런 믿음조차 없느냐? 내가 행한 기적을 보지 말고 그 기적 뒤에 계시는 하나님을 믿을 수는 없느냐?"라는 뜻이 아니었을까요?

하지만 이러한 예수님의 꾸짖음과는 상관없이 제자들은 아주 두려워하며 서로 "그분이 누구이기에 바람과 바다도 순종할까?"라는 의문을 가질 뿐이었습니다(막 4:41). 그들은 예수님이 '그리스도시요 살아 계신 하나님의 아들'이시라는 고백에까지는 아직 이르지 못했습니다.

지극히 높으신 하나님의 아들 예수여

갈릴리 바다에서 한 차례 소동을 겪은 뒤 예수님과 제자들은 호수의 동쪽 편 거라사인의 지방에 도착했습니다. 그런데 예수님이 배에서 나오시자마자 더러운 귀신 들린 사람이 무덤 사이에서 나와 예수님을 맞이했습니다(마태복음에는 귀신 들린 사람이 2명이라고 나옵니다). 당시 거라사 지역에는 석회암 동굴이 많았는데, 그중 많은 동굴이 묘지로 사용되었습니다. 그 귀신 들린 사람은 아마도 그러한 동굴에서 생활하고 있었던 것 같습니다. 그런데 그 사람은 스스로 동굴에 머물렀던 것은 아닌 것 같습니다. 왜냐하면 성경에는 사람들이 그를 묶어 두려고 여러 번 고랑과 쇠사슬을 채웠다고 되어 있기 때문입니다. 그러나 그의 완력이 너무 강해서 고랑과 쇠사슬은 아무 소용이 없었습니다(막 5:4).

사람들에게 당한 바가 있어서인지 그는 마을로 오지 않고 밤낮 무덤 사이에서나 산에서나 늘 소리 지르며 돌로 자기의 몸을 해치고 있었습니다(막 5:5). 육신은 살았으나 죽음을 친구 삼아 살고 있었던 것입니다. 그런데 그가 멀리서 예수님을 보고 달려왔습니다(막 5:6). 아마도 무덤으로 사용하던 동굴에서 나와 돌아다니다 배에서 내리시는 예수님을 보고 힘을 다해 달려왔을 것입니다. 그러고는 예수님께 절한 다음 큰 소리로 "지극히 높으신 하나님의 아들 예수여"(막 5:7)라고 부르짖었습니다. 예수님의 제자들도 예수님이 누구신지 제대로 고백하지 못하는 상황에서, 귀신 들려 죽고 싶어도 죽지 못하는 사람의 입에서 그런 말이 나왔다는 것은 범상치 않은 일이었습니다. 그런데 그는 뒤이어 "나와 당신이 무슨 상관이 있나이까 원하건대 하나님 앞에 맹세하고 나를 괴롭히지 마옵소서"(막 5:7)라고 외쳤습니다. 이 말로 미루어 보면, 예수님이 하나님의 아들이시라는 진실을 알아챈 것은 그 사람이 아니라 그 사람에게 붙어 있던 귀신들이었던 것 같습니다.

그러면 귀신들은 왜 자신들이 사로잡고 있던 사람을 예수님에게서 도망가게 하지 않고 오히려 예수님께 가도록 했을 뿐만 아니라, 그 사람의 입을 통하여 자신들을 괴롭히지 말아 달라고 부탁했을까요? 그 이유는 예수님이 귀신 들린 사람에게 연민을 느끼시고 "더러운 귀신아 그 사람에게서 나오라"(막 5:8)고 하셨기 때문이었습니다. 그럼 예수님은 이 말씀을 언제 어떻게 하셨던 것인가요? 글의 전개 순서를 보면, 제자들은 예수님의 말씀을 못 들었던 것 같습니다. 따라서 예수님이 배에서 내리셨을 때 '이미'(막 5:8) 보통의 인간들이 듣지 못하는 방식으로 저 멀리 있던 귀신들에게 나오라고 명령하셨던 것으로 볼 수밖에 없습니다.

이러한 예수님의 명령을 들은 귀신들은 예수님께 달려와 자기들을 괴롭히지 말라고 부탁했습니다. 예수님은 귀신들에게 "네 이름이 무엇이냐"(막 5:9)라고 물으셨습니다. 하나님의 아들로서 피조물과 소통하시고자 한 것입니다.

그러자 귀신들은 "내 이름은 군대니 우리가 많음이니이다"(막 5:9)라고 대답한 다음, 예수님께 자기들을 그 지방에서 내보내지 마시기를 간구했습니다(막 5:10). 그 사람에게서 나가겠으나 그 지방에는 머물러 있겠다는 뜻이었습니다. 그런 다음 귀신들은 마침 돼지 떼가 산 곁에서 먹이를 먹는 것을 보고 예수님께 "우리를 돼지에게로 보내어 들어가게 하소서"(막 5:12)라고 간구했습니다. 예수님은 귀신들이 원하는 바를 허락하셨고, 더러운 귀신들은 그들이 사로잡고 있던 사람에게서 나와 돼지에게로 달려들었습니다. 그러자 거의 2,000마리나 되는 돼지들이 떼를 지어 쏜살같이 달려 내려가 호수에 뛰어들었고, 모두 익사했습니다. 실로 엄청난 광경이 아닐 수 없었습니다.

돼지를 치던 자들은 공포를 느끼고, 현장에서 도망하여 읍내와 촌으로 가서 방금 닥친 재앙을 알렸습니다. 주민들이 어떻게 된 영문인지 알려고 떼를 지어 몰려왔습니다. 주민들은 귀신 들렸던 사람이 옷을 입고 온전한 정신으로 앉은 것을 보고 무척 놀랐습니다(막 5:15). 귀신 들렸던 자와 돼지들에게 일어난 일을 직접 본 사람들은 마을에서 달려온 주민들에게 조금 전에 일어났던 일을 알렸습니다. 그러자 그들은 예수님께 돼지 값을 변상해 달라는 말은 하지도 못하고 그 지방에서 떠나시기를 간구했습니다(막 5:17).

돼지 한 마리 값을 50만 원으로 잡는다면 전체 피해액이 10억 원이나 되는데도, 그들은 돼지 값을 변상해 달라는 말을 하지 못했습니다. 이스라엘 사람들은 돼지고기를 먹지 않습니다. 만약 돼지 주인들이 이스라엘 사람들이라면 그들은 로마인이나 이방인들을 위해 돼지를 키우고 있었다고 볼 수밖에 없습니다. 돼지의 주인들이 이스라엘 사람들이 아니라면, 그들은 당연히 예수님께 변상해 달라고 할 권리가 있습니다. 그런데 돼지 주인들은 예수님께 변상을 요구하지 않았습니다. 그들은 이 엄청난 권위 앞에서 감히 손해 배상을 요청할 정신이 없었던 것입니다.

그러나 그들은 재물과 비교할 수 없는 더 큰 것을 잃었습니다. 이 엄청난 사건 앞에서 하나님의 아들의 존재를 알아보지 못한 것이 바로 그것입니다. 그들의 영의 눈이 조금만 더 밝았더라면 그들은 예수님께 "어떻게 하여야 구원을 받으리이까"(행 16:30)라고 물었을 것입니다. 그랬더라면 영생의 진리를 맛볼 수 있었을 것입니다. 하지만 그들은 재물을 잃은 슬픔과 귀신으로 인한 두려움에 진리를 볼 수 없었습니다.

예수님은 주민들의 부탁을 받고 거라사에서 떠나 다른 지방으로 가시기 위해 제자들과 함께 다시 배에 오르셨습니다. 그러자 귀신 들렸던 사람이 예수님께 동행하게 해 달라고 간청했습니다. 하지만 예수님은 그 사람의 간청을 듣지 않으시고 오히려 "집으로 돌아가 주께서 네게 어떻게 큰 일을 행하사 너를 불쌍히 여기신 것을 네 가족에게 알리라"(막 5:19)고 하셨습니다. 그 사람에게는 가족과 공동체의 회복이 더욱 중요한 것이었기 때문입니다. 그는 가족의 품으로 돌아갔고, 이후 예수님이 자기에게 행하신 큰 일을 데가볼리에 전파했습니다. 그 말을 들은 모든 사람은 그 사람에게 일어났던 일이 도무지 믿기지 않아 기이하다고 여겼습니다.

네 믿음이 너를 구원하였다

예수님은 거라사 지방에서 떠나 다시 배를 타고 맞은편 항구에 도착하셨습니다. 그 소식을 들은 무리가 또 바닷가로 몰려들었습니다. 수많은 인파 속에서 야이로라는 회당장 한 사람이 예수님께 찾아와 예수님의 발 아래 납작 엎드렸습니다.

회당장은 회당의 최고 책임자로서 당시 유대 사회에서는 존경받는 지도자였습니다. 그런 야이로가 예수님께 와 간곡하게 "내 어린 딸이 죽게 되었사오니 오셔서 그 위에 손을 얹으사 그로 구원을 받아 살게 하소서"(막 5:23)라고 말했습니다(누가복음도 동일하게 기록하고 있습니다. 그러나 마태복음 9장 18절에는 다른 복음서와 달리 "내 딸이 방금 죽었사오나"라고 기록되었습니다). 사회적으로 존경받는 신분이었던 야이로였지만, 사랑하는 딸의 죽음 앞에서는 체면이 소용 없었습니다.

회당장 야이로의 딸을 향한 정성을 무시할 수 없으셨던 예수님은 그의 인도를 받아 사경을 헤매는 소녀가 있는 곳으로 발걸음을 옮기셨습니다. 그러자 수많은 군중도 서로 떠밀고 떠밀리며 아우성치면서 예수님을 따랐습니다.

그 와중에 이 큰 무리의 행진을 멈추게 하는 일이 발생했습니다. 누군가가 예수님 뒤에서 예수님의 옷을 만진 것입니다. 예수님이 그 사실을 아시고 걸음을 멈추셨고, 그로 인해 군중도 행진을 멈출 수밖에 없었습니다. 수많은 사람이 예수님을 둘러싸고 야단법석을 떠는 상황이다 보니, 누구든 예수님의 몸이나 옷을 만질 수 있었습니다. 때문에 길을 멈춘다는 것은 군중이 생각하기에는 과민 반응이라고 할 수도 있었습니다. 하지만 예수님은 단순한 접촉 이상의 접촉이 있었음을 아셨습니다. 능력이 자기에게서 나간 줄 아셨던 것입니다(막 5:30).

예수님은 가던 길을 멈추시고 뒤로 돌이키신 다음 "누가 내 옷에 손을 대었느냐"(막 5:30)라고 물으셨습니다. 예수님이 느끼신 상황을 알 리가 없는 제자들은 수많은 사람으로 아수라장인 상황에서 예수님의 옷에 손을 대는 것이 무슨 특별한 일이냐는 듯이 되물었습니다. 예수님은 제자들의 말에 아랑곳하지 않으신 채 무리를 둘러보시며 옷을 만진 사람을 찾아내고자 하셨습니다. 그러자 한 여인이 두려움에 몸을 떨며 앞으로 나와 예수님 발 앞에 엎드렸습니다.

유대 사회에서 혈루병자는 부정한 자로 취급되어 사람들과의 접촉이 금지되었습니다. 때문에 혈루병을 앓던 여인은 회당장 야이로처럼 당당하게 예수님 앞에 나설 수 없었습니다. 그런 상황에서 그 여인이 생각한 방법은 사람들 몰래 예수님 뒤로 가서 예수님의 옷을 만지려는 것이었습니다. 야이로가 예수님께 자기 딸의 상황을 공개적으로 말하며 치료를 부탁한 것과 묘한 대조를 이룹니다.

그런데 그 여인의 계획에는 위험 요소가 있었습니다. 큰 무리가 뒤엉켜 있어 쉽게 접촉될 수 있는 상황 가운데로 뛰어드는 것은 군중에게 맞아 죽을 각오를 해야 되는 일이었습니다. 자신이 혈루병을 앓고 있다는 것을 이 큰 무리가 알게 되면 어떤 봉변을 당할지 모르기 때문입니다. 그녀는 혹 봉변을 당하더라도 병을 고쳐야겠다는 일념에, 죽기 살기로 예수님께 달려들었습니다. 그런데 병이 순식간에 낫는 기적이 찾아왔습니다. 놀라운 기적에 기뻐할 틈도 없이, 예수님이 자신을 찾고 계시다는 것을 알게 되자 떨며 모습을 드러냈습니다. 예수님의 발 앞에 엎드린 여인은 속에 숨겨져 있던 응어리를 토해 냈습니다.

"예수님, 저는 12년간 혈루증을 앓고 있던 가련한 여자입니다. 병을 치료하기 위해 수많은 의원을 찾아갔으나 도움이 되지 않았습니다. 가지고 있던 것을 다 허비했으나 아무런 효험이 없었을 뿐만 아니라 병세는 점점 더 중하여져 갔습니다. 절망의 나날을 보내던 중 예수님의 소문을 듣게 되었고 '내가 예수님의 옷에만 손을 대어도 구원을 얻으리라'는 생각에, 몰래 예수님의 뒤로 다가가 옷에 손을 대었습니다. 그런데 손을 대자마자 혈루 근원이 말랐고, 12년간 앓던 병이 깨끗이 나았습니다."

그리고 그녀는 어떤 처분을 내리시더라도 받아들일 자세로 예수님의 말씀을 기다렸습니다. 그런데 예수님은 뜻밖에도 그 여인에게 "딸아 네 믿음이 너를 구원하였으니 평안히 가라 네 병에서 놓여 건강할지어다"(막 5:34)라고 말씀하셨습니다. 이런 위로와 격려의 말씀을 들으리라고 생각지 못했던 여인은 예수님과 군중 앞에서 폭풍 같은 눈물을 흘렸을지도 모릅니다. 가련한 여인의 아픔에 공감하시고 치유와 회복을 베푸시는 예수님의 모습이 너무 아름답습니다.

달리다굼

예수님과 혈루병을 앓던 여인과의 만남으로 시간이 지체되는 동안 야이로의 마음은 어땠을까요? 이에 대해서는 성경은 전혀 기록하고 있지 않습니다.

그런데 예수님이 말씀하실 때에 회당장의 집에서 사람들이 왔습니다(막 5:35). 예수님과 말씀을 나누고 있었던 사람이 그 혈루병 앓던 여인인지 아니면 군중이었는지는 알 수 없습니다. 어쨌든 그때에 회당장의 집에서 사람들이 와서 야이로에게 "당신의 딸이 죽었나이다"(막 5:35)라고 말했습니다. 이어서 야이로에게 "어찌하여 선생을 더 괴롭게 하나이까"(막 5:35)라고 말했는데, 이는 이제 더 이상 예수님이 필요 없으니 예수님을 되돌아가시게 해야 하지 않느냐는 뜻이었습니다.

하지만 그 말을 곁에서 들으신 예수님은 당황하시기는커녕 오히려 회당장에게 "두려워하지 말고 믿기만 하라"(막 5:36)고 하시며 안심시키셨습니다. 그런 다음 베드로, 야고보, 요한만 데리고 회당장의 집을 향해 비로소 발걸음을 떼셨습니다. 야이로가 큰 충격을 받았음은 분명합니다. 그리고 예수님이 길에서 허비하신 시간도 아쉬움이 컸을 것입니다. 그럼에도 야이로는 단 한마디의 불평도 하지 않았습니다.

예수님이 야이로의 집에 도착하셨을 때는 이미 장례식 준비가 한창이었습니다. 장례식 준비로 시끄럽게 떠드는 사람이 있는가 하면 어린아이의 죽음이 슬퍼서 눈물을 흘리거나 심하게 통곡하는 사람도 있었습니다. 그런데 예수님은 그런 사람들의 속도 모르시는 것처럼 "너희가 어찌하여 떠들며 우느냐 이 아이가 죽은 것이 아니라 잔다"(막 5:39)라고 말씀하셨습니다. 이 말을 들은 사람들은 예수님을 비웃었습니다.

그런 비웃음에도 불구하고 예수님은 사람들을 모두 다 내보내셨습니다. 그런 뒤에 아이의 부모와 세 명의 제자들과 함께 소녀의 시신이 있는 곳으로 들어가셨습니다. 그리고 죽은 아이의 손을 잡고 아람어로 "달리다굼"이라고 외치셨습니다. 이 말은 '내가 네게 말하노니 소녀야 일어나라'라는 뜻입니다(막 5:41). 그러자 놀랍게도 시신이 눈을 뜨더니 일어나서 걷기 시작했습니다. 그 모습에 사람들은 경악을 금치 못했습니다. 예수님은 사람들에게 이 일을 알리지 말라고 하시면서 경계에 경계를 더하셨습니다. 그런 다음 "소녀에게 먹을 것을 주라"(막 5:43)라고 하셨습니다. 온전한 육신으로 살아났음을 증명해 주시기 위함이었습니다.

야이로는 하루 동안 지옥과 천국을 왕복하는 기분이었을 것입니다. 그런데 성경에는 야이로가 예수님께 딸을 살려 달라고 엎드려 간청한 이후 집으로 가던 도중 예수님이 혈루병을 앓던 여인을 만나 시간을 지체하실 때, 딸이 죽은 소식을 들었을 때, 예수님이 두려워 말고 믿기만 하라고 말씀하셨을 때, 예수님이 죽었던 딸을 살려 주셨을 때 그가 어떤 반응을 보였는지에 관해 기록이 전혀 없습니다. 만약 예수님이 자신의 집으로 가실 때까지 야이로가 정말 모든 것을 예수님께 맡기고 침묵으로 일관하고 있었다면, 예수님에 대한 그의 신뢰는 참으로 놀라운 것이 아닐 수 없습니다. 그렇게 초조하고 긴급한 상황에서 하고 싶은 말을 속으로 삼키며 사랑하는 딸의 안위를 걱정하고 있었을 야이로를 생각하면 그가 인격적으로 성숙한 사람임을 알 수 있습니다.

예수님은 야이로의 이 점을 높이 사셨던 것 같습니다. 딸의 죽음 소식에 하늘이 무너지는 충격을 받았을 야이로에게 "두려워하지 말고 믿기만 하라"(막 5:36)며 다독거려 주시는 장면은, 혈루병을 앓다가 치유받은 여인에게 하신 "딸아 네 믿음이 너를 구원하였으니 평안히 가라"(막 5:34)라는 말씀만큼 큰 위로를 보여 주고 있습니다.

야이로는 예수님을 믿었고 집으로 가서서 딸을 살리시는 것을 볼 때까지 침묵했습니다. 그 침묵의 기도는 하늘에 닿았고 죽었던 딸은 살아났습니다. 병든 사람이 건강하게 되는 것과는 도저히 비교할 수 없는 놀라운 믿음의 체험을 했고, 하나님 나라의 백성이 되었습니다. 딸의 병을 치유하기 위한 엎드림이 하나님의 아들을 자기 집으로 모시는 축복의 엎드림이 될 줄 누가 알았겠습니까. 하나님의 섭리가 놀라울 따름입니다.

(**이런 권능이 어찌됨이냐**

예수님은 제자들과 함께 야이로의 마을에서 떠나 고향인 나사렛으로 가셨습니다. 안식일이 되자 예수님은 평소와 같이 회당으로 가셔서 사람들을 가르치셨고, 그 가르침에 많은 사람이 놀라워했습니다. 그들은 "이 사람이 어디서 이런 것을 얻었느냐 이 사람이 받은 지혜와 그 손으로 이루어지는 이런 권능이 어찌됨이냐"(막 6:2)라고 말하며 입을 다물지 못했습니다. 하지만 그들은 예수님의 지혜와 권능을 통해 예수님과 동행하고 계신 하나님께 이르지는 못했습니다. 예수님의 신분과 가문과 직업이 천하다는 사실이 그들의 눈을 멀게 했던 것입니다. 그들은 "이 사람이 마리아의 아들 목수가 아니냐 야고보와 요셉과 유다와 시몬의 형제가 아니냐 그 누이들이 우리와 함께 여기 있지 아니하냐"(막 6:3)라고 말하며 예수님을 반기기는커녕 시기와 질투로 배척했습니다.

핵심 정리 신뢰

예수님은 자신에게 손을 댄 혈루병 앓던 여인에게 "네 믿음이 너를 구원하였다"라고 위로하시고, 그녀를 치유하셨습니다. 이후 야이로의 집에 도착해 딸이 죽은 소식을 들은 야이로에게는 "두려워하지 말고 믿기만 하라"고 다독이시고, 딸을 살려 주셨습니다. 우리에게 가장 필요한 것은 예수님을 향한 믿음입니다.

- 혹시 지금 당신을 두렵게 만드는 상황이 있다면 그 두려움의 원인은 무엇인지 생각해 보고, "믿기만 하라"는 예수님의 말씀을 묵상해 봅시다.

그는 커지셔야 하고 나는 작아져야 한다
세례 요한의 사명

한편 예수님은 제자들에게 더러운 귀신을 제어하는 권능을 주신 후 세상으로 보내셨습니다(막 6:7). 예수님의 명령에 따라 제자들은 세상으로 나가 회개하라고 선포하는 한편, 많은 귀신을 쫓아내며 많은 병자에게 기름을 발라 낫게 해 주었습니다(막 6:12-13). 이로 인해 세상에 예수님의 이름이 널리 알려지게 되었습니다. 예수님의 소식을 들은 갈릴리의 분봉왕 헤롯(헤롯 안티파스)은 "이는 세례 요한이 죽은 자 가운데서 살아났도다 그러므로 이런 능력이 그 속에서 일어나느니라 … 내가 목 벤 요한 그가 살아났다"(막 6:14, 16)라고 말했습니다. 어떤 사람은 예수님을 엘리야라고 말하는가 하면, 또 어떤 사람은 옛 선지자 중의 하나와 같다고 말하기도 했습니다(막 6:15). 이런 그들의 말은 그들이 하나같이 예수님이 어떤 분이신지 몰라보았음을 드러낼 뿐이었습니다.

분봉왕 헤롯이 예수님을 '다시 살아난 세례 요한'이라고 했는데, 세례 요한은 이미 보았듯이 예수님께 세례를 베푼 사람입니다. 그는 예수님이 세상에 알려지시는 데 결정적인 역할을 한 마지막 선지자입니다.

(세례 요한의 출생

세례 요한의 아버지는 제사장이었던 사가랴이고, 그의 어머니는 예수님의 어머니인 마리아와 친족 사이였던 엘리사벳입니다. 따라서 예수님과 세례 요한은 외가 쪽으로 친척 관계가 됩니다. 사가랴와 엘리사벳은 나이가 많이 들어 세례 요한을 낳았고, 그로부터 6개월쯤 뒤에 예수님이 탄생하셨습니다.

사가랴는 그의 처인 엘리사벳이 세례 요한을 잉태하기도 전에 가브리엘이라는 천사에게 "엘리사벳이 네게 아들을 낳아 주리니 그 이름을 요한이라 하라"(눅 1:13)라는 계시를 받았습니다. 가브리엘은 세례 요한에 대해 "이스라엘 자손을 주 곧 그들의 하나님께로 많이 돌아오게 하겠음이라 그가 또 엘리야의 심령과 능력으로 주 앞에 먼저 와서 아버지의 마음을 자식에게, 거스르는 자를 의인의 슬기에 돌아오게 하고 주를 위하여 세운 백성을 준비하리라"(눅 1:16-17)라는 계시도 주었습니다. 구약성경에는 메시아가 오시기 전에 엘리야가 먼저 온다는 예언이 있는데, 세례 요한이 바로 메시아이신 예수님이 오시기 전에 세상에 와야 할 엘리야였음을 가브리엘이 알려 준 것입니다. 예수님도 이를 인정하셨습니다(마 17:13).

세례 요한이 태어나자 사가랴는 다음과 같이 기도했습니다.

> 이 아이여 네가 지극히 높으신 이의 선지자라 일컬음을 받고 주 앞에 앞서 가서 그 길을 준비하여 주의 백성에게 그 죄 사함으로 말미암는 구원을 알게 하리니 이는 우리 하나님의 긍휼로 인함이라 이로써 돋는 해가 위로부터 우리에게 임하여 어둠과 죽음의 그늘에 앉은 자에게 비치고 우리 발을 평강의 길로 인도하시리로다(눅 1:76-79).

(회개의 세례를 전파하다

세례 요한은 이스라엘 사람들에게 알려지기까지 빈 들(광야)에서 생활했습니다. 때가 되어 하나님의 말씀이 빈 들에서 사가랴의 아들 요한에게 임하자 그는 죄 사함을 받게 하는 회개의 세례를 전파했습니다(눅 3:2-3). 그는 구름같이 몰려드는 사람들에게 회개의 세례를 베풀었고, 예수님께도 세례를 베풀었습니다.

세례 요한은 세례를 베풀면서 사람들을 가르쳤습니다. 먼저, 사람들에게 "옷 두 벌 있는 자는 옷 없는 자에게 나눠 줄 것이요 먹을 것이 있는 자도 그렇게 할 것이니라"(눅 3:11)라고 말했습니다. 세리들에게는 "부과된 것 외에는 거두지 말라"(눅 3:13)라고 했고, 군인들에게는 "사람에게서 강탈하지 말며 거짓으로 고발하지 말고 받는 급료를 족한 줄로 알라"(눅 3:14)라고 했습니다.

로마에서 온 통치자들과 그들에게 권력을 받은 세력가, 종교 지도자들의 폭압적 지배에 진절머리가 났던 사람들은 세례 요한의 행보와 가르침에 열광했고, 그가 자신들이 바라고 기다리던 그리스도(메시아)가 아닌가 생각하게 되었습니다. 하지만 요한은 그리스도가 아니었습니다. 그는 자신을 주의 길을 곧게 하라고 광야에서 외치는 자의 소리일 뿐이라고 정직하게 밝혔습니다(요 1:23). 오히려 예수님이 하나님의 아들이심을 증언했고(요 1:34), 그의 제자인 요한과 안드레에게 "보라 하나님의 어린양이로다"(요 1:36)라는 말로 예수님을 소개하여, 그들이 예수님의 제자가 되게 했습니다. 이처럼 세례 요한은 자신에게 주어진 모든 것을 예수님을 알리는 데 바쳤습니다.

세례 요한이 투옥되기 전에 그의 제자들은 그에게 와서 "랍비여 선생님과 함께 요단강 저편에 있던 이 곧 선생님이 증언하시던 이가 세례를 베풀매 사람이 다 그에게로 가더이다"(요 3:26)라며 걱정스럽게 말했습니다. 그 말의 뜻은 '선생님! 당신이 세상에 소개했었던 그의 인기가 선생님의 인기를 능가하고 있어요. 우리한테 오는 사람들이 줄어들고 있습니다. 무슨 수를 써야 하는 것이 아닌가요'라는 것이었습니다.

하지만 세례 요한은 "만일 하늘에서 주신 바 아니면 사람이 아무것도 받을 수 없느니라 내가 말한 바 나는 그리스도가 아니요 그의 앞에 보내심을 받은 자라고 한 것을 증언할 자는 너희니라 신부를 취하는 자는 신랑이나 서서 신랑의 음성을 듣는 친구가 크게 기뻐하나니 나는 이러한 기쁨으로 충만하였노라 그는 흥하여야 하겠고 나는 쇠하여야 하리라"(요 3:27-30)라고 말하며 오히려 제자들을 다독였습니다.

(투옥된 세례 요한

그렇게 대중에게 존경을 받고 예수 그리스도의 복음의 전령으로서 자신의 소명을 성실하게 수행해 나가던 세례 요한이 느닷없이 투옥되었습니다. 이유는 분봉왕 헤롯의 결혼 문제 때문이었습니다.

분봉왕 헤롯은 예수님이 탄생하셨을 때 아기 예수님을 살해하려고 했던 헤롯 대왕의 아들로, 그에게는 빌립이라는 이복동생이 있었습니다. 그런데 빌립이 죽자 분봉왕 헤롯은 빌립의 아내 헤로디아를 아내로 맞았습니다. 헤롯은 결혼한 적이 있음에도 혈통상 자신의 조카뻘 되고 또 동생의 아내였던 헤로디아와 재혼하는 것이 자신의 권력과 재력을 확장하고, 나아가 음욕을 채우는 데 도움이 된다고 생각했던 것 같습니다. 보통의 인간이 감행하기 어려울 뿐만 아니라 왕답지도 못한 일을 저질렀습니다.

세례 요한은 분봉왕 헤롯에게 "동생의 아내를 취한 것이 옳지 않다."(막 6:18)라고 말하며 공개적으로 그를 비난했습니다. 그것이 용의 역린(逆鱗)을 건드린 것이 되어, 그는 체포되고 투옥되었습니다. 세례 요한이 분봉왕 헤롯의 패륜 행위를 모른 척하고 자신을 찾아오는 사람들에게만 전념하여 세례를 베풀고 가르치며 살았다면, 그는 그의 아버지처럼 장수를 누리고 존경받을 수 있었을 것입니다. 하지만 그는 그러지 않았습니다. 아니, 그럴 수 없었습니다. 그 이유는 세상에 왕다운 왕이 오셨기 때문이었고, 그는 그 왕의 복음을 전해야 할 뿐만 아니라 그 왕의 나라를 위해 준비해야 할 사명을 가지고 태어났기 때문이었습니다. 그래서 그는 "회개하라! 천국이 가까이 왔느니라"라고 외쳤던 것입니다.

또 그는 그 사명에 충실하기 위해, 죽음을 무릅쓰고 왕답지 못한 왕의 처신을 지적하지 않을 수 없었습니다. 그것은 대조적으로 왕다운 왕을 부각시키는 일이 되었습니다. 헤롯 대왕이 누린 권력을 회복하려던 분봉왕 헤롯에게는 치명적인 사건이었습니다. 그래서 그는 자신의 야망을 이룰 때까지 세례 요한을 투옥시켜 입을 막아야만 했습니다.

세례 요한이 투옥되자 예수님은 "때가 찼고 하나님의 나라가 가까이 왔으니 회개하고 복음을 믿으라"(막 1:15)라고 하시면서 본격적인 복음의 행보를 시작하셨습니다. 그리고 얼마 지나지 않아 예수께 대한 이 소문이 온 유대와 사방에 두루 퍼졌습니다(눅 7:17). 이 소식은 투옥되었던 세례 요한에게도 전해졌습니다. 그의 제자들이 그에게 알려 주었기 때문입니다.

세례 요한은 제자들에게 예수님이 흥하시는 소식을 들었습니다. 그는 쇠하여 가는 자신의 운명을 직감했는지 제자 두 명을 예수님께로 보내 마지막으로 자신이 확인하고 싶은 바를 여쭤 보게 합니다. 그들은 예수님께 "세례 요한이 우리를 보내어 당신께 여쭈어 보라고 하기를 오실 그이가 당신이오니이까 우리가 다른 이를 기다리오리이까 하더이다"(눅 7:20)라고 말했습니다. 요한이 그렇게 질문한 것은 요한이 배워 왔고 많은 유대인이 예상하던 메시아의 권세를 예수님이 보여 주시지 않았기 때문일 것입니다. 절대 다수의 유대인들은 메시아가 오시면 하나님의 통치에 저항하는 악과 모든 반대 세력, 특히 로마 제국과 그 하수인들의 권세가 타파되어 이스라엘에 광복의 날이 임할 것이라고 생각했습니다.

하지만 예수님은 당시의 통치자들에 대항하는 광복 전쟁은 꿈도 꾸지 않으셨습니다. 예수님이 빛을 회복하셔야 할 곳은 이스라엘 땅이 아니라 하나님이 창조하신 세계임에도 사탄이 통치하는 영역이었습니다. 세례 요한은 이 점을 명확히 인식하지 못하고 있었다고 생각합니다. 그 이유는 세례 요한은 구약성경에서 예언한 메시아의 모습 중 한 부분만 염두에 두고 있었기 때문입니다.

메시아가 이 세상에 임하실 때를 예언하는 구약성경의 말씀 중에는 그 내용이 상반된다고 생각할 수 있는 부분이 있습니다. 대표적으로 다니엘서의 말씀(단 2:31-45, 7:13-14)과 이사야서의 말씀(사 52:13-15, 53장, 61:1-3)입니다. 다니엘서와 이사야서에서 그리는 메시아는 시차를 두지 않고 판단하면 동일한 메시아라고 보기가 어렵습니다.

다니엘서의 메시아는 사탄을 중심으로 하는 이 땅의 통치자들과 전쟁을 치르고 최종적으로 승리하여 하나님 나라를 회복하며, 영원한 권세를 가지고 하나님 나라를 통치하는 모습으로 그려져 있습니다. 쉽게 말해 '정복하는 왕'의 모습입니다. 하지만 이사야서의 메시아는 인간의 죄를 위하여 고난당하는 어린양, '고난받는 종'으로 그려져 있습니다.

아마도 세례 요한은 다니엘서의 예언이 이루어지기를 간절히 바랐을 것입니다. 로마의 통치에 신음하고 있던 이스라엘 사람으로서, 메시아가 다윗왕이나 다니엘서의 '영광스러운 인자'와 같이 정복하는 왕으로 오실 것이라고 생각하는 것은 지극히 당연한 일이었습니다. 하지만 그의 생각은 한쪽에 치우친 것이었습니다.

세례 요한의 질문을 전해 들으신 예수님은 질병과 고통과 및 악귀 들린 자를 많이 고치시며 또 많은 맹인을 보게 하시는 현장을 그들에게 보여 주셨습니다(눅 7:21). 그런 다음 "너희가 가서 보고 들은 것을 요한에게 알리되 맹인이 보며 못 걷는 사람이 걸으며 나병 환자가 깨끗함을 받으며 귀먹은 사람이 들으며 죽은 자가 살아나며 가난한 자에게 복음이 전파된다 하라"(눅 7:22)라고 하셨습니다. 예수님은 직접적으로 "내가 바로 메시아다"라고 하지 않으셨지만, 이사야 61장 1-3절의 예언이 성취되었다는 것으로써 자신의 존재를 드러내셨습니다. 다시 말해, 예수님은 자신이 다니엘서에서 예언된 '정복하는 왕'이 아니라 이사야서에서 예언된 '고난받는 종'으로 오셨음을 가르쳐 주시고자 했던 것입니다. 다니엘서의 메시아와 이사야서의 메시아를 시차를 두지 않고 해석해서는 안 된다는 뜻이었습니다.

또한 메시아이신 예수님이 이 세상에 오셨다고 해서 잃어버렸던 하나님 나라가 당장에, 종국적으로 사탄의 권세에서 회복되는 것이 아님을 의미합니다. 아담의 범죄로 인해 타락한 창조 세계인 하나님 나라를 회복하기 위한 사역을 시작하셨지만, 하나님 나라의 최종적 회복은 미래의 일로 남겨 두신 것입니다. 그 미래의 메시아 모습이 다니엘 2장에서의 메시아이지 않을까요? 예수님은 사도 요한과 그의 제자들이 이 사실을 명확히 알기를 원하셨습니다. 그래서 예수님은 그들에게 "누구든지 나로 말미암아 실족하지 아니하는 자는 복이 있도다"(눅 7:23)라는 말을 덧붙이셨던 것입니다.

세례 요한의 제자들은 예수님의 말씀을 받아 들고 세례 요한에게 갔습니다. 그러자 예수님은 남은 무리에게 "여자가 낳은 자 중에 요한보다 큰 자가 없도다"(눅 7:28)라며 요한을 칭찬하셨습니다.

(**세례 요한의 죽음**

분봉왕 헤롯은 세례 요한을 죽일 마음은 없었던 것 같습니다. 하지만 헤로디아는 마음이 달랐습니다. 자신의 치부를 공개적으로 비난한 요한을 원수로 여겨 죽이고자 했습니다(막 6:19). 하지만 헤로디아의 뜻은 이루어지지 못했습니다. 옥에 갇힌 요한과 수시로 대화를 나누었던 분봉왕 헤롯이 요한을 의롭고 거룩한 사람으로 알고 두려워하여 보호하며 또 그의 말을 들을 때에 크게 번민을 하면서도 달갑게 들었기 때문입니다(막 6:20).

그런데 헤로디아에게 기회가 좋은 날이 찾아왔습니다. 분봉왕 헤롯이 자신의 생일에 대신들과 천부장들과 갈릴리의 귀인들을 불러 놓고 성대한 축하연을 열었던 것입니다(막 6:21). 절호의 기회라고 생각한 헤로디아는 음모를 꾸몄습니다. 딸 살로메의 춤으로 왕의 마음을 산 후, 살로메를 시켜 "세례 요한의 머리를 소반에 얹어 곧 내게 주기를 원하옵나이다"(막 6:25)라고 말하게 했습니다.

상상조차 할 수 없었던 요구를 받은 헤롯왕은 공황 상태에 빠졌습니다. 원하는 것을 주겠다고 한 자신의 말을 주워 담고 싶었으나, 이미 어린 소녀에게 맹세까지 했을 뿐만 아니라 그 말을 연회장에 있던 사람들이 들었기 때문에 체면상 그럴 수 없었습니다. 결국 헤롯왕은 무고한 사람의 생명보다 자신의 위신이 더 중요했기에 시위병 한 명을 감옥으로 보내어 요한의 머리를 가져오라고 명령했습니다. 병사는 왕의 명령에 따라 감옥으로 가서 세례 요한의 머리를 벤 다음, 그 머리를 소반에 담아 살로메에게 주었습니다. 살로메는 다시 그 머리를 헤로디아에게 가져다주었습니다.

헤롯왕은 자신의 섣부른 맹세로 세례 요한이 죽음에 이르렀다는 죄책감으로 괴로웠던 것 같습니다. 그래서 예수님에 관한 소식이 사방에서 들려오자 "내가 목 벤 요한 그가 살아났다"(막 6:16)고 말하며 두려워한 것입니다.

요한의 소식을 들은 제자들은 스승의 시체를 수습하여 장례식을 치러 주었습니다. 여자가 낳은 자 중에서 가장 큰 자였던 세례 요한의 마지막 모습이었습니다. 마지막 선지자였던 세례 요한은 메시아를 위해 길을 준비하는 사명을 받았기에, 예수님보다 먼저 천국에 가야 했을지도 모릅니다. 그의 죽음으로 선지자 시대는 종결되고 사도와 제자의 시대가 열렸습니다.

핵심 정리 세례 요한의 사명

세례 요한은 하나님의 아들 예수 그리스도에 관한 좋은 소식을 전할 뿐만 아니라 그의 나라를 준비해야 할 사명을 가지고 태어났습니다. 그래서 그는 "회개하라 천국이 가까이 왔느니라"라고 외치며 일생동안 자신의 사명에 충실했습니다. 그리고 그의 죽음으로 구시대인 선지자 시대는 종결되고 새 시대인 사도와 제자의 시대가 열렸습니다.

- 세례 요한은 자신의 지명도와 인기를 자신을 위해 사용하지 않고 예수 그리스도를 전하고 그의 나라를 확장하는 데 사용했습니다. 마찬가지로 예수 그리스도를 전하고 그의 나라를 확장하기 위해 당신이 할 수 있는 일들은 무엇입니까?

우리의 믿음은 나약하지만
찾아오시는 예수님

사람들은 예수님 일행이 어디를 향하든지, 그곳으로 먼저 몰려갔습니다. 큰 무리의 사람들을 보신 예수님은 그들을 목자 없는 양같이 불쌍히 여기시고 양들에게 꼴을 먹이듯 여러 가지를 가르쳐 주셨습니다.

(**떡 다섯 개와 물고기 두 마리**

날이 저물기 시작하자 제자들이 예수님께로 와서 "이곳은 빈 들이요 날도 저물어 가니 무리를 보내어 두루 촌과 마을로 가서 무엇을 사 먹게 하옵소서"(막 6:35-36)라고 말씀드렸습니다. 그러자 예수님은 "너희가 먹을 것을 주라"(막 6:37)고 하셨습니다. 예수님의 말씀에 놀란 제자들은 "우리가 가서 이백 데나리온의 떡을 사다 먹이리이까"(막 6:37)라고 반문했습니다. 제자들의 대답은 '스승님! 여기 모인 사람들을 다 먹이려면 적어도 200데나리온이 필요합니다. 1데나리온은 노동자의 하루치 품삯이므로 200일 치 품삯만큼의 큰돈인데, 우리가 굳이 이렇게 큰돈을 써야 할 이유가 있나요? 또 돈이 있다 하더라도 지금 이 저녁에 어디에 가서 그 많은 떡을 사 오겠습니까?'라는 뜻이었습니다.

예수님은 제자들의 계산에 가타부타 말하지 않으셨습니다. 그 대신 제자들에게 "너희에게 떡 몇 개나 있는지 가서 보라"(막 6:38)고 하셨습니다. 영문을 모르는 제자들은 "떡 다섯 개와 물고기 두 마리가 있더이다"(막 6:38)라고 대답했습니다. 요한복음에는 한 아이가 가지고 있던 떡과 물고기라고 나옵니다(요 6:9). 예수님은 제자들에게 떡이 얼마나 있는지 물으셨는데, 제자들은 자신들의 것이 아니라 어린아이가 갖고 있던 떡과 물고기를 얘기합니다. 제자들이 그 아이에게 가서 떡과 물고기를 달라고 어떻게 얘기했을지, 또 제자들의 말을 듣고 그 아이는 어떤 마음으로 자신의 떡과 물고기를 주었을지 궁금해지는 대목입니다.

어린아이가 준 떡과 물고기를 받아 드신 예수님은 제자들에게 명하여 사람들을 작은 무리로 나눠 풀밭 위에 앉히도록 하셨습니다. 이에 사람들은 100명씩 또는 50명씩 둘러앉았습니다. 그러자 예수님은 떡 다섯 개와 물고기 두 마리를 손에 들고서 하늘을 우러러 축사하신 다음, 떡을 떼어 제자들에게 주어 사람들에게 나누어 주게 하시고 또 물고기 두 마리도 모든 사람에게 나누어 주게 하셨습니다. 모든 사람이 배불리 먹었습니다. 이 천국 잔치를 맛본 사람들은 남자만 5,000명이나 되었습니다. 그러고도 남은 떡 조각과 물고기가 열두 바구니나 되었습니다. 오병이어를 통해 놀랍고도 이해하기 힘든 기적이 벌어진 것입니다.

(**안심하라 내니 두려워하지 말라**

예수님은 제자들이 남은 떡 조각과 물고기를 열두 바구니에 담아 오자, 그들을 재촉하여 먼저 건너편의 벳새다로 가게 하셨습니다. 제자들이 배를 타러 가자 예수님은 홀로 남아 수많은 사람을 집으로 돌려보내셨습니다. 사람들이 모두 돌아간 다음 예수님은 기도하러 산으로 가셨습니다. 예수님이 기도하시는 동안 날이 저물었고, 제자들이 탄 배는 갈릴리 바다 가운데에 이르렀습니다.

그런데 갑자기 광풍이 불어 물결이 거세지자 배가 요동치며 물이 배 안으로 넘쳐 들어왔습니다. 위험을 느낀 제자들은 살기 위해 안간힘을 다해 노를 저었습니다. 예수님은 산에서 기도하시다가 제자들이 힘겹게 노 젓는 것을 보셨고, 산에서 내려와 바다 위를 걸어서 밤 사경쯤(새벽 3-6시)에 제자들이 탄 배 가까이 오셨습니다. 그런데 예수님은 제자들의 수고를 덜어 주시지는 않고 그들을 지나가려고 하셨습니다(막 6:48).

한편, 제자들은 분명 사람의 모습인데 바다 위를 걸어오는 것을 보고 공포에 사로잡혀 유령이 나타났다고 소리를 질렀습니다. 그러자 예수님이 제자들에게 "안심하라 내니 두려워하지 말라"(막

6:50)고 말씀하신 다음 배에 올라 제자들에게 다가가셨습니다.

마태복음에는 마가복음에 없는 베드로의 이야기가 추가되었습니다. 물 위를 걸어오는 분이 예수님이심을 알게 된 베드로는 무슨 마음이었는지 모르나 예수님께 "주여 만일 주님이시거든 나를 명하사 물 위로 오라 하소서"(마 14:28)라고 말씀드렸습니다. 그러자 예수님은 베드로에게 "오라"(마 14:29)고 하셨고, 이 말씀에 용기가 생긴 베드로는 배에서 내려 물 위를 걸어서 예수님께 다가갔습니다. 예수님의 말씀을 믿고 바다 위를 조금씩 걸어가던 베드로는 갑자기 바람이 무서워졌고, 그 순간 더 이상 걷지 못하고 바다로 빠졌습니다. 길가에 뿌려진 씨를 새들이 물고 가 버린 것처럼, 예수님에 대한 믿음을 바람이 빼앗아 가 버린 것이었습니다. 베드로는 "주여 나를 구원하소서"(마 14:30)라고 소리를 질렀습니다. 예수님은 즉시 손을 내밀어 베드로를 붙잡으시고 "믿음이 작은 자여 왜 의심하였느냐"(마 14:31)라고 말씀하셨습니다.

배에 오르신 예수님은 제자들에게 다가가셨고, 그때 갑자기 바람이 그쳤습니다. 그로 인해 제자들은 다시 한 번 놀랐습니다. 그들이 놀란 이유를 성경은 "그들이 그 떡 떼시던 일을 깨닫지 못하고 도리어 그 마음이 둔하여졌음이러라"(막 6:52)라고 풀이합니다. 떡 다섯 개와 물고기 두 마리로 5,000명 이상을 먹이신 기적이 불과 몇 시간 전에 있었는데, 그 기적을 베푸신 예수님이 어떤 분이신지 금방 잊어버렸다고 지적하는 것입니다. 우리 인간의 나약함을 잘 알 수 있습니다.

핵심 정리 찾아오시는 예수님

 오병이어 기적으로 예수님은 자신이 누구이신지를 제자들에게 보여 주셨습니다. 그런데 얼마 후 제자들이 탄 배가 풍랑을 만나게 되었습니다. 배에 오르신 예수님이 제자들에게 다가가시자 갑자기 바람이 그쳤습니다. 제자들은 방금 전 기적을 베푸신 예수님이 어떤 분이신지를 잊고 두려워했습니다. 제자들은 기적을 체험하고서도 예수님이 누구신지 알아보지 못했지만, 그들을 찾아오신 예수님은 말씀하셨습니다. "안심하라 내니 두려워하지 말라"(막 6:50).

- 우리는 나약하지만 주님이 함께하시기 때문에 두려움에서 벗어날 수 있습니다. 두려운 상황이 있다면 주님께 도우심을 구해 봅시다.

우리를 더럽히는 것은
정결한 것과 부정한 것

몇 명의 바리새인들과 서기관들이 예수님을 만나러 예루살렘에서 왔습니다. 서기관은 종교 재판에서의 법률 전문가로 대제사장의 중요한 조력자요, 대제사장과 함께 중앙 정치 세력을 이루는 사람이었습니다. 바리새인은 대제사장이나 서기관에 비해서는 덜 정치적인 사람으로, 유대 신앙의 전통을 지켜 내려는 사람이었습니다. 사람보다 규범을 우선시하는 그들을 마땅치 않게 여기신 예수님은 그들을 책망하셨습니다.

('고르반' 제도

예수님은 "이사야가 너희 외식하는 자에 대하여 잘 예언하였도다 기록하였으되 이 백성이 입술로는 나를 공경하되 마음은 내게서 멀도다 사람의 계명으로 교훈을 삼아 가르치니 나를 헛되이 경배하는도다 하였느니라 너희가 하나님의 계명은 버리고 사람의 전통을 지키느니라"(막 7:6-8)라고 그들에게 말씀하셨습니다. 거듭해서 "너희가 너희 전통을 지키려고 하나님의 계명을 잘 저버리는도다"(막 7:9)라고 선포하신 다음, 그 실례로 십계명 중 제5계명을 그들이 어떻게 그들의 임의대로 해석해서 적용하는지 보여 주셨습니다.

> 모세는 네 부모를 공경하라 하고 또 아버지나 어머니를 모욕하는 자는 죽임을 당하리라 하였거늘 너희는 이르되 사람이 아버지에게나 어머니에게나 말하기를 내가 드려 유익하게 할 것이 고르반 곧 하나님께 드림이 되었다고 하기만 하면 그만이라 하고 자기 아버지나 어머니에게 다시 아무것도 하여 드리기를 허락하지 아니하여 너희가 전한 전통으로 하나님의 말씀을 폐하며 또 이 같은 일을 많이 행하느니라(막 7:10-13).

'고르반'이란 말은 유대 사람들이 자신의 재산을 하나님께 드린 후 그 사실을 공표하기 위해 사용하던 말이었습니다. "고르반!" 하고 외친 이후에는 고르반으로 드리겠다고 맹세한 재물은 성전 소유가 됩니다. 고르반으로 재물을 드린 사람은 죽기 전까지 재물을 사용할 권리만 있을 뿐 처분할 권리는 없습니다.

그런데 하나님의 성전을 위한 선한 뜻으로 시작한 고르반 제도를 악용하는 사람들이 생겨났습니다. 예를 들어, 빚이 있는 사람이 빚을 갚기 싫어 자신의 재산을 고르반으로 넣는 경우입니다. 이 경우 채권자들은 그 재산을 강제 집행할 수 없게 되므로, 고르반 제도는 채무 면탈의 수법으로 이용될 수 있었던 것입니다. 특별히 부모를 공양해야 하는 사람들이 자신의 재산을 전부 성전에 귀속시키고, 부모에게는 자신이 재산이 없어서 생활비를 줄 수 없다며 제5계명을 위반하기도 했습니다.

더 나아가 고르반으로 드린 재물을 되돌려 받는 것을 하나님께 한 맹세를 어기는 일로 간주한 장로들의 전통은 자녀들이 고르반 제도를 악용하기 쉽게 만들었습니다.

(**사람 안에서 나오는 것이 사람을 더럽게 한다**

그런 다음 예수님은 무리를 다시 불러 모으시고 "너희는 다 내 말을 듣고 깨달으라 무엇이든지 밖에서 사람에게로 들어가는 것은 능히 사람을 더럽게 하지 못하되 사람 안에서 나오는 것이 사람을 더럽게 하는 것이니라"(막 7:14-16)라고 말씀하셨습니다. 예수님의 말씀을 이해하지 못한 제자들은 그 비유의 뜻을 여쭈었습니다. 그러자 예수님은 다음과 같이 그 뜻을 풀어 주셨습니다.

무엇이든지 밖에서 들어가는 것이 능히 사람을 더럽게 하지 못함을 알지 못하느냐 이는 마음으로 들어가지 아니하고 배로 들어가 뒤로 나감이라 … 사람에게서 나오는 그것이 사람을 더럽게 하느니라 속에서 곧 사람의 마음에서 나오는 것은 악한 생각 곧 음란과 도둑질과 살인과 간음과 탐욕과 악독과 속임과 음탕과 질투와 비방과 교만과 우매함이니 이 모든 악한 것이 다 속에서 나와서 사람을 더럽게 하느니라(막 7:18-23).

예수님의 말씀은 다음과 같이 정리해 볼 수 있습니다.

먼저, 음식을 먹으면 배로 들어가서 항문으로 배설되므로, 더러운 것은 배설물이지 입으로 들어가는 음식물은 배설물에 비해 위생학적으로 깨끗합니다. 또 음식물은 그것을 삼키더라도 마음으로 들어갔다가 악한 생각으로 배출되는 것이 아니므로 종교적 및 도덕적으로도 깨끗합니다. 그러므로 우리가 손을 씻지 않고 음식물을 먹는 것은 위생상으로는 문제가 있고 함께 식사하는 사람들의 비위를 상하게 할 수도 있어 조심해야 하는 것은 맞으나, 신앙의 차원에서 절대적으로 금기시해야 할 행위는 아닙니다.

다음으로, 우리는 수많은 정보를 받아들여 마음을 통해 생각들을 만들어 내는데, 우리의 마음에서는 선한 생각들뿐만 아니라 '음란, 도둑질, 살인, 간음, 탐욕, 악독, 속임, 음탕, 질투, 비방, 교만, 우매함' 등과 같은 악한 생각들도 나옵니다. 우리를 종교적 및 도덕적으로 더럽히는 것들은 바로 그 악한 생각들입니다. 손을 씻지 않고 음식물을 먹었다고 사람들을 비난하는 것은 악한 생각에 해당하고, 그러한 악한 생각에 사로잡힌 사람들은 손뿐만 아니라 마음도 씻어야 합니다.

결국, 예수님은 우리를 더럽히는 것은 배설물이 아니라 악한 생각과 같이 인간에게서 나오는 것임을 가르치고자 하셨습니다.

악이 차지한 마음에서는 악한 생각과 행위들이 흘러넘칠 수밖에 없습니다. 우리의 마음에 악이 틈탈 여지가 없도록 하는 것이 선으로 악을 이기는 길입니다.

핵심 정리 정결한 것과 부정한 것

사람보다 규범을 우선시하는 이들에게 예수님은 고르반 제도를 들어 그들의 외식적인 모습을 지적하셨습니다. 그러면서 우리를 더럽히는 것은 밖이 아니라 우리 안에서 나온다고 말씀하셨습니다. 선이 없는 곳에는 악이 자리를 잡습니다. 그래서 선의 부재는 악입니다. 악이 차지한 마음에서는 악한 생각과 행위들이 흘러넘칠 수밖에 없습니다. 우리의 마음에 악이 틈타지 않게 해야 합니다.

- 당신 안에 자주 틈타는 악한 생각들은 무엇입니까? 또한 어느 상황에서 악한 생각들이 쉽게 틈타는지 돌아봅시다.

믿음 인격으로 거듭나려면
순전한 믿음

　　이후 예수님은 게네사렛 지방을 떠나 '두로'(티루스)로 가셨습니다. 그리고 어느 집에 들어가셔서 아무도 모르게 지내려 하셨습니다(막 7:24). 하지만 사람들이 예수님을 알아보고 몰려들었습니다. 그들 중에는 헬라인(그리스인)이요 수로보니게 족속의 여인도 있었는데, 그녀는 예수님의 소문을 듣자마자 달려왔습니다. 그 여인은 예수님의 발 아래 엎드린 다음 예수님께 자기 딸에게서 귀신을 쫓아내 주시기를 간구했습니다(막 7:26).

(부스러기의 믿음

　　예수님은 그 여인에게 '어디에 사느냐? 딸의 상태는 어떠하냐? 귀신 들린 딸은 왜 함께 오지 않았느냐?' 등 일반적으로 떠오르는 질문은 일절 하지 않으신 채 무정하게 느껴질 정도로 단도직입적으로 "자녀로 먼저 배불리 먹게 할지니 자녀의 떡을 취하여 개들에게 던짐이 마땅치 아니하니라"(막 7:27)라고 대답하셨습니다.

이 말씀은 표면상으로는 '내 민족 사람도 고쳐 주기 바쁜 중에 어찌 이민족 사람을 고쳐 줄 수 있겠소. 그리고 유대인들이 이방 사람들을 어떻게 취급하는지 잘 알고 있지 않소?'라는 뜻인 것 같습니다. 그러나 예수님의 실제 의도는 그렇지 않았습니다. 그 여인의 태도를 한번 떠보신 것입니다. 왜냐하면 예수님은 이스라엘뿐만 아니라 온 이방의 구세주로 오셨기 때문에, 헬라인인 그 여인을 구원해 주지 않으실 리가 없기 때문입니다.

예수님의 냉랭한 태도에 맞서 그 여인은 "주여 옳소이다마는 상 아래 개들도 아이들이 먹던 부스러기를 먹나이다"(막 7:28)라며 처절하게 호소했습니다. 그 여인의 사회적 신분이 성경에 기록되어 있지 않으나, 그 여인은 예수님을 "주인님"이라고 부르며 높임과 동시에 자신과 자신의 딸을 노예보다 못한 개들에 비유하며 한없이 낮추었습니다. 그런 다음 아무리 비천한 지위에 있다고 해도 배고플 때 먹을 것을 주어야 하듯이, 할 수만 있다면 병든 것도 고쳐 주어야 하지 않겠냐고 반문했던 것입니다.

여인의 그 말에 흡족하셨는지 예수님은 "이 말을 하였으니 돌아가라 귀신이 네 딸에게서 나갔느니라"(막 7:29)라고 하셨습니다. 이 말씀을 통해 우리는 예수님이 귀신 들린 아이가 어디에 사는지, 어떤 상태인지, 왜 어머니와 함께 오지 못했는지를 이미 훤히 알고 계셨음을 알 수 있습니다. 이러한 예수님의 말씀에 그 여인은 한마디 토도 달지 않고 그대로 집으로 내달렸습니다. 딸이 치유된 것을 자신의 두 눈으로 확인해야 했기 때문입니다. 집에 돌아가 보니 아이가 침상에 누웠고 귀신이 나갔음을 알았습니다(막 7:30). 딸이 치유된 것을 목격한 여인은 하늘을 우러러 감사하며 한없이 통곡했을 것입니다. 아마도 예수님은 멀리서 통곡하는 여인과 그 딸을 지켜보고 계셨을 것입니다. 그리고 그 여인과 딸을 향해 축복을 내리고 계셨을 것입니다.

(바리새인들의 누룩과 헤롯의 누룩을 주의하라

예수님은 제자들과 함께 배를 타고 달마누다 지방으로 가셨습니다. 그곳에 가니 바리새인들이 와서 트집을 잡아 예수님을 헐뜯으려고 하늘로부터 오는 표적을 요구했습니다(막 8:11). 그들이 요구한 바는 자신들이 보는 앞에서 기적을 베푼 다음 그 권능이 하나님으로부터 온 표적이라는 것을 증명해 달라는 뜻일 가능성이 매우 높습니다. 기적은 그것이 없으면 안 되는 사람들이 진정으로 간구할 때 임하는 것입니다. 그래야 그 기적이 하나님과 하나님 나라를 알 수 있는 표적이 됩니다. 그런데 그들은 교만하게도 시험 삼아 기적을 보여 달라고 했습니다.

그들의 마음을 잘 아신 예수님은 마음속으로 깊이 탄식하시며 "어찌하여 이 세대가 표적을 구하느냐 내가 진실로 너희에게 이르노니 이 세대에 표적을 주지 아니하리라"(막 8:12)라고 말씀하셨습니다. 눈이 있어도 보지 못하는 사람들에게는 기적을 베풀 필요가 없음을 밝히신 것입니다. 그런 다음 서둘러 그곳을 벗어나 배가 있는 곳으로 가셔서 배를 타고 건너편 마을로 향하셨습니다.

그런데 예수님이 배에서 식사를 하시려고 보니 떡이 한 개밖에 없었습니다. 당황해하는 제자들을 보신 예수님은 조금 전에 있었던 바리새인들의 행위를 떠올리며 "삼가 바리새인들의 누룩과 헤롯의 누룩을 주의하라"(막 8:15)라고 말씀하셨습니다. 그 뜻을 제대로 이해하지 못한 제자들은 서로 얼굴을 맞대고 "이는 우리에게 떡이 없음이로다"(막 8:16)라고 수군거렸습니다.

이에 예수님은 "너희가 어찌 떡이 없음으로 수군거리느냐 아직도 알지 못하며 깨닫지 못하느냐 너희 마음이 둔하냐 너희가 눈이 있어도 보지 못하며 귀가 있어도 듣지 못하느냐 또 기억하지 못하느냐 내가 떡 다섯 개를 오천 명에게 떼어 줄 때에 조각 몇 바구니를 거두었더냐"(막 8:17-19)라고 제자들에게 물으셨습니다. 예수님의 말씀의 뜻은 '내가 그런 기적을 행할 권능이 있는데 너희들이 떡을 안 가져왔다고 나무라겠느냐? 내가 말하려는 것은 떡이 아니라 누룩이다. 그 누룩도 다른 것이 아니라 바리새인들의 누룩과 헤롯의 누룩이다. 누룩이 무엇인지, 어떤 역할을 하는지 안다면 내가 하는 말이 무슨 뜻인지 알 것이니라'는 것이었습니다.

누룩은 빵, 맥주, 포도주 등을 만드는 데 사용되는 미생물(일종의 곰팡이)의 일종으로, 현재는 '효모'라는 말로 통용됩니다. 성경에서 누룩과 관련된 이야기는 이스라엘 민족이 이집트에서 해방되기 전날 밤 시행된 유월절과 무교절 의식에 처음 등장합니다. 당시 이스라엘 백성은 하나님의 명령에 따라 무교병(누룩이 없는 빵)을 일주일간 먹었고, 그 이후로도 매년 무교절 의식을 치렀습니다. 무교절 기간 동안에는 집 안에 누룩뿐만 아니라 누룩이 있는 빵가루조차 둘 수 없었습니다(출 12:15; 레 23:6; 신 16:4).

신약성경에도 누룩과 관련된 이야기는 여러 곳에서 등장합니다. 예수님은 "천국은 마치 여자가 가루 서 말 속에 갖다 넣어 전부 부풀게 한 누룩과 같으니라"(마 13:33; 눅 13:21)라고 말씀하셨고, "바리새인과 사두개인들의 누룩을 주의하라"(마 16:6)고 말씀하시기도 했습니다. 바울은 고린도 성도들에게 보내는 편지에서 묵은 누룩을 내버려야 한다고 말했습니다(고전 5:6-8). 또한 갈라디아교회에 보내는 편지에서는 "적은 누룩이 온 덩이에 퍼지느니라"(갈 5:9)라고도 했습니다.

누룩의 가장 큰 특성은 밀, 보리, 포도 등의 본성을 변화시키는 데 있습니다. 밀가루에 누룩이 들어가지 않으면 부드러운 빵이 되지 않고, 보리나 포도즙에 누룩이 들어가지 않으면 맥주 또는 위스키나 포도주가 될 수 없습니다. 인간도 영혼에 무엇을 담느냐에 따라 그 본성이 변화를 겪게 됩니다. 하나님의 말씀을 담고 있으면 '믿음 인격'이 되고, 사탄의 유혹을 따르면 '범죄 인격'이 됩니다. 아담과 하와도 원래 믿음 인격이었으나 사탄의 유혹에 넘어가 하나님 말씀을 버림으로써 범죄 인격으로 변질되었고, 이는 인류의 비참한 출발점이 되었습니다. 그러나 하나님은 인류를 포기하지 않으셨습니다. 예수 그리스도의 피로 죄 씻음을 받아 새로운 덩어리로, 즉 묵은 누룩을 내버리고 하나님의 말씀을 받으면 믿음 인격이 되게 하시겠다는 것입니다.

구약에서 하나님께 드리는 제사에 사용될 빵에 누룩을 사용하지 못하게 한 것은 하나님께 제사를 드릴 때 우리 영혼에서 묵은 누룩인 '사탄의 유혹을 좇는 습성'이 제거되지 않으면 '하나님의 말씀'이 들어올 수 없다는 것을 가르치기 위함이었습니다. 예수님의 "바리새인들의 누룩과 헤롯의 누룩을 주의하라"(막 8:15)라는 말씀에서의 누룩은 묵은 누룩을 뜻합니다.

'바리새인의 누룩'이란 하나님에 대한 바른 믿음보다 장로들의 전통을 우선시하며 종교적 계율을 강조하는 '종교적 근본주의자'의 잘못된 가르침을 뜻합니다. 말씀에 인간의 가르침을 더하는 잘못을 뜻합니다(계 22:18). 그들은 이런 잘못된 가르침, 즉 묵은 누룩에서 벗어나지 못했기 때문에 최종적으로 예수님을 십자가형에 처하는 악을 저질렀습니다.

'사두개인의 누룩'이란 예수님의 신성과 하나님의 심판을 부인하거나 은근슬쩍 감추어 버리는 이른바 '자유주의자'의 잘못된 가르침을 상징합니다. 인간의 필요에 맞춰 말씀을 제거하는 잘못을 말합니다(계 22:19). 이들은 하나님과 예수님이 인간과 우주 밖에 존재하신다는 초월성을 부인하거나 중요하지 않게 여겨 하나님의 심판을 부인하거나 강조하지 않습니다. 반면, 하나님과 예수님이 인간 속에 계신다는 내재성을 강조하면서 모든 것을 용서하시는 사랑의 하나님이 그분의 참 모습이라고 주장합니다. 그 결과 인간의 죄를 심판하시는 하나님은 온데간데없이 사라지고, 인간의 상처 입은 자아를 치유하고 위로하시는 사랑의 하나님만 남는 신학의 변질을 이룹니다.

끝으로 '헤롯의 누룩'이란 '세속적 종교주의자' 또는 '종교적 세속주의자'를 상징합니다. 세속적인 헤롯의 삶의 태도도 묵은 누룩이므로 버려야 한다는 것이 말씀의 뜻입니다. 결국 심령이 가난한 자, 마음이 청결한 자는 묵은 누룩을 내버리고 하나님의 말씀을 담은 자들일 것입니다. 진리의 음성이 들리지 않아 갈 바를 알지 못할 때, 자신의 의지(意志)와 경험에 의지(依支)하지 말고 하나님이 주시는 말씀을 순전하고 진실하게 기다리면 우리는 평안을 얻을 것입니다. 바로 그때 우리의 영혼은 믿음 인격으로 거듭나게 될 것이고, 천국을 보게 될 것입니다.

핵심 정리 순전한 믿음

예수님은 바리새인들의 누룩과 헤롯의 누룩을 주의하라고 말씀하셨습니다. 적은 양의 누룩은 전체 반죽을 부풀게 할 수 있습니다. 마찬가지로 우리 안에 무엇을 담느냐에 따라 그 본성이 변화를 겪습니다. 묵은 누룩을 버리지 못하면 범죄 인격이 되고, 묵은 누룩을 내버리면 믿음 인격이 됩니다. 이들이 심령이 가난한 자, 마음이 청결한 자입니다. 우리는 묵은 누룩을 내버리고 순수한 새 덩어리가 되어야 합니다.

- 우리 안에 종교적 규율을 강조하거나, 하나님의 심판을 등한시하거나, 세속적인 가치를 추구하는 묵은 누룩은 없습니까? 여전히 묵은 누룩을 품은 모습은 없는지 돌아봅시다.

살아 계신 하나님의 아들
예수님은 누구이신가

예수님은 제자들과 함께 빌립보 가이사랴에 있는 여러 마을을 다니셨습니다. 여행 중에 예수님이 제자들에게 "사람들이 나를 누구라고 하느냐"(막 8:27)라고 물으셨습니다. 제자들은 사람들이 예수님을 세례 요한이나 엘리야라고 하기도 하고 선지자 중의 한 사람이라 하기도 한다고 대답했습니다. 그러자 예수님은 제자들에게 "너희는 나를 누구라 하느냐"(막 8:29)라고 물으셨고 이에 베드로가 "주는 그리스도시니이다"(막 8:29)라고 대답했습니다. 마태복음에는 베드로가 "주는 그리스도시요 살아 계신 하나님의 아들이시니이다"(마 16:16)라고 대답한 것으로 나옵니다. 베드로의 고백에 감격하신 예수님은 반석[베드로] 위에 교회를 세우고 그에게 천국 열쇠를 주리라고 말씀하셨습니다(마 16:17-18).

(십자가를 지고 나를 따르라

　　　　그런데 마가복음에서는 마태복음 16장 17-19절에 기록된 축복은 생략한 채 예수님이 베드로에게 "자기의 일을 아무에게도 말하지 말라"(막 8:30)고 경고하셨다고 기록합니다. 그런 다음 예수님은 처음으로 제자들에게 "인자가 많은 고난을 받고 장로들과 대제사장들과 서기관들에게 버린 바 되어 죽임을 당하고 사흘 만에 살아나야 할 것"(막 8:31)을 가르치셨습니다. 이 말씀은 다음과 같이 이해할 수 있습니다.

"인간은 하나님께 불순종한 이후 창조 본연의 모습을 잃은 범죄자 아담의 후손들이다. 그러나 나는 인간의 육신을 입고 이 땅에 왔으나 죄가 없으므로 모든 인간을 대신해서 단번에 희생 제물이 될 수 있는 창조 본연의 본성을 넘어 새 창조 본연의 본성을 지닌 참 인간의 아들이고, 세상을 구원할 그리스도(메시아)이다. 인자는 심하게 고난을 당한 다음 죽임을 당하지만, 사흘 만에 다시 살아난다. 인자가 고난을 당해야 할 때는 하나님이 정해 두셨으니 하나님의 계획이 성취될 때까지는 경거망동하지 말라."

그런데 메시아가 심한 고난을 당하고 죽는다는 말씀에 충격을 받은 제자들은 예수님이 죽으신 지 사흘 만에 부활하신다는 말씀은 귀에 들어오지 않았습니다. 그래서 베드로가 예수님을 붙들고 항변했는데(막 8:32), 그 내용은 "주여 그리 마옵소서 이 일이 결코 주께 미치지 아니하리이다"(마 16:22)라는 것이었습니다. 자신이 듣고 배운 바로는 절대 그런 일이 일어날 수 없다는 말입니다. 이스라엘의 왕으로 오신 하나님의 아들 메시아가 이스라엘을 로마 제국에서 해방시켜 주시는 것이 아니라 오히려 그들에게 죽임을 당해야 한다는 예수님의 말씀에 제자들은 혼란에 빠졌습니다.

예수님은 무리와 제자들을 불러 놓고 더욱 강경한 어조로 다음과 같이 가르치셨습니다.

> 누구든지 나를 따라오려거든 자기를 부인하고 자기 십자가를 지고 나를 따를 것이니라 누구든지 자기 목숨을 구원하고자 하면 잃을 것이요 누구든지 나와 복음을 위하여 자기 목숨을 잃으면 구원하리라 사람이 만일 온 천하를 얻고도 자기 목숨을 잃으면 무엇이 유익하리요 사람이 무엇을 주고 자기 목숨과 바꾸겠느냐 누구든지 이 음란하고 죄 많은 세대에서 나와 내 말을 부끄러워하면 인자도 아버지의 영광으로 거룩한 천사들과 함께 올 때에 그 사람을 부끄러워하리라 (막 8:34-38).

예수님의 말씀을 정리하면 '메시아를 따르는 길은 십자가 형벌을 당해야 하는 길이다. 구원을 얻는 길은 메시아와 그의 복음을 위해 온 천하보다도 소중한 목숨을 버려야 하는 길이다. 천하를 얻기 위해서 육신의 목숨을 버리는 것만큼 어리석은 일이 없다. 하지만 메시아를 위해 육신의 목숨을 버리면 영생 구원이 주어지므로 그만큼 지혜로운 일은 없다. 메시아인 나와 나의 복음을 자랑하는 사람은 죄인의 길과 죽음의 길에서 지고 가야 할 십자가의 수치를 부끄러워하지 않는 사람이다. 반면에 나와 나의 십자가의 수치를 부끄러워하는 자는 신랑인 나와의 혼인 서약을 어기고 세상의 권세를 잡은 사탄과 음행을 일삼는 간통녀에 불과하다. 내가 진 십자가의 수치를 부끄러워하지 않는 자는 하나님과 천사들이 자랑하며 영광스럽게 해 주리라'라고 할 수 있습니다.

이는 무리와 제자들이 생각하는 메시아관과는 근본적으로 다른 것입니다. 지금 우리로서도 받아들이기 어려운데, 예수님을 따라다니면 정치적 및 사회적으로 중요한 자리를 차지할 수 있다고 생각했던 제자들로서는 정말 받아들이기 어려웠을 것입니다.

그런 다음 예수님은 제자들에게 "내가 진실로 너희에게 이르노니 여기 서 있는 사람 중에는 죽기 전에 하나님의 나라가 권능으로 임하는 것을 볼 자들도 있느니라"(막 9:1)고 하셨습니다. '하나님의 나라가 권능으로 임한다'는 것이 구체적으로 무엇을 말하는지는 알기 어렵습니다. 다만 예수님이 십자가에 달리신 다음 사흘 만에 살아나신 것, 예수님이 승천하신 후 오순절에 마가 다락방에 임한 성령의 역사 등이 아닌가 생각해 볼 수 있습니다. 다른 한편, 이 말씀이 문맥상으로는 8장에 연결되었지만 변화산 이야기의 서두인 9장 첫 절에 놓인 것을 볼 때 변화산에서의 제자들의 체험을 말씀하셨을 수도 있습니다.

(이는 내 사랑하는 아들이니

엿새 후에 예수님은 베드로와 야고보와 요한을 데리고 높은 산에 올라가셨습니다. 그런데 예수님이 그들 앞에서 변형되셨습니다(막 9:2). 예수님의 옷이 광채를 냈고, 세상 누구도 그렇게 희게 빨래할 수 없을 정도로 희게 되었습니다. 지금까지 제자들이 봐 왔던 예수님의 모습이 아니었습니다. 그리고 엘리야와 모세가 나타났고, 예수님은 그들과 더불어 말씀을 나누셨습니다.

예수님의 변화와 광채를 내는 희디흰 옷은 그분의 거룩함을 상징합니다. 거룩함이란 인간을 비롯한 피조물들이 비교라는 말조차 붙일 수 없는 '절대 진리, 절대 선, 절대 미'를 말합니다. 그러한 거룩함을 체험한 사람들, 그러한 거룩함의 거울에 자신을 비춰 본 사람들은 죄악으로 가득하고 더럽고 추악한 자기 모습을 알기에 죽음의 절대 공포를 느낄 수밖에 없습니다. 베드로도 예수님의 거룩함에 맞닥뜨리게 되자 공포에 사로잡혀 자신도 모르게 "랍비여 우리가 여기 있는 것이 좋사오니 우리가 초막 셋을 짓되 하나는 주를 위하여, 하나는 모세를 위하여, 하나는 엘리야를 위하여 하사이다"(막 9:5)라고 말했습니다. 마가복음의 저자인 마가는 베드로가 무슨 말을 할지 알지 못한 채 말을 내뱉었고, 나머지 야고보와 요한도 몹시 무서워하였다고 기록합니다(막 9:6).

그런데 바로 그 순간 구름이 와서 그들을 덮었습니다. 성경에는 '마침'(막 9:7)이라는 표현을 사용합니다. 이 표현은 구름이 예수님을 가리지 않았더라면 제자들에게 임한 두려움이 그들을 삼켜 버렸을지도 모른다는 느낌을 줍니다. 이스라엘 백성이 광야에서 생활할 때에 하나님의 법궤가 있는 장막을 덮었던 구름이 예수님과 모세와 엘리야를 덮은 것입니다. 그리고 구름 속에서 "이는 내 사랑하는 아들이니 너희는 그의 말을 들으라"(막 9:7)라는 소리가 울렸습니다. 그 소리에 정신을 차린 제자들이 문득 둘러보니 주위에는 예수님과 자기들 외에 아무도 보이지 않았습니다.

예수님은 3명의 제자들과 함께 산에서 내려오셨습니다. 내려오는 중에 제자들은 예수님께 "어찌하여 서기관들이 엘리야가 먼저 와야 하리라 하나이까"(막 9:11)라고 여쭈었습니다. 변화산에서 엘리야를 보고 나자 갑자기 메시아가 오시기 전에 엘리야가 와야 한다는 구약성경의 가르침이 생각났고, 그러자 변화산에서 본 엘리야로 그 예언이 성취된 것인지 궁금해진 것입니다.

그런데 예수님은 제자들의 질문에 답하지는 않으시고 "엘리야가 과연 먼저 와서 모든 것을 회복하거니와 어찌 인자에 대하여 기록하기를 많은 고난을 당하리라 하였느냐"(막 9:12)라고 반문하셨습니다. 그런 다음 "그러나 내가 너희에게 이르노니 엘리야가 왔으되 기록된 바와 같이 사람들이 함부로 대우하였느니라"(막 9:13)라고 덧붙이셨습니다. 그제야 제자들은 예언되었던 엘리야가 바로 세례 요한인 줄을 깨달았습니다(마 17:13).

그런데 정상적인 대화라면 예수님은 제자들의 질문에 "너희가 성경을 통해 알고 있듯이 엘리야가 왔는데, 그는 바로 세례 요한이다"라고 말씀하신 다음 "그리고 나는 엘리야 뒤에 온 메시아다. 그런데 메시아는 고난을 당한다고 성경에 기록된 것을 알고 있느냐"라고 답변하셔야 합니다. 하지만 예수님은 "메시아는 고난을 당해야 한다고 기록되었다. 이것을 제대로 알고 있느냐? 그리고 변화산의 엘리야가 아니라 세례 요한이 바로 구약성경이 말한 엘리야다"라고 순서를 바꿔 답변하셨습니다. 이는 제자들의 잘못된 메시아관이 바로잡히기를 바라셨기 때문이라고 생각합니다. 다시 말해, 구약성경에서 예언한 고난당하는 메시아가 오지 않는다면, 엘리야가 먼저 온다 하더라도 아무런 의미가 없음을 제자들이 깨닫기를 바라셨던 것입니다. 하지만 그들이 예수님을 고난당하실 메시아로 영접했는지에 관해서는 성경은 침묵합니다.

(할 수 있거든이 무슨 말이냐

예수님이 3명의 제자들과 함께 '변화산'으로 불리는 높은 산에서 내려와 보니 남아 있던 제자들이 큰 무리에 둘러싸인 채 서기관들과 변론하고 있었습니다(막 9:14). 예수님이 그들에게 "너희가 무엇을 그들과 변론하느냐"(막 9:16)라고 물으시자, 무리 중에 한 사람이 대답했습니다.

> 선생님 말 못 하게 귀신 들린 내 아들을 선생님께 데려왔나이다 귀신이 어디서든지 그를 잡으면 거꾸러져 거품을 흘리며 이를 갈며 그리고 파리해지는지라 내가 선생님의 제자들에게 내쫓아 달라 하였으나 그들이 능히 하지 못하더이다(막 9:17-18).

귀신 들린 아이를 둔 아버지는 자신의 아들을 고치려고 예수님께 찾아왔습니다. 그런데 예수님은 안 계셨고 남아 있던 제자들은 그의 소원을 들어줄 수 없었습니다. 그러자 서기관들이 제자들에게 "왜 당신들은 아이를 고치지 못하느냐"라고 비난했을 것이고, 그로 인해 제자들과 서기관들 사이에 논쟁이 벌어졌던 것입니다. 많은 사람이 그 논쟁을 관심 있게 지켜봤습니다.

상황을 알게 되신 예수님은 "믿음이 없는 세대여 내가 얼마나 너희와 함께 있으며 얼마나 너희에게 참으리요"(막 9:19)라고 말씀하셨습니다. '믿음이 없다'는 말은 아이에게 들린 귀신을 쫓아내지 못했다는 지적일 수도 있습니다. 1차적으로는 제자들의 믿음에 대한 것이었지만, 최종적으로는 그 아이 아버지의 믿음에 대한 것이었다고 생각합니다.

그런 다음 예수님은 그 아이를 "내게로 데려오라"(막 9:19)고 하셨습니다. 예수님의 말씀에 따라 사람들이 귀신 들린 아이를 데리고 왔습니다. 그런데 예수님은 발작하는 아이는 그대로 내버려 두신 채, 뜬금없다 싶을 정도로 그 아버지에게 "언제부터 이렇게 되었느냐"(막 9:21)고 물으셨습니다. 예수님이 이렇게 그 아버지에게 물으신 이유는 그의 믿음을 굳게 해 주시기 위함이었습니다.

그는 "어릴 때부터니이다 귀신이 그를 죽이려고 불과 물에 자주 던졌나이다 그러나 무엇을 하실 수 있거든 우리를 불쌍히 여기사 도와주옵소서"(막 9:21-22)라고 말했습니다. 그 말의 뜻은 '아들이 어릴 때부터 고통을 받아 왔습니다. 그런데 예수님, 그게 아이의 병을 고치는 일과 무슨 상관입니까? 지금 아이가 거품을 물고 땅바닥에 쓰러져 있지 않습니까? 아이의 병을 고칠 수 있으시다면 우리를 불쌍히 여겨 당장 고쳐 주세요'라는 것일 수도 있습니다. 그러자 예수님은 "할 수 있거든이 무슨 말이냐 믿는 자에게는 능히 하지 못할 일이 없느니라"(막 9:23)라고 대답하셨습니다.

믿음이란 가능성이 있는 것을 실현하는 것이 아니라 불가능한 것이라도 하나님께 절대적으로 의존하는 것이라는 점을 깨우쳐 주시기 위해 이렇게 말씀하신 것이었습니다. 예수님이 하신 말씀을 어느 정도 깨달은 그 아버지는 큰 소리로 "내가 믿나이다 나의 믿음 없는 것을 도와주소서"(막 9:24)라고 외쳤습니다. 그의 외침 소리가 얼마나 크고 간절했는지, 사람들이 놀라서 달려와 예수님과 그 사람을 둘러쌌습니다.

그제야 예수님은 아이에게 들어간 귀신을 꾸짖으시며 "말 못 하고 못 듣는 귀신아 내가 네게 명하노니 그 아이에게서 나오고 다시 들어가지 말라"(막 9:25)라고 하셨습니다. 아이가 말하지 못하게 하고 듣지 못 하게 한 귀신은 예수님의 말씀을 들을 수 있었습니다. 귀신은 아이에게서 도망쳐 나갔고, 그러자 아이는 죽은 것처럼 쓰러졌습니다. 아이에게 다가가신 예수님은 그 손을 잡고 일으키셨습니다. 아이는 일어섰고 새 삶을 찾았습니다.

예수님은 사람들의 병을 고치시거나 귀신을 내쫓으실 때 은밀히 하신 경우도 있고, 드러내 놓고 하신 경우도 있습니다. 이번 이야기에서는 사람들이 지켜보는 데서 귀신을 내쫓으셨습니다. 성경 말씀을 자세히 들여다보면, 예수님은 사람들이 모여들기를 기다렸다가 그들이 보는 앞에서 아이에게 들린 귀신을 내쫓으신 것 같습니다. 예수님이 그렇게 하신 이유는 바로 제자들과 서기관들의 논쟁에 종지부를 찍어 주시기 위함인 것으로 생각됩니다. 귀신 들린 아이를 고치지 못한다고 제자들이 비난받는 것을 아시고, 모두가 보는 데서 기적을 베푸심으로써 서기관들의 주장이 옳지 않음을 보여 주셨던 것입니다.

예수님과 함께 집에 돌아온 제자들은 "우리는 어찌하여 능히 그 귀신을 쫓아내지 못하였나이까"(막 9:28)라고 '조용히' 여쭈었습니다. '조용히'라는 표현에서 우리는 제자들의 기가 죽어 있음을 알게 됩니다. 그러자 예수님은 "기도 외에 다른 것으로는 이런 종류가 나갈 수 없느니라"(막 9:29)라고 대답하셨습니다.

초월적 기적뿐만 아니라 우리의 일상의 기적들은 모두 하나님의 능력에서 비롯됩니다. 우리가 기적을 일으키려면 하나님의 능력을 빌려와야 합니다. 이를 위해서는 하나님께 도움을 요청해야 하는데 그 통로가 기도입니다. 예수님의 삶에서 빼놓을 수 없는 것이 기도였습니다. 예수님은 행하신 모든 기적이 하나님으로부터 비롯되었고, 성령의 협력에 의한 것이었음을 가르쳐 주시고자 했습니다. 제자들이 이것을 깨닫도록, 쉴 틈도 내기 어려운 상황 속에서도 항상 기도의 모범을 보이셨던 것입니다.

핵심 정리 예수님은 누구이신가
―――――――――――――――――――――――

베드로의 고백에 예수님은 침묵을 명하시는 한편 고난을 예고하십니다. 그리고 "십자가를 지고 나를 따르라"고 말씀하십니다. 하나님의 능력은 십자가에서 나타납니다. 그리고 예수님의 제자는 자기 십자가를 지고 주의 길을 따라가는 사람입니다.

- 예수님의 제자는 어떤 사람입니까? 가정, 직장 등 당신이 속한 공동체에서 예수님의 제자답게 살아가기 위해 어떤 변화가 필요합니까?

기꺼이 낮아져야 한다
겸손과 섬김

예수님은 제자들과 함께 갈릴리를 지나셨는데, 이 일이 사람들에게 알려지는 것을 원하지 않으셨습니다(막 9:30). 이 여행은 예수님과 제자들의 마지막 여행이 될지도 몰랐으므로 예수님은 제자들에게 특별한 가르침을 주시고자 했습니다. 그래서 자신의 소재가 알려지지 않도록 신신당부하신 것입니다.

천국에서는 누가 크니이까

예수님은 제자들에게 두 번째로 "인자가 사람들의 손에 넘겨져 죽임을 당하고 죽은 지 삼 일 만에 살아나리라"(막 9:31)라고 말씀하셨습니다. 예수님이 이전에 말씀하셨던 것인데 제자들은 여전히 이 말씀을 깨닫지 못하고 묻기도 두려워했습니다(막

9:32). 이 말씀에는 아무런 관심도 보이지 않고 오로지 서로 누가 크냐 하면서 쟁론했습니다(막 9:34). 마태복음에서는 제자들이 예수님께 "천국에서는 누가 크니이까"(마 18:1)라고 질문합니다.

이들의 논쟁의 배경에는 메시아이신 예수님이 이 땅에 오심으로 곧 로마 제국이 무너지고 천국의 영광을 이룰 새 나라가 시작되리라는 인식이 깔려 있습니다. 비록 그들이 예수님의 사역의 의미를 제대로 이해하지는 못했지만, 천국이 곧 도래할 것이고 그때가 되면 자신들이 높은 자리를 차지할 것이라는 생각에 토론하는 정직함은 있었다고 볼 수 있습니다.

가버나움 집에 도착하신 예수님은 제자들이 토론하는 것을 다 들으셨음에도 제자들에게 "너희가 길에서 서로 토론한 것이 무엇이냐"(막 9:33)라고 물으셨습니다. 예수님이 이렇게 물으시는 것으로 보아, 제자들의 토론은 예수님의 마음에 남을 정도로 격했고 여행내내 계속되었던 것 같습니다. 예수님은 자리를 잡으신 다음 그들에게 "누구든지 첫째가 되고자 하면 뭇 사람의 끝이 되며 뭇 사람을 섬기는 자가 되어야 하리라"(막 9:35)라고 말씀하셨습니다. 그런 다음 한 어린아이를 데려다가 그들 가운데 세우시고 안으시며 "누구든지 내 이름으로 이런 어린아이 하나를 영접하면 곧 나를 영접함이요 누구든지 나를 영접하면 나를 영접함이 아니요 나를 보내신 이를 영접함이니라"(막 9:37)라고 말씀하셨습니다.

당시 시대 상황에서 어린아이를 어른과 동등하게 대우한다는 것은 용납하기 어려운 일이었습니다. 그런 상황에서 제자들에게 예수님의 이름으로 어린아이를 영접하라고 하신 것입니다. 제자들 자신들과 어린아이가 동등한 자격을 가졌다고 생각하고 영접하라는 것이 아니라, '예수님의 이름으로', 다시 말해 스승이신 예수님 또는 예수님의 전권대사나 대리인 자격으로 영접하라는 것이었습니다.

이러한 예수님의 선포는 하나님 나라의 시민들은 높은 지위를 지향하는 것이 아니라, 오히려 낮고 천한 지위에서 타인을 높여 주는 자가 되어야 한다는 뜻입니다. 어린아이들은 어른들 앞에서 자신의 위치를 낮추는 것이 어렵지 않으나, 어른들은 아이들 앞에서 자신의 위치를 낮추기가 매우 어렵습니다. 이러한 상황에서 제자들이 어린아이를 영접할 수 있는 한 가지 방법은 어린아이를 스승이신 예수님으로 생각하는 것입니다. 이 때문에 예수님은 제자들에게 자신의 이름으로 어린아이를 영접하라고 하신 것입니다. 그리고 이렇게 어린아이를 영접할 수 있는 자라야 천국에서 높이 들림을 받게 된다고 말씀하신 것입니다.

(우리를 반대하지 않는 자는 우리를 위하는 자다

예수님이 "누구든지 내 이름으로 이런 어린아이 하나를 영접하면 곧 나를 영접함이요 누구든지 나를 영접하면 나를 영접함이 아니요 나를 보내신 이를 영접함이니라"(막 9:37)라고 말씀하시자 요한은 무슨 생각에서인지 예수님께 "선생님 우리를 따르지 않는 어떤 자가 주의 이름으로 귀신을 내쫓는 것을 우리가 보고 우리를 따르지 아니하므로 금하였나이다"(막 9:38)라고 말했습니다.

그러자 예수님은 "금하지 말라"(막 9:39)라고 말씀하셨습니다. 예수님의 이름으로 귀신을 내쫓는 사람들이 제자들을 따르지 않는다고 해서 귀신 내쫓는 일을 못 하게 막지 말라는 것입니다. 오히려 "내 이름을 의탁하여 능한 일을 행하고 즉시로 나를 비방할 자가 없느니라 우리를 반대하지 않는 자는 우리를 위하는 자니라 누구든지 너희가 그리스도에게 속한 자라 하여 물 한 그릇이라도 주면 내가 진실로 너희에게 이르노니 그가 결코 상을 잃지 않으리라"(막 9:39-41)라고 말씀하셨습니다.

그런 다음 예수님은 요한의 질문으로 끊겼던 가르침을 계속 이어 가셨습니다. 어린아이들처럼 예수님을 믿는 사회적 약자들을 실족시키면 어떤 처벌이 기다리는지, 그러한 처벌을 받지 않기 위해서는 어떤 태도로 살아야 하는지를 가르쳐 주셨습니다.

> 또 누구든지 나를 믿는 이 작은 자들 중 하나라도 실족하게 하면 차라리 연자맷돌이 그 목에 매여 바다에 던져지는 것이 나으리라 만일 네 손이 너를 범죄하게 하거든 찍어 버리라 장애인으로 영생에 들어가는 것이 두 손을 가지고 지옥 곧 꺼지지 않는 불에 들어가는 것보다 나으니라 만일 네 발이 너를 범죄하게 하거든 찍어 버리라 다리 저는 자로 영생에 들어가는 것이 두 발을 가지고 지옥에 던져지는 것보다 나으니라 만일 네 눈이 너를 범죄하게 하거든 빼 버리라 한 눈으로 하나님의 나라에 들어가는 것이 두 눈을 가지고 지옥에 던져지는 것보다 나으니라 거기에서는 구더기도 죽지 않고 불도 꺼지지 아니하느니라 사람마다 불로써 소

금 치듯 함을 받으리라(막 9:42-49).

손과 발과 눈이 범죄를 저지른다는 것은 문자적으로 보면 손과 발과 눈이 인간의 의지의 통제를 받지 않고 스스로 범죄를 저지르는 것으로 해석할 수 있습니다. 하지만 인간의 손과 발과 눈은 인간의 의지의 통제를 받습니다. 이를 전제로 한다면, 이 말씀은 제자들의 섣부른 판단이 믿음이 연약한 사람들을 넘어뜨리게 만들 수 있으니 그런 일이 발생하지 않도록 조심하고, 혹시 실수하여 그런 잘못을 저질렀다면 철저하게 회개하라는 뜻으로 이해할 수 있을 것입니다. 세상 무엇과도 바꿀 수 없는 천국을 소망하는 하나님 나라의 시민이라면 영생을 얻기 위하여 수단과 방법을 가리지 않고, 치를 수 있는 대가를 모두 치를 준비가 되어야 합니다. 이것이 예수님이 가르치고자 하시는 말씀의 근본 뜻입니다.

예수님은 최종적으로 제자들에게 "소금은 좋은 것이로되 만일 소금이 그 맛을 잃으면 무엇으로 이를 짜게 하리요 너희 속에 소금을 두고 서로 화목하라"(막 9:50)라고 말씀하셨습니다. 이 말씀을 전체 맥락에서 살펴보면, 서로 높아지려고 다투지 말고 화목하라는 뜻이라고 생각합니다. 그런데 거기에 예수님은 '소금을 두고'라는 전제를 제시하셨습니다. 이 말씀은 첫째, 소금을 뿌리면 음식의 맛이 균일해지듯이 너희들도 '동등한 자격으로' 서로 화목하라는 뜻으로, 둘째, 음식물에 소금을 뿌리면 부패가 방지되어 음식물을 지속적으로 보관할 수 있듯이 너희들도 소금이 뿌려진 것처럼 '변함없이' 화목하라는 뜻으로 보면 좋겠습니다.

핵심 정리 겸손과 섬김

천국에서 누가 크냐는 제자들의 논쟁에 예수님은 누구든지 섬기는 자가 되어야 하고, 어린아이 하나를 영접하면 곧 나를 영접하는 것이라고 말씀하셨습니다. 하나님 나라에서는 낮은 이들을 보듬어 주고 기꺼이 낮아지는 사람이 높아집니다. 내가 속한 곳에서 높아지려 하지 말고 더 낮아지기 위해 힘써야 합니다.

- 주변에서 어린아이와 같은 이들은 누구인지 생각해 보고, 그들이 실족하지 않도록 당신이 할 수 있는 일들은 무엇인지 나누어 봅시다.

하나님이 맺어 주신 관계
언약 관계의 책임

마가복음 10장 1-52절은 예수님의 예루살렘을 향한 마지막 여정 중에 있었던 일에 관한 기록입니다. 누가복음에는 9장 51절-19장 27절까지 무려 10장에 걸쳐 기록되었는데, 마가복음에는 핵심적인 내용만 기록되었습니다.

(**부부 관계에 대한 물음**

예수님은 가버나움을 떠나 예루살렘을 목적지 삼아 길을 나서셨습니다. 고난의 십자가를 지기 위해 정들었던 집을 떠나셔야 했던 예수님의 모습을 그려 보니 애잔한 마음을 감출 수 없습니다. 예수님은 도중에 유대 지방과 요단강 건너편을 들르셨습니다. 예수님의 소식을 들은 사람들이 다시 모여들었고, 예수님은 그들을 평소와 같이 가르치셨습니다.

그런데 바리새인들이 예수님을 시험하고자 "사람이 아내를 버리는 것이 옳으니이까"(막 10:2)라고 물었습니다. 예수님은 그들의 의도를 알아차리시고 "모세가 어떻게 너희에게 명하였느냐"(막 10:3)라고 반문하셨습니다. 그러자 그들은 "모세는 이혼 증서를 써 주어 버리기를 허락하였나이다"(막 10:4)라고 대답했습니다. 그 대답에 예수님은 이렇게 답하셨습니다.

> [모세가] 너희 마음이 완악함으로 말미암아 이 명령을 기록하였거니와 창조 때로부터 사람을 남자와 여자로 지으셨으니 이러므로 사람이 그 부모를 떠나서 그 둘이 한 몸이 될지니라 이러한즉 이제 둘이 아니요 한 몸이니 그러므로 하나님이 짝 지어 주신 것을 사람이 나누지 못할지니라(막 10:5-9).

제자들은 숙소로 돌아온 후, 바리새인들과 나누신 내용에 관해 예수님께 다시 여쭈었습니다. 그러자 예수님은 "누구든지 그 아내를 버리고 다른 데에 장가드는 자는 본처에게 간음을 행함이요 또 아내가 남편을 버리고 다른 데로 시집가면 간음을 행함이니라"(막 10:11-12)라고 대답하셨습니다. 예수님의 말씀을 종합하면 다음과 같습니다.

먼저, 이혼은 하나님의 창조 명령에 위반된다는 것입니다. 성경의 첫 책인 창세기에 아담과 하와의 이야기가 등장합니다. 하나님은 순서상 아담을 먼저 창조하신 다음 '돕는 배필'로 하와를 창조해 두 사람을 짝 지어 주셨습니다. 여기서 우리는 혼인 관계의 의미를 발견할 수 있습니다. 인간 공동체의 가장 기본인 혼인 제도는 하나님이 직접 제정해 주셨고, 이혼해도 된다는 계명을 하나님이 내리신 바가 없으므로, 인간은 한 번 부부가 된 이상 원칙적으로는 이혼할 수 없습니다. 때문에 예수님이 "이제 둘이 아니요 한 몸이니 그러므로 하나님이 짝 지어 주신 것을 사람이 나누지 못할지니라"라고 말씀하셨던 것입니다.

인간은 관계를 맺을 때 약속을 합니다. 약속에는 절대 깰 수 없는 언약과 깰 수는 있되 약속을 어긴 자의 배상이나 보상이 뒤따르는 계약이 있습니다. 남녀의 혼인 관계는 언약의 범주에 속합니다. 하지만 지금은 대부분의 사람들이 혼인 관계를 계약으로 이해하고 있고, 최근에는 그러한 계약의 의미조차 없어져 찰나적 만남을 즐기려는 사람들이 늘어 가는 추세입니다.

혼인 관계가 이렇게 변질된 근본 원인은 아담과 하와의 타락 때문입니다. 하나님은 아담과 하와에게 '선악과 열매를 따 먹지 말라'는 법을 주셨으나 아담과 하와는 사탄의 술수에 넘어가 그 법을 위반했습니다. 두 사람은 그에 따른 책임을 스스로 지려 하지 않고 타자에게 돌려 버렸습니다. 이는 인간 상호 간에 책임을 서로 전가하는 시초가 되었습니다.

아담과 하와의 타락 이후 인간은 본성적으로 자신이 만든 법이나 약속조차 위반할 수 있는 존재가 되어 버렸습니다. 자신을 창조하신 신의 법도 위반했는데 자신이 만든 법은 오죽하겠습니까. 이로 인해 아담과 하와의 혼인 관계에는 심각한 위기가 찾아왔고, 인류의 역사가 진행될수록 그 위기는 더욱 심화되고 있습니다. 혼인 서약을 파기하는 이혼도 그 한 모습입니다.

그러므로 우리는 하나님이 하와에게 하신 "너는 남편을 원하고 남편은 너를 다스릴 것이니라"(창 3:16)라는 말씀을, 하나님이 타락 이후의 부부 관계를 위해 제정해 주신 '법적 또는 윤리적 규범'으로 받아들여서는 안 된다고 생각합니다. 이 말씀을 하나님이 제정하신 규범으로 받아들이면 평등한 부부 관계를 주장하는 것은 하나님 말씀을 위반하는 것이 됩니다. 이는 부부 관계를 창조 본연의 관계로 회복하자는 주장을 원천적으로 부정하는 것이 됩니다. 이 말씀을 여성은 남성의 지배를 받아야 한다는 도덕규범으로 해석함으로써 인류의 역사상 부부 관계, 더 넓게는 남녀 관계에 심각한 비극이 초래되었습니다.

이 말씀은 아담과 하와의 범죄로 인해 인간의 창조 본연이 부패하고 타락함으로써 인간의 역사가 계속되는 한 타락 전의 평등한 관계를 유지할 수 없다는 것, 경제력이나 완력을 앞세운 힘의 논리가 부부 관계를 파괴시켜 나갈 것이라는 선포(인간의 입장에서는 예언)의 말씀으로 받아들여야 합니다. 이는 아담이 하와보다 경제 활동이나 군사 활동을 하기에 적합한 신체 구조를 가진 결과에서 비롯되는 것입니다. 그렇게 이해해야만 우리는 현재의 실상에도 불구하고 창조 본연의 부부 관계를 지향할 수 있게 되고, 이는 인간 역사를 조금이라도 더 나은 방향으로 전진하게 만듭니다.

더구나, 예수님이 십자가에 달리시고 부활하심으로써 창조 본연의 질서가 회복되었을 뿐만 아니라 새 창조의 시대가 시작되었습니다. 새 창조의 시대를 여신 예수님은 부부 관계에서도 대등성을 전제로 자발적으로 서로 복종하라는 아가페의 사랑을 명하셨습니다. 그러므로 우리는 창조 본연의 질서로서는 오래되었다고 할 수 있지만, 새 창조의 질서로서는 새롭다고 할 수 있는 부부 관계를 만들어 가야 합니다. 새 포도주는 새 부대에 넣어야 합니다.

다음으로, 이혼은 십계명 중 제7계명도 위반한다는 것입니다. 하나님은 하와를 아담의 '돕는 배필'로 만드셨습니다. 돕는다는 것은 어떤 의미일까요? 하나님은 자신의 형상대로 아담을 창조하심으로써 하나님의 완전한 사랑을 보여 주셨습니다. 아담이 하나님으로부터 받은 사랑을 온전히 갚는 길은 하나님과 아담 자신을 제외한 타자에게 사랑을 베푸는 것입니다. 그 타자가 바로 '돕는 배필'인 하와입니다. 돕는다는 의미는 내게 사랑이나 어떤 유익을 준다는 의미가 아니라, 내가 사랑하거나 유익을 베풀 수 있도록 기회를 준다는 의미로 받아들여야 합니다. 하나님이 평등하게 인간을 창조하셨는데, 혼인 관계로 인해 그 평등 관계가 깨진다는 것은 있을 수 없는 일입니다. 따라서 돕는 배필의 의미는 부부가 '서로' 돕는다는 것으로 받아들여야 합니다.

그런데 범죄 이후 타락한 아담의 후손들은 '돕는 배필'의 의미를 왜곡했을 뿐만 아니라 창세기 3장 16절 말씀을 근거로 극단적으로는 여필종부(女必從夫)라는 잘못된 생각까지 만들어 냈습니다. 이로 인해 남성의 우월적 지위를 바탕으로 하는 강제 이혼과 축첩이 가능해졌고, 사회적 약자인 여성들은 비참한 지경에 이르렀습니다. 그러한 문제점에 직면하여 여성을 보호하기 위해 모세는 남편들에게 부인과 이혼할 때는 반드시 이혼 증서를 주라고 했습니다. 이는 이혼을 허락한 것이 아니었습니다. 하나님의 창조 명령이 이혼을 허용하지 않는 점을 악용하여 여성을 괴롭히는 남성들의 완악함에 대처하는 임시적 대책이었을 뿐입니다. 예수님은 이 점을 분명하게 지적하셨습니다.

그런 다음 예수님은 그러한 임시적 대책이 어떤 결과를 초래하는지 똑똑히 보라고 하십니다. 예수님은 이혼을 허락하는 것은 남성들의 완악함으로 인한 어쩔 수 없는 조치였지만 이는 하나님 앞에서 십계명 중 7계명인 간음죄를 범하는 것임을 강력하게 선포하셨습니다. 예수님은 간음죄를 이혼 문제와 관련지어 아내가 음행하지 않았는데도 아내를 버리면 이는 아내로 하여금 간음죄를 저지르게 하는 것이 될 뿐만 아니라 버림받은 여자에게 장가드는 자도 간음죄를 저지르는 것이라고 선포하셨습니다(마 5:27-32). 참으로 파격적인 말씀입니다.

당시 시대 상황에서 여성은 경제적으로도 신분상으로도 자유롭지 않았습니다. 여성은 결혼 전에는 부권(父權)에, 결혼 후에는 부권(夫權)에 종속되는 신분을 지녔습니다. 따라서 결혼 후에 남편에게 버림받은 여성들은 생계를 이어 나가기 위해 다른 남성의 정부나 후처가 되거나 극단적인 경우에는 매춘부가 될 수밖에 없었습니다. 이는 버림받은 여성으로 하여금 원치 않는 성관계를 하게 만든 것이므로 결국 그 여성으로 하여금 간음하게 만든 것이고, 그 상대방 남성도 동일한 입장에 처한다는 뜻입니다.

현대에는 여성이 신분상 남편에게 종속되지는 않지만 여전히 남편에게 경제적으로 의존할 수밖에 없는 여성들이 많습니다. 따라서 경제적으로 우위에 있는 자가 이혼 후에 아무런 배려를 하지 않는 것은 상대방에게 몹쓸 짓을 하는 것임을, 예수님의 말씀을 통해 우리는 깨달아야 합니다.

부부는 사랑을 전제로 언약을 맺는 것이지, 위자료를 지급하고 파기할 수 있는 계약을 맺는 것이 아닙니다. 건강한 혼인 관계의 바탕에는 서로의 사랑과 신뢰가 자리 잡고 있습니다. 그런데 혼인 관계가 파탄에 이를 무렵에는 언약 관계가 계약 관계로 변질되면서 '권력과 돈과 성'이라는 우상이 수면으로 떠오릅니다.

저는 4년 6개월간 이혼 관련 사건을 담당한 적이 있는데, 이혼의 가장 큰 원인은 '성격 차이'와 '폭력 등 부당한 대우'였습니다. 성격 차이를 느끼고 부당한 대우를 당한다는 것은 부부 관계가 평등한 사랑의 관계가 아니라 권력 관계로 변질되었음을 보여 주는 것입니다. 다음으로 높은 이혼 사유는 외도를 포함한 부정행위입니다. 또 이혼 관련 사건의 판결에는 "원고와 피고는 이혼한다. 피고는 원고에게 위자료로 ○○원을, 재산 분할로 ○○원을 지급하라"라는 문장이 기본적으로 나옵니다. 다시 말해, 사랑이 사라진 자리에 돈으로라도 위로를 받겠다는 마음이 깔린 것입니다.

그러므로 부부 관계에서 권력과 돈과 성의 문제가 발생하고 있다면 혼인 관계에 위기가 닥쳐 왔음을 즉각 깨닫고 서둘러 바로잡아야 합니다. 또 상대방이 잘못된 길을 가는데도 방치하거나 부창부수하는 것은 언약 공동체에 문제가 생긴 것이므로 도덕적

재무장을 해야 합니다. 그냥 그대로 방치했다가는 부부 자신뿐만 아니라 그들의 자녀들에게도 치명적인 손상을 입히게 됩니다.

하지만 부득이하게 이혼을 할 수밖에 없는 경우, 경제적으로 우위에 있는 배우자는 상대방 배우자를 인간다운 삶을 영위할 수 없는 지경으로 내몰아서는 안 됩니다. 재산 분할을 할 때 최대한 배려해야 합니다. 그렇지 않으면 예수님의 말씀처럼 사랑했던 사람으로 하여금 간음하게 만들 수도 있음을 알아야 합니다.

핵심 정리 언약 관계의 책임

하나님이 아담을 창조하시고 돕는 배필로 하와를 창조해 짝 지어 주셨습니다. 인간 공동체의 기본인 혼인 제도는 하나님이 직접 제정해 주셨으므로 언약의 범주에 속합니다. 돕는 배필은 내가 사랑하도록 기회를 주는 존재입니다. 그래서 부부 관계는 평등하고, 서로가 서로를 도와주어야 합니다. 창조 본연의 부부 관계는 서로 자발적으로 복종하는 아가페 사랑에 기초합니다.

- 혼인 관계가 언약 관계가 아닌 계약 관계로 변질되면서 어떤 문제가 발생했습니까? 보다 책임 있는 부부 관계가 되기 위해 필요한 성경의 메시지는 무엇인지 생각해봅시다.

어떻게 하나님 나라에 들어갈 수 있을까
예수 공동체의 특징

사람들이 예수님이 만져 주실 것을 바라면서 예수님이 머무시는 곳으로 어린아이들을 데리고 왔습니다. 그런데 제자들이 아이들까지 데리고 왔냐며 그들을 꾸짖었습니다. 제자들의 태도에 예수님은 노하시면서 다음과 같이 말씀하셨습니다.

> 어린아이들이 내게 오는 것을 용납하고 금하지 말라 하나님의 나라가 이런 자의 것이니라 내가 진실로 너희에게 이르노니 누구든지 하나님의 나라를 어린아이와 같이 받들지 않는 자는 결단코 그곳에 들어가지 못하리라 (막 10:14-15).

그다음 어린아이들을 안고 그들의 머리 위에 안수하시고 축복을 내리셨습니다.

예수 공동체의 특징

이 말씀을 통해 예수님이 가르치고자 하시는 바는 먼저, 하나님 나라에서는 어린아이와 어른이 동등한 인격체로 존중된다는 것입니다. 또한 어린아이와 같은 마음 자세로 하나님 나라를 섬겨야 한다는 것입니다.

하나님 나라를 지향하는 사람들은 이 땅에서 예수 공동체를 구현해 나갑니다. 첫 번째, 예수 공동체는 아동 친화적입니다. 예수 공동체는 어른과 아동이 동등한 인격체로 존중됩니다. 어른으로서 당연히 해야 할 책임인 아동 보호를 제외한 나머지 영역에서는 아동을 인간 대 인간으로 존중하고 배려하라고 요구합니다. 이 말씀에서도 예수님은 어린아이들이 예수님께 오는 것을 용납하라고 하셨습니다. 더 나아가 하나님의 나라를 어린아이와 같이 받들지 않는 자는 결코 예수 공동체에 들어오지 말라고까지 말씀하셨습니다.

두 번째, 예수 공동체는 여성 친화적입니다. 예수 공동체는 12제자가 핵심이었으나 예수님의 어머니 마리아, 막달라 마리아, 나사로의 여동생 마리아 등 여성들이 예수님의 생존 전후에 공동체의 존속에 커다란 역할을 했음은 두말할 필요가 없습니다.

세 번째, 예수 공동체는 사회적 약자 존중의 공동체입니다. 예수 공동체는 불치병자, 장애인, 고아와 과부, 외국인 등 당시 사회에서 약자라 할 수 있는 사람들 편에 서려 합니다. 예수님은 주리고 목마른 자들에게 먹을 것과 마실 것을 주고, 나그네들을 영접하고, 헐벗은 자들에게 옷을 입혀 주고, 병든 자들과 옥에 갇힌 자들을 돌보아 준 것이 예수님 자신에게 한 것이라고 가르치셨습니다.

네 번째, 예수 공동체는 열린 공동체입니다. 예수 공동체는 예수님의 가르침을 따르고자 하는 자는 누구든 제자로 받아들였습니다. 그중에는 민족적으로 지탄받고 있던 세금 징수원도 있었고, 예수를 처형하는 데 앞장섰던 단체에 속한 이도 있었으며, 극단적인 민족주의자가 있었는가 하면, 심지어 스승을 정적에게 팔아넘긴 사람도 있었습니다.

다섯 번째, 예수 공동체는 탈권위주의적입니다. 예수님은 스승의 지위에 따르는 보상을 받으려고 하는 모습을 보이신 적이 없습니다. 예수님은 자신의 몸에 기대어 응석 부리는 제자들을 온전히 받아 주셨고, 대야에 물을 떠 와 쪼그리고 앉아 제자들의 발을 씻어 주실 정도로 평등한 인간관계를 즐기셨습니다.

부자 청년에게 주신 말씀

예수님은 다시 길을 떠나셨습니다. 도중에 한 사람이 달려와서 꿇어앉더니 "선한 선생님이여 내가 무엇을 하여야 영생을 얻으리이까"(막 10:17)라고 물었습니다. 그 사람은 마태복음에서는 '청년'이고, 누가복음에서는 '관리'입니다. 두 표현을 합쳐 보면 '청년 관리'가 됩니다. 당시의 사회 실상으로 미루어 보면, 그가 재물을 많이 소유하고 있었을 뿐만 아니라 젊은 나이에 출세하여 권력도 가지고 있었다고 볼 수 있습니다.

'선한 선생님'이라는 말은 예수님으로서는 받아들이기 어려운 표현입니다. 왜냐하면 하나님 외에는 선한 것이 없으므로, 인간이나 사물 앞에는 '선하다'라는 수식어를 붙여서는 안 되기 때문입니다. 만일 예수님을 하나님으로 믿고 선하다고 표현하고 싶었다면, '선하신 예수님이여'라고 하거나 '선하신 하나님의 아들이시여'라고 하는 것이 적절했습니다.

예수님은 청년 관리의 부적절하면서도 과장 섞인 말을 들으시고는 그에게 "네가 어찌하여 나를 선하다 일컫느냐 하나님 한 분 외에는 선한 이가 없느니라"(막 10:18)라고 말씀하셨습니다. 그리고 "네가 계명을 아나니 살인하지 말라, 간음하지 말라, 도둑질하지 말라, 거짓 증언 하지 말라, 속여 빼앗지 말라, 네 부모를 공경하라 하였느니라"(막 10:19)라고 하시면서 십계명 중 두 번째 돌판 부분인 이웃 사랑 부분을 환기시켜 주셨습니다. 그러자 그 청년은 '선한'이라는 말은 빼고 "선생님이여"라고 한 다음 "이것은 내가 어려서부터 다 지켰나이다"(막 10:20)라고 당당하게 대답했습니다. 하지만 그가 마태복음 5장 19-37절에서 예수님이 십계명 중 이웃 사랑 부분을 새롭게 해석해 주셨다는 것을 알았더라면 그렇게 자신 있게 대답을 할 수 있었을지는 의문입니다.

이에 예수님은 그의 행색을 유심히 살펴보신 후 그를 사랑하사, 다시 말해 그에 대한 측은한 마음으로 말씀하셨습니다.

> 네게 아직도 한 가지 부족한 것이 있으니 가서 네게 있는 것을 다 팔아 가난한 자들에게 주라 그리하면 하늘에서 보화가 네게 있으리라 그리고 와서 나를 따르라 (막 10:21).

이 말씀은 가진 재물을 모두 팔아 가난한 사람에게 나누어 주어야만 영생을 얻을 수 있다는 것으로 해석할 수도 있습니다. 하지만 이 말씀을 그렇게 형식적으로 이해할 수는 없습니다. 왜냐하면 자기 재산을 모두 팔아 가난한 사람에게 나누어 주지 않은 부자는 아무도 천국에 들어갈 수 없다고 하는 것은 누구든지 예수의 이름을 부르면 구원을 얻을 수 있다는 성경 말씀에 명백히 배치되기 때문입니다.

예수님이 이 말씀을 통해 진정으로 가르치고자 하신 바는 '도덕적으로 아무리 선하게 산다고 해도 영생을 얻을 수 없다. 영생은 하나님만이 주실 수 있는 선물이다. 하나님을 절대적으로 신뢰하라. 그리하면 세상의 재물보다 더 귀한 하늘 보화인 영생을 얻을 수 있다. 재물의 힘을 의지하는 것은 우상을 숭배하는 것이다. 그러니 재물을 모두 가난한 사람에게 나누어 주어 네가 참으로 의지하는 분이 하나님이심을 증명하라. 그러면 하늘 보화인 영생이 네게 주어진다'는 것이었습니다. 한마디로, 선행을 하더라도 자기 의가 아니라 하나님의 의를 위해서 하라는 것이었습니다.

많은 재물과 권력을 갖고 있었던 그 청년은 예수님의 말씀에 놀랐습니다. 십계명을 포함한 율법을 잘 지켰기 때문에 예수님께 칭찬받고, 그것을 통해 자신의 사회적 명성을 높여 보려고 했었는데 오히려 예수님께 뼈아픈 지적을 당했기 때문입니다. 그로 인해 그는 슬픈 기색을 띠고 근심하며 돌아갔습니다(막 10:22).

예수님은 부자 청년에게 근본적인 것을 명령하셨습니다. 하나님의 아들로서 하나님을 대신하여 부자 청년에게 십계명의 제정자이신 하나님께 절대 순종하라고 명령하셨습니다. 하지만 부자 청년은 예수님의 말씀에 슬퍼졌고 근심에 빠졌습니다. 이로써 그는 자신이 십계명 중 첫 번째 돌판 부분은커녕 두 번째 돌판 부분조차 온전히 지키지 못했다는 것을 증명해 보였습니다. 다시 말해, 자신의 의를 위해 선행을 하고 있었음을 명백히 보여 주었습니다.

청년이 떠나가는 것을 지켜보셨던 예수님은 사람들을 둘러보시며 제자들에게 "재물이 있는 자는 하나님의 나라에 들어가기가 심히 어렵도다"(막 10:23)라고 하셨습니다. 그 말씀에 제자들은 놀랐습니다. 그러자 예수님은 "얘들아 하나님의 나라에 들어가기가 얼마나 어려운지 낙타가 바늘귀로 나가는 것이 부자가 하나님의 나라에 들어가는 것보다 쉬우니라"(막 10:24-25)라고 더 강하게 말씀하셨습니다.

제자들은 더욱 놀라며 서로 "그런즉 누가 구원을 얻을 수 있는가"(막 10:26)라고 말했습니다. 말하자면 '그러한 조건이라면 하나님의 나라에 들어갈 수 있는 사람이 어디 있겠느냐?'는 것이었습니다. 그런 제자들에게 예수님은 "사람으로는 할 수 없으되 하나님으로는 그렇지 아니하니 하나님으로서는 다 하실 수 있느니라"(막 10:27)라고 대답해 주셨습니다.

예수님이 하신 말씀의 뜻은 '하나님 나라는 인간의 의지나 노력으로는 절대 들어갈 수 없다. 하나님 나라는 하나님이 들여보내 주지 않으시면 들어갈 수 없다'는 것이었습니다. 하나님의 절대 주권을 선포하셨던 것입니다. 그런데 제자들은 인간의 노력 여하에 따라 들어갈 수 있는 곳이 하나님 나라라고 잘못 생각했습니다. 그렇다 보니 인간의 노력으로 이룰 수 없는 기준을 제시하면 어떻게 하나님 나라에 들어갈 수 있겠느냐고 예수님께 항변한 것이었습니다.

하지만 예수님의 말씀은 부자들이 모두 하나님 나라에 못 들어간다는 뜻이 아니었습니다. 하나님 나라에 들어가려면 초대를 받자마자 그 문이 영원히 닫히기 전에 하나님의 주권적 명령에 즉각적이고 무조건적으로 반응해야 하는데, 어떤 부자들은 소유한 재물이나 권력으로 인해 그러한 반응을 하지 못한다는 뜻이었습니다. 다시 말해, 하나님 나라와 이 세상 나라를 모두 차지하려고 탐욕을 부리는 부자가 되어서는 안 된다는 뜻이었습니다.

핵심 정리 예수 공동체의 특징

하나님 나라를 지향하는 사람들은 이 땅에서 예수 공동체를 만들어 갑니다. 예수 공동체는 아동 친화적이고, 여성 친화적이고, 사회적 약자를 존중하고, 열린 공동체이고, 탈권위주의적입니다.

- 당신이 속한 공동체가 예수 공동체에 더 가까워지기 위해 변화가 필요한 모습은 무엇입니까?

예수님이 이 땅에 오신 이유
십자가와 부활 예고

예루살렘으로 가는 길에서 예수님은 제자들 앞에 서서 가셨습니다. 당시 예수님께 체포령이 내려진 상황이었음에도, 예수님은 하나님의 계획을 성취시켜 드리기 위해 당당히 예루살렘으로 발걸음을 옮기셨습니다. 그 모습에 제자들은 놀랐고, 따르는 자들은 두려움에 떨었습니다.

(**인자가 이 땅에 온 이유**

예수님은 다시 12제자에게 자신이 당할 일에 관해 가르치셨습니다. 벌써 세 번째 제자들에게 말씀하시는 것이었습니다.

보라 우리가 예루살렘에 올라가노니 인자가 대제사장들과 서기관들에게 넘겨지매 그들이 죽이기로 결의하고 이방인들에게 넘겨주겠고 그들은 능욕하며 침 뱉으며 채찍질하고 죽일 것이나 그는 삼 일 만에 살아나리라(막 10:33-34).

그런데 사태의 심각성을 느끼지 못한 세베대의 아들 야고보와 요한이 예수님께로 나와 "선생님이여 무엇이든지 우리가 구하는 바를 우리에게 하여 주시기를 원하옵나이다"(막 10:35)라고 했습니다. 마태복음에서는 이러한 요청을 한 사람이 야고보와 요한이 아니라 그들의 어머니라고 합니다(마 20:20). 어쨌든 예수님은 그들에게 "너희에게 무엇을 하여 주기를 원하느냐"(막 10:36)고 물으셨습니다.

그러자 두 사람은 "주의 영광 중에서 우리를 하나는 주의 우편에, 하나는 좌편에 앉게 하여 주옵소서"(막 10:37)라고 말했습니다. 예수님이 받으실 영광을 자신들도 누리고 싶다는 뜻이었습니다. 이에 예수님은 "너희는 너희가 구하는 것을 알지 못하는도다 내가 마시는 잔을 너희가 마실 수 있으며 내가 받는 세례를 너희가 받을 수 있느냐"(막 10:38)라고 물으셨습니다. 두 사람은 "할 수 있나이다"(막 10:39)라고 자신 있게 대답했습니다.

예수님은 다시 그들에게 "너희는 내가 마시는 잔을 마시며 내가 받는 세례를 받으려니와 내 좌우편에 앉는 것은 내가 줄 것이 아니라 누구를 위하여 준비되었든지 그들이 얻을 것이니라"(막 10:39-40)라고 대답하셨습니다. 제자들이 희생 제물이신 예수님의 피를 마시고 예수님과 같이 순교를 당하게 될 것이지만, 그것이 우리의 공로가 되어 하나님 나라의 권세를 차지하게 되는 것은 아니라는 말씀입니다. 하나님 나라와 그 나라의 권세는 우리의 공로가 아니라 하나님의 은혜로 얻게 된다는 것을 알려 주고자 하셨습니다.

그런데 예수님의 말씀의 뜻을 제대로 이해하지 못한 나머지 10명의 제자들은 야고보와 요한에 대하여 분개했습니다. 다른 제자들은 안중에도 없이, 자신들이 예수님 다음으로 하늘의 자리를 차지하겠다는 뜻을 보였기 때문이었습니다. 그러자 예수님이 모든 제자를 부르신 뒤 다음과 같이 말씀하셨습니다.

> 너희 중에는 그렇지 않을지니 너희 중에 누구든지 크고자 하는 자는 너희를 섬기는 자가 되고 너희 중에 누구든지 으뜸이 되고자 하는 자는 모든 사람의 종이 되어야 하리라 인자가 온 것은 섬김을 받으려 함이 아니라 도리어 섬기려 하고 자기 목숨을 많은 사람의 대속물로 주려 함이니라(막 10:43-45).

3년간 가르쳤던 스승이 사탄과의 8일 전쟁을 앞두고 있는데, 그 전쟁에 동참하기는커녕 전쟁이 끝나고 하나님 나라가 회복된 후에 받게 될 상급에만 관심 있는 제자들의 모습에 예수님의 마음은 편하지 않으셨을 것입니다. 그럼에도 예수님은 하나님 나라의 회복과 사랑하는 인류의 구원을 위해 예루살렘성을 향한 발걸음을 중단하지 않으셨습니다.

핵심 정리 십자가와 부활 예고

예수님은 제자들과 예루살렘으로 가시면서 자신이 이 땅에 오신 이유를 말씀해 주셨습니다. 바로 십자가에서 고난을 당할 것이지만, 3일 만에 살아나신다는 것입니다. 그리고 그를 따르는 제자들도 자신과 같이 십자가의 길을 가게 될 것을 예고하십니다.

- "인자가 온 것은 도리어 섬기려 하고 자기 목숨을 많은 사람의 대속물로 주려 함이니라"라는 말씀을 바탕으로 예수님의 사역을 설명해 봅시다.

○ 이야기 3

예수의 사명

죄 사함과 부활 선포

영원을 두고 싸우는 격전
8일 전쟁의 시작

예수님은 예루살렘에 입성하신 지 6일째 되는 날 십자가에 달려 죽음을 맞으셨고, 7일째 되는 날은 무덤에 계셨으며, 8일째 되는 날, 다시 말해 죽은 지 3일째 되던 날에 부활하셨습니다.

8일 전쟁의 순서

세 번째 이야기는 예수님과 사탄과의 8일간의 전쟁에 관한 이야기입니다. 시공간 세계에 사는 인간의 계산으로는 8일밖에 되지 않지만, 영원 세계를 주관하시는 하나님 입장에서는 영원을 두고 싸우시는 격전이라고 할 수 있습니다. '8일 전쟁' 동안 예수님은 하나님 나라의 주권자로서, 사탄과 그 대리자로 나선 종교 및 정치 지도자들과 그들을 지지하는 대중과 처절한 전투를 벌이셨습니다. 마가복음에 기록된 8일 전쟁의 순서는 다음과 같습니다.

첫째 날(일요일)에 예수님은 나귀 새끼를 타고 종려나무(승리를 상징하는 월계수나무) 가지를 흔들며 사탄의 지배에 들어가 있던 예루살렘에 입성하셨습니다. 적의 수중에 떨어져 있던 예루살렘을 회복하시기 위한 첫 공격이었습니다.

둘째 날(월요일)에 예수님은 성전을 청소하셨습니다. 청소는 거룩하신 하나님이 임재하시는 성전이 더러워졌음을 말해 주는 것입니다. 청소로 인해 성전은 정화되었고, 이로써 하나님은 지성소에 임하셨습니다. 이는 승리의 교두보였습니다.

셋째 날(화요일)에 예수님은 유대의 지도자들, 즉 대제사장들, 서기관들 및 장로들과 논쟁을 벌이셨습니다. 인류 전체의 대제사장이 되시어 거짓 제사장들과 지도자들의 죄를 물으셨습니다.

넷째 날(수요일)에 예수님은 쉬시면서 지상에서의 마지막 잔치를 누리셨습니다. 즉 사탄과의 마지막 전투를 준비하시면서 승리를 위한 축하연을 대접받으셨습니다. 이날 한 여인이 향유를 예수님의 발에 붓고 자신의 머리카락으로 닦아 드린 것입니다. 이것은 예수님의 장례식을 미리 준비한 것이라고 할 수 있습니다.

다섯째 날(목요일)에 예수님은 최후의 만찬과 세족식을 베푸셨습니다. 그리고 체포되어 불의한 재판을 받으셨습니다.

여섯째 날(금요일)에 예수님은 오전 9시에 십자가에 못 박히셨고, 6시간 뒤인 오후 3시에 육신의 죽음을 맞아 무덤에 장사되셨습니다.

일곱째 날(토요일)에 예수님은 무덤에 장사되신 채로 안식을 취하셨습니다. 그때 예수님의 영혼과 신성이 어디에 계셨는지는 성경에 기록이 없습니다.

여덟째 날(일요일)에 예수님은 부활하셨습니다. 이로써 8일간의 전쟁을 승리로 마무리하셨습니다.

(**예루살렘에 입성하시다**

유대인의 유월절이 가까웠고, 많은 사람이 자기를 성결하게 하기 위하여 유월절 전에 시골에서 예루살렘으로 올라갔습니다(요 11:55). 예수님을 처형하기로 모의한 사람들은 예수님을 찾으려고 혈안이 되었습니다. 그들은 사람들이 예루살렘에 오면 반드시 들러야 하는 성전에 서서 "너희 생각에는 어떠하냐 그가 명절에 오지 아니하겠느냐"(요 11:56)라고 말했습니다. 그 이유는 대제사장들과 바리새인들이 이미 "누구든지 예수 있는 곳을 알거든 신고하여 잡게 하라"(요 11:57)라는 체포령을 내렸기 때문입니다.

그런데 예수님은 그들의 예상과 달리 숨어서 예루살렘으로 오지 않으시고 제자들과 함께 공개적으로, 대로를 따라 행진해 오셨습니다. 대제사장들과 바리새인들 입장에서는 절호의 기회를 잡게 된 것입니다. 나귀 새끼를 타신 예수님이 앞으로 나아가시니, 많은 사람이 길에 자신들의 겉옷이나 승리를 상징하는 종려나무(월계수) 가지를 펼쳐 놓았습니다. 왕으로 오셔서 자신의 도성인 예루살렘에 들어가시는데 백마를 타지도 않고, 승리의 월계관을 쓰지도 않고, 호위하는 군사들도 없고, 길 위에 펼쳐진 카펫도 없었습니다. 그러나 예수님은 "네 왕이 네게 임하나니 그는 겸손하여 나귀, 곧 멍에 메는 짐승의 새끼를 탔도다"(마 21:5)라는 예언을 성취하셨습니다.

사람들은 예수님을 앞뒤로 호위해 가면서 큰 소리로 외쳤습니다.

> 호산나 찬송하리로다 주의 이름으로 오시는 이여 찬송하리로다 오는 우리 조상 다윗의 나라여 가장 높은 곳에서 호산나 (막 11:9-10).

'호산나'는 '지금 구원을 바랍니다'라는 의미이고 '주의 이름'(name of the Lord)은 '하나님'을 의미하므로, 이 말씀은 '지금 당장 해방을 원합니다. 하나님으로(또는 하나님의 대리자로) 오시는 이여, 당신에게 복이 넘치기를 바랍니다. 회복되는 다윗의 왕국이여, 너에게 복이 넘치기를 바란다. 가장 높은 하늘에서 오셨으니 지금 당장 해방시켜 주시기를 원합니다'라고 이해하면 됩니다.

예루살렘 입성에 관한 복음서의 기록을 종합하면, 지금으로부터 약 2,000년 전에 예루살렘에 오신 예수님은 다니엘서에 예언된 '정복하는 왕'으로서의 메시아가 아니라 이사야서에 예언된 '고난받는 종'으로서의 메시아로 오셨음을 분명히 알 수 있습니다.

이러한 외침 소리를 뒤로한 채 예수님은 자신을 처형하려고 공모한 사람들이 보는 앞에서 당당하게 성전에 들어가셨습니다. 그리고 저녁 무렵까지 성전을 둘러보셨습니다. 예수님이 예루살렘 성전에 한참 동안이나 머무르셨는데도, 대제사장 일당은 예수님을 따르는 사람들로 인해 예수님을 체포하지 못했습니다. 아니면 자신들의 예상과 다른 예수님의 행보에 잠시 넋이 나갔는지도 모르겠습니다.

예수님은 날이 이미 저물매 12제자를 데리시고 베다니로 나가셨습니다(막 11:11). 가나의 혼인 잔치에서 말씀하신 '내 때'가 며칠 안 남았기 때문에 그동안은 조심하실 수밖에 없었는데, 예루살렘 성곽 안은 안전하지 않았기 때문입니다.

핵심 정리 8일 전쟁의 시작

8일 전쟁의 첫째 날 예수님은 나귀 새끼를 타고 예루살렘에 입성하셨습니다. 사람들은 종려나무를 흔들며 "호산나 찬송하리로다"라며 외쳤습니다. 사람들의 기대와 달리 나귀 새끼를 타고 예루살렘에 입성하신 예수님은 자신이 정복하는 왕이 아니라 고난 받는 종으로서의 메시아로 이 땅에 오셨음을 분명히 보여 주셨습니다.

- 나귀 새끼를 타고 예루살렘에 입성하신 예수님의 모습은 당신에게 어떤 메시지를 줍니까?

내 집은 만민이 기도하는 집이라
성전을 정결케 하시다

이튿날 예수님은 베다니를 나와 다시 예루살렘 성내로 향하셨습니다. 아침 일찍 나오느라 식사를 못하신 탓인지 예수님은 시장하셨습니다. 멀리서 잎사귀가 달린 무화과나무를 보신 예수님은 "혹 그 나무에 무엇이 있을까"(막 11:13) 하고 기대하셨으나, 가서 보니 아직 무화과 열매가 맺힐 철이 아니었기에 무성한 잎사귀 외에 아무것도 발견할 수 없었습니다.

이 말씀은 잎만 무성하고 열매는 없는 종교 지도자들을 겨냥한 것으로 보입니다. 거룩해 보이는 옷차림과 사람의 폐부를 찌르는 말투와 섬세한 매너로 포장한 그들은 일반 사람들보다 더 빨리, 더 풍성히 믿음의 열매를 맺는 것처럼 생각됩니다. 그래서 그들에게 열매를 나누어 달라고 손을 내밀어 보지만, 그들은 열매 없는 빈껍데기일 뿐이라는 것을 발견하게 된다는 뜻입니다.

하나님은 이스라엘의 역사가 시작된 이후 오랜 시간 동안 인내하시면서 이스라엘의 종교 지도자들이 열매 맺기를 기대하셨으나, 그들은 하나님의 기대에 부응하지 못했습니다. 그들이 그토록 고대하던 메시아가 오셨는데도 눈이 멀고 귀가 막혀 메시아를 알아보지 못하고 보통의 백성보다도 못한 대접을 했던 것입니다. 이것은 그들에게 믿음의 열매가 없음을 증명하는 것이었습니다. 이에 예수님은 나무에게 "이제부터 영원토록 사람이 네게서 열매를 따 먹지 못하리라"(막 11:14)라고 말씀하셨습니다. 심판의 날에 열매 없는 종교 지도자들이 준엄한 심판을 받을 것임을 보여 주셨습니다.

예수님은 제자들과 함께 예루살렘 성내로 들어가신 다음, 전날과 마찬가지로 성전으로 가셨습니다. 예수님은 성전 안에서 매매하는 자들을 내쫓으시며 돈 바꾸는 자들의 상과 비둘기 파는 자들의 의자를 둘러엎으셨고, 아무나 물건을 가지고 성전 안으로 지나다니는 것을 허락하지 아니하셨습니다(막 11:15-16).

유대인들은 1년에 한 번 성전세를 내야 했는데, 성전을 관리하는 제사장들은 성전세를 반드시 유대인들이 사용하는 반 세겔로 바치게 했습니다. 반 세겔을 가지고 있지 않은 사람들은 환전해야 했고, 그래서 성전 안에 돈 바꾸는 자들이 있었습니다. 해외여행을 갈 때 환전하는 곳에 들러야 하듯이, 성전에 세를 바치려면 환전상을 거쳐야 했던 것입니다. 환전상들은 환전으로 큰 이익을 챙겼습니다. 환전상이 되려면 대제사장들의 인가가 필요했는데, 인가받은 환전상은 독점적인 지위를 누리게 되므로 인가받기 위해 뇌물을 바치기도 했습니다.

한편, 제사 때 쓰일 제물은 원칙적으로 제물을 바치는 자가 성전으로 가져와야 했습니다. 하지만 먼 지방에서 오는 사람들은 제물로 쓸 짐승들을 무사히 성전까지 데리고 오는 것이 쉬운 일이 아니었습니다. 그런 사람들을 위해 예루살렘에는 제물용 짐승을 판매하는 사람들이 생겨났습니다. 그런데 비둘기 파는 자들은 환전상과 마찬가지로 대제사장들의 인가를 받은 독점적인 상인들이었습니다. 다른 사람들이 짐승들을 팔러 왔다가는 그들에게 큰 봉변을 당했을지도 모릅니다. 그들도 환전상과 마찬가지로 독점에 따른 이익의 일부를 대제사장들에게 건네주었을 것입니다. 사실 제사장들은 백성이 바친 제물을 먹는 특권도 누렸습니다. 결국 그들은 이중으로 이익을 얻었습니다.

예수님은 거룩하신 하나님께 영과 진리로 성결하게 드려야 할 제사가 상업적으로 변질되었고, 그렇게 만든 장본인들이 성전을 관리하는 사람들이라고 판단하셨습니다. 그래서 성전 정화를 감행하셨던 것입니다. 이로 인해 성전에는 큰 소동이 일어나고 대제사장 일당도 몰려들었을 것이 분명합니다.

그런 상황에서 예수님은 성전에 있던 사람들에게 말씀하셨습니다.

> 기록된 바 내 집은 만민이 기도하는 집이라 칭함을 받으리라고 하지 아니하였느냐 너희는 강도의 소굴을 만들었도다(막 11:17).

우리 죄를 사하시고 우리에게 은혜를 베푸시는 하나님께 기도하러 오는 사람들을 도와주지는 못할망정, 제사를 이용해서 사람들의 돈을 강취하는 그들에게 분노하셨던 것입니다. 이 말씀을 들은 대제사장들과 서기관들은 당장 예수님을 체포하지는 못하고 예수를 어떻게 죽일까 하고 꾀했습니다(막 11:18). 왜냐하면 무리가 다 그의 교훈을 놀랍게 여기므로 그를 두려워했기 때문에, 드러내 놓고 예수님을 체포했다가는 군중에게 불신을 당할까 겁이 났던 것입니다.

날이 저물자 예수님과 제자들은 무사히 다시 예루살렘 성 밖으로 나가셨습니다. 아직은 예수님의 때가 아니었습니다.

핵심 정리 성전을 정결케 하시다

둘째 날 예수님은 더러워진 성전을 정결케 하셨습니다. 거룩하신 하나님께 영과 진리로 드려야 할 제사가 상업적으로 변질되었기 때문입니다. 이 사건으로 인해 성전은 정화되었고, 이로써 하나님은 지성소에 임하셨습니다.

- 성전을 정결케 하신 예수님의 모습을 생각하며 주님이 원하시는 교회는 어떤 교회인지 생각해 봅시다.

요한의 세례가 하늘로부터냐 사람으로부터냐

논쟁과 가르침

예수님 일행은 예루살렘 성내로 들어가서 다시 성전으로 갔습니다. 예수님이 성전에서 거닐고 계실 때 소식을 들은 대제사장들과 서기관들과 장로들이 예수님께로 왔습니다.

(건축자들이 버린 돌이 모퉁이의 머릿돌이 되었다

그들은 예수님께 "무슨 권위로 이런 일을 하느냐 누가 이런 일 할 권위를 주었느냐"(막 11:28)라고 물었습니다. 다시 말해, 제사장직을 수행할 수 있는 아론의 족보나 법조인 명부를 아무리 뒤져 봐도 예수님의 이름은 나오지 않는데 도대체 무슨 자격으로 이런 일을 벌이냐는 뜻이었습니다.

예수님은 대답은 하지 않으시고 오히려 그들에게 이렇게 말씀하셨습니다.

> 나도 한 말을 너희에게 물으리니 대답하라 그리하면 나도 무슨 권위로 이런 일을 하는지 이르리라 요한의 세례가 하늘로부터냐 사람으로부터냐 내게 대답하라(막 11:29-30).

그들은 궁지에 몰리지 않으려고, 이 질문에 어떻게 대답하면 될지 서로 의논했습니다. 만일 "하늘로부터"라고 대답하면 "어찌하여 그를 믿지 아니하였느냐"(막 11:31)라고 추궁당할 일이 걱정되었고, "사람으로부터"라고 대답하였다가는 모든 사람이 요한을 참 선지자로 여기므로(막 11:32) 백성에게 당할 추궁이 무서웠습니다. 그래서 그들은 비겁하게도 예수님께 "우리가 알지 못하노라"(막 11:33)라고 대답했습니다. 그러자 예수님도 "나도 무슨 권위로 이런 일을 하는지 너희에게 이르지 아니하리라"(막 11:33)라고 대답하셨습니다. 그들은 더 이상 말을 할 수 없었습니다.

그런 다음 예수님은 그들에게 비유로 말씀하셨습니다.

> 한 사람이 포도원을 만들어 산울타리로 두르고 즙 짜는 틀을 만들고 망대를 지어서 농부들에게 세로 주고 타국에 갔더니 때가 이르매 농부들에게 포도원 소출 얼마를 받으려고 한 종[선지자]을 보내니 그들이 종을 잡아 심히 때리고 거저 보내었거늘 다시 다른 종을 보내니 그의 머리에 상처를 내고 능욕하였거늘 또 다른 종을 보내니 그들이 그를 죽이고 또 그 외 많은 종들도 더러는 때

리고 더러는 죽인지라 이제 한 사람이 남았으니 곧 그가 사랑하는 아들[예수님]이라 최후로 이를 보내며 이르되 내 아들은 존대하리라 하였더니 그 농부들이 서로 말하되 이는 상속자니 자 죽이자 그러면 그 유산이 우리 것이 되리라 하고 이에 잡아 죽여 포도원 밖에 내던졌느니라 포도원 주인이 어떻게 하겠느냐 와서 그 농부들을 진멸하고 포도원을 다른 사람들에게 주리라 너희가 성경에 건축자들이 버린 돌이 모퉁이의 머릿돌이 되었나니 이것은 주로 말미암아 된 것이요 우리 눈에 놀랍도다 함을 읽어 보지도 못하였느냐(막 12:1-11).

이 말씀에서 '종'들은 구약 시대의 의로운 선지자들을 의미하고, '아들'은 예수님을 의미합니다. 그러면 종들을 박해하고 아들을 죽인 농부는 누구일까요? 바로 예수님 앞에 서 있던 대제사장들과 서기관들과 장로들이었음이 맥락상 분명해졌습니다. 그들은 바로 예수님의 말씀이 자기들을 가리켜 하신 것임을 깨달았습니다(막 12:12). 그들은 분이 치밀어 올라 당장 예수님을 체포하고 싶어 죽을 지경이었습니다. 하지만 그들은 군중이 민란을 일으킬까 두려워 부득불 그 자리를 떠났습니다.

(가이사의 것은 가이사에게, 하나님의 것은 하나님께

그들은 조금 뒤 예수님의 말씀에 책을 잡기 위해 바리새인과 헤롯당 중에서 몇 사람을 뽑아서 보냈습니다. 특별한 임무를 띠고 온 사람들은 예수님께 "선생님이여 우리가 아노니 당신은 참되시고 아무도 꺼리는 일이 없으시니 이는 사람을 외모로 보지 않고 오직 진리로써 하나님의 도를 가르치심이니이다"(막 12:14)라고 말하며 우선 예수님을 띄워 주는 척했습니다. 하지만 바로 이어 자신들의 본색을 드러냈습니다. 예수님을 궁지로 몰 수 있을 것이라는 생각에 회심의 미소를 지으며 "가이사에게 세금을 바치는 것이 옳으니이까 옳지 아니하니이까 우리가 바치리이까 말리이까"(막 12:14-15)라고 물었습니다.

질문의 의도는 예수님이 이스라엘을 통치하는 로마 황제(성경에는 '가이사'로 번역하고 있으나, 역사적으로 '캐사르' 또는 '시저'라고 함)에게 세금을 바쳐야 한다고 대답하시면 예수님을 반민족주의자로 몰아 유대인들을 선동하여 처형하면 되고, 예수님이 세금을 바치지 않아도 된다고 하신다면 로마 황제에 대한 반역죄로 고소하여 처형당하게 하겠다는 것이었습니다. 어느 쪽을 선택하여 말씀하시든 실질적으로 심각한 곤경에 빠지게 되는 질문이었습니다.

하지만 예수님은 그 외식함을 아셨습니다(막 12:15). 그들이 로마 황제에게 세금을 바쳐야 되는지에 대해 정말 알고 싶어서 질문한 것이 아니라, 예수님을 옭아매기 위해 질문한다는 것을 예수님이 아셨다는 뜻입니다. 그래서 예수님은 그들에게 "어찌하여 나를 시험하느냐 데나리온 하나를 가져다가 내게 보이라"(막 12:15)라고 말씀하셨습니다. 영문을 알 리가 없는 그들은 데나리온 동전 하나를 가지고 왔습니다. 예수님은 동전에 새겨진 사람의 얼굴을 그들에게 보여 주시면서 "이 형상과 이 글이 누구의 것이냐"(막 12:16)라고 물으셨습니다. 그들은 "가이사의 것이니이다"(막 12:16)라고 대답했습니다. 예수님은 대답을 기다렸다는 듯 말씀하셨습니다. "가이사의 것은 가이사에게, 하나님의 것은 하나님께 바치라"(막 12:17).

예수님의 대답은 그들이 상상조차 못했던 것이었습니다. 그들은 예수님의 대답을 매우 놀랍게 여겼습니다(막 12:17). 예수님을 옭아매려던 섣부른 계획이 수포로 돌아가자 그들은 아무 말도 할 수 없었습니다.

하지만 예수님의 이 말씀에는 하나님 나라에 관한 심오한 진리가 담겨 있습니다. '가이사의 것은 가이사에게, 하나님의 것은 하나님께'라는 말씀은 "내 나라는 이 세상에 속한 것이 아니니라"(요 18:36)라는 말씀과 궤를 같이하는 말씀으로, 이 말씀들을 우리의 실제 삶에 적용하려고 하면 쉽지 않은 질문들이 생깁니다.

먼저 제기되는 질문이, 이 땅에는 교회를 비롯한 하나님이 통치하시는 하나님 나라와 가이사(시저)로 대표되는 세속 통치자가 통치하는 세속 국가가 양립 또는 양분하고 있는가 하는 것입니다. 만약 이 질문에 긍정적으로 답변하게 되면, 세속 국가는 사탄이 만든 것이 되므로 우주 만물의 통치자이신 하나님의 통치권은 하나님 나라만의 영역으로, 현 시점에서 말하자면 교회의 영역으로 축소될 수밖에 없습니다. 두 번째로 제기되는 질문은, 우주는 영원 세계인 하나님 나라와 시공간 세계인 세속 국가로 양립되었는가 하는 것입니다. 만약 이 질문에도 긍정적인 답변을 하게 되면, 이 땅은 죄악으로 더럽혀져 있기 때문에 멸망되어야 할 곳이지 우리가 머무를 곳이 못 됩니다. 우리가 영생을 누리는 곳은 시공간 세계와는 별개인 영원 세계(천국)이므로 우리는 이 땅에서 하루속히 벗어나게 해 달라고 기도할 수밖에 없습니다. 하지만 이러한 이원론은 결과적으로 하나님이 온 우주 만물의 창조주이시고 주인이시라는 것을 부정하게 합니다.

하나님과 그분의 아들이신 예수님이 온 우주 만물의 통치자시라는 신앙 고백 위에 서면, 세속 국가는 사탄이 만든 것이 아니라 하나님이 아담의 범죄 이후 인간 사회에 발생할 죄악의 확산을 막기 위해 임시로 허락하신 것으로 받아들여야 합니다. 따라서 우리는 세속 국가가 그러한 목적을 정당하게 수행하는 한 통치권자의 권위를 수용할 수밖에 없습니다. 세속 국가 통치자(그가 하나님 나라의 시민이든 그렇지 않든 관계없이)의 정당한 권한 행사, 예를 들어 국가의 안전 보장과 질서 유지와 공공복리를 위해 세금을 징수하는 등과 같은 공적 행위에는 저항해서는 안 됩니다. 이것이 바로 예수님이 '가이사의 것은 가이사에게'라고 말씀하신 의미입니다.

한편, 예수님이 빌라도에게 하신 "내 나라는 이 세상에 속한 것이 아니니라"(요 18:36)라는 말씀은 예수님 나라는 이 땅, 이 세상이 아니라 죽어서 가는 천국(영원 세계)만 해당된다는 뜻이 결코 아닙니다. '내 나라'를 '천국'으로 해석하는 것은 하나님의 나라와 능력을 축소시키는 것이 되고, 이는 하나님 나라의 시민들로 하여금 이 세상을 저주받은 곳으로 인식하게 만들어 서둘러 이 땅에서 벗어나 천국으로 철수해야 된다는 잘못된 생각을 갖게 합니다.

이 말씀의 진정한 뜻은, 하나님 나라는 그 설립 기원과 목적, 통치권자, 통치 원리, 통치권의 범위가 세속 국가의 그것들과는 결코 같을 수 없다는 것입니다. 다시 말하면, 예수님 나라의 권세는 세습이나 선거를 통해서 이 세상으로부터 주어진 것이 아니라 하나님으로부터 주어진 것이라는 뜻입니다.

세속 국가는 하나님의 통치 원리와는 다른 통치 원리가 적용될 수 있으며, 통치권의 범위가 제한적일 뿐만 아니라, 통치권도 스스로의 권위로 창출되는 것이 아니라 하나님으로부터 임시적으로 허용받은 것입니다. 빌라도가 자신의 법정에서 예수님을 재판하고 십자가형으로 처형할 수 있었던 것은 하나님이 통치권을 임시적으로 허용하셨기 때문이고, 예수님이 그의 권위를 수용하셨기 때문입니다. 예수님은 빌라도에게 이를 가르쳐 주시기 위해 "위에서 주지 아니하셨더라면 나를 해할 권한이 없었으리니"(요 19:11)라고 말씀하셨던 것입니다.

하지만 하나님은 예수님을 십자가에서 처형당하게 하시고 부활하게 하심으로써 통치권을 회복하기 시작하셨고, 예수 재림의 날에 통치권을 완전히 회복하십니다. 그날까지 우리는 하나님 나라의 시민으로서, 예수님의 제자로서 하나님 나라의 통치 원리를 실천하는 예수 공동체를 세워 나가야 합니다. 세속 국가의 통치권자나 시민들이 더 이상 타락하지 않도록 하는 한편, 하나님 나라의 시민이 되도록 예수 그리스도의 복음을 전파해야 합니다.

(**산 자의 하나님**

한 차례 격전이 치러진 후, 이제는 부활이 없다 하는 사두

개인들이 예수님께 싸움을 걸어왔습니다.

> 선생님이여 모세가 우리에게 써 주기를 어떤 사람의 형이 자식이 없이 아내를 두고 죽으면 그 동생이 그 아내를 취하여 형을 위하여 상속자를 세울지니라 하였나이다 칠 형제가 있었는데 맏이가 아내를 취하였다가 상속자가 없이 죽고 둘째도 그 여자를 취하였다가 상속자가 없이 죽고 셋째도 그렇게 하여 일곱이 다 상속자가 없었고 최후에 여자도 죽었나이다 일곱 사람이 다 그를 아내로 취하였으니 부활 때 곧 그들이 살아날 때에 그중의 누구의 아내가 되리이까(막 12:19-23).

형사취수(형이 죽으면 동생이 형수를 부인으로 맞아들여 형의 혈통을 이어 가는 제도)의 전통을 가지고 만든, 관념의 유희에 가까운 질문입니다. 그들의 질문의 의도는 이 땅에서 형사취수로 부부의 인연을 맺게 된 사람들이 모두 부활한 경우에는 한 명의 여인이 여러 명의 남편을 거느리는 일처다부제 생활을 하는지, 아니면 그중 한 명하고만 부부의 연을 다시 시작하게 되는지, 후자의 경우라면 누가 그 여인의 남편이 되는지 등의 부조리한 문제가 발생하게 되는데, 이에 비추어 보면 부활은 없다고 해야 옳지 않느냐 하는 것이었습니다. 그러자 예수님은 다음과 같이 말씀하셨습니다.

> 너희가 성경도 하나님의 능력도 알지 못하므로 오해함이 아니냐 사람이 죽은 자 가운데서 살아날 때에는 장가도 아니 가고 시집

도 아니 가고 하늘에 있는 천사들과 같으니라 죽은 자가 살아난다는 것을 말할진대 너희가 모세의 책 중 가시나무 떨기에 관한 글에 하나님께서 모세에게 이르시되 나는 아브라함의 하나님이요 이삭의 하나님이요 야곱의 하나님이로라 하신 말씀을 읽어 보지 못하였느냐 하나님은 죽은 자의 하나님이 아니요 산 자의 하나님이시라 너희가 크게 오해하였도다(막 12:24-27).

예수님의 말씀은 다음과 같이 이해해도 될 것 같습니다.

"부활의 때에는 천사들과 같은 존재가 되어 장가나 시집을 갈 필요가 없다. 부활 이후에 의미 있는 관계는 하나님과의 관계이고, 인간과의 관계는 그다음이다. 하나님을 믿어 영생을 얻어야 부활이 의미가 있는 것이 아니냐. 너희들은 성경을 제대로 모르는구나. 하나님은 죽은 자의 하나님이 아니라 산 자의 하나님이시다. 하나님이 떨기나무에서 모세에게 나타나셨을 때 아브라함, 이삭, 야곱은 이미 육신으로는 죽은 자들이었으나 하나님은 자신을 아브라함의 하나님, 이삭의 하나님, 야곱의 '하나님이었다'라고 말씀하지 않으시고 '하나님이다'라고 말씀하셨다. 이는 아브라함, 이삭, 야곱이 하나님의 거처인 천국에서 삶을 살고 있다는 뜻이고, 결국 부활이 있을 것임을 가르쳐 준다. 또 너희들은 하나님의 능력도 제대로 알지 못하는구나. 하나님이 어떤 분이신데 죽은 자의 몸을 부활시키는 일 하나 하실 수 없다는 말이냐. 그것을 부정하는 것은 하나님의 전지전능하심을 인정하지 않는 것이다. 내가 며칠 뒤에 하나님의 능력을 보여 줄 것이다."

(다윗은 그리스도를 주라 하였다

대제사장 일당이 보낸 사람들을 말씀으로 모두 제압하신 예수님은 성전에서 그들에게 역습적으로 질문하셨습니다.

> 어찌하여 서기관들이 그리스도를 다윗의 자손이라 하느냐 다윗이 성령에 감동되어 친히 말하되 주께서 내 주께 이르시되 내가 네 원수를 네 발 아래에 둘 때까지 내 우편에 앉았으라 하셨도다 하였느니라 다윗이 그리스도를 주라 하였은즉 어찌 그의 자손이 되겠느냐(막 12:35-37).

그들은 질문에 함정이라도 있을지 머리를 굴리다가, 해야 할 대답도 하지 못하고 비겁하게 입을 다물었습니다. 사람들은 제사장들, 서기관들, 바리새인들, 사두개인들이 예수님의 대답과 질문에 쩔쩔매는 모습을 보고 일말의 쾌감을 느꼈을 것 같습니다.

예수님은 거기서 멈추지 않으시고 "긴 옷을 입고 다니는 것과 시장에서 문안받는 것과 회당의 높은 자리와 잔치의 윗자리를 원하는 서기관들을 삼가라 그들은 과부의 가산을 삼키며 외식으로 길게 기도하는 자니 그 받는 판결이 더욱 중하리라"(막 12:38-40)라고 그들을 추궁하셨습니다.

서기관들은 요즘으로 말하면 법률 전문가들이라고 할 수 있습니다. 예수님의 말씀을 듣고 있노라면 요즘이나 그때나 소송에 따른 비용이 만만치 않다는 것을 알게 됩니다. 의뢰인들이 유리한 판결을 받도록 애쓰는 그들이 진정성 있게 소송을 수행하지 않아서 약자를 더욱 힘들게 만든다면, 하늘의 법정에서 그들이 져야 할 책임이 보통 사람들의 것보다 더 무거울 것이라는 예수님의 말씀은 우리의 정신을 일깨워 줍니다.

그 후 예수님은 성전에 있는 헌금함에 대하여 앉으셔서 사람들이 어떻게 헌금함에 돈을 넣는지를 지켜보셨습니다. 부자들 여러 명이 돈을 많이 넣는 것도 보셨고, 한 가난한 과부가 '두 렙돈' 곧 '한 고드란트'를 넣는 것도 보셨습니다. 렙돈은 헬라(그리스)의 동전이고 고드란트는 로마 제국의 동전인데, 한 데나리온의 16분의 1에 해당하는 가치를 지니고 있었습니다. 한 데나리온이 노동자의 하루치 품삯이었던 때니, 두 렙돈과 한 고드란트의 가치가 어느 정도인지 짐작할 수 있을 것입니다. 사람들이 헌금 넣는 것을 다 지켜보신 예수님은 제자들을 불러 모으신 다음 말씀하셨습니다.

> 내가 진실로 너희에게 이르노니 이 가난한 과부는 헌금함에 넣는 모든 사람보다 많이 넣었도다 그들은 다 그 풍족한 중에서 넣었거니와 이 과부는 그 가난한 중에서 자기의 모든 소유 곧 생활비 전부를 넣었느니라(막 12:43-44).

예수님의 이 말씀은 앞에서 하셨던 '서기관들은 과부의 가산을 삼킨다'는 말씀(막 12:40)과 대비해서 보면 좋겠습니다. 서기관들은 법조인으로서 가난한 사람들의 사건을 맡아 높은 수임료를 받지만 하나님께 드리는 것은 그들의 풍족함 중의 일부에 불과합니다. 하지만 가난한 과부는 자신의 생활비 전부를 하나님께 바쳤습니다. 서기관들과 가난한 과부 중 누가 하나님께 더 큰 칭찬을 듣겠습니까? 자신의 전부를 걸고 하나님을 섬긴 자들이 하나님께 더 큰 칭찬을 듣는 것은 당연한 일이지 않겠습니까?

(끝까지 견디는 자는 구원을 얻는다

시간이 되자 예수님은 가르침을 중단하시고 성전에서 나오셨습니다. 성전에서 나와 감람산으로 가시던 도중에 한 제자가 헤롯 대왕이 지은 성전을 가리키며 "선생님이여 보소서 이 돌들이 어떠하며 이 건물들이 어떠하니이까"(막 13:1) 하고 물었습니다. 그 제자는 시골 갈릴리 지역에서 올라와 수십 년에 걸쳐 지어진 헤롯 성전의 위용에 압도되어 '예수님, 이 성전 참 대단하지요?'라는 뜻으로 말한 것 같습니다. 하지만 예수님은 그 제자에게 "네가 이 큰 건물들을 보느냐 돌 하나도 돌 위에 남지 않고 다 무너뜨려지리라"(막 13:2)라고 대답하셨습니다. 수십 년에 걸쳐 지은 성전이 철저하게 파괴될 것이라고 하시니 제자들은 놀라지 않을 수 없었을 것이고, 성전에 대한 감탄도 순식간에 사라져 버렸습니다. 실제로 헤롯 성전은 AD 70년에 예수님의 예언대로 철저히 파괴되었습니다.

예수님은 제자들과 함께 감람산에 오르셔서 성전을 마주 대하여 앉으셨습니다. 베드로와 야고보와 요한과 안드레가 예수님께 "우리에게 이르소서 어느 때에 이런 일이 있겠사오며 이 모든 일이 이루어지려 할 때에 무슨 징조가 있사오리이까"(막 13:4)라고 여쭈었습니다. 예수님은 다음과 같이 제자들에게 말씀하셨습니다.

너희가 사람의 미혹을 받지 않도록 주의하라 많은 사람이 내 이름으로 와서 이르되 내가 그라 하여 많은 사람을 미혹하리라 난리와 난리의 소문을 들을 때에 두려워하지 말라 이런 일이 있어야 하되 아직 끝은 아니니라 민족이 민족을, 나라가 나라를 대적하여 일어나겠고 곳곳에 지진이 있으며 기근이 있으리니 이는 재난의 시작이니라 너희는 스스로 조심하라 사람들이 너희를 공회에 넘겨주겠고 너희를 회당에서 매질하겠으며 나로 말미암아 너희가 권력자들과 임금들 앞에 서리니 이는 그들에게 증거가 되려 함이라 또 복음이 먼저 만국에 전파되어야 할 것이니라 … 너희는 삼가라 내가 모든 일을 너희에게 미리 말하였노라 그때에 그 환난 후 해가 어두워지며 달이 빛을 내지 아니하며 별들이 하늘에서 떨어지며 하늘에 있는 권능들이 흔들리리라 그때에 인자가 구름을 타고 큰 권능과 영광으로 오는 것을 사람들이 보리라 … 그날과 그때는 아무도 모르나니 하늘에 있는 천사들도, 아들도 모르고 아버지만 아시느니라 주의하라 깨어 있으라 그때가 언제인지 알지 못함이라 가령 사람이 집을 떠나 타국으로 갈 때에 그 종들에게 권한을 주어 각각 사무를 맡기며 문지기에게 깨어 있으라 명함과 같으니 그러므로 깨어 있으라 집 주인이 언제 올는지 혹 저물 때일는지, 밤중일는지, 닭 울 때일는지, 새벽일는지 너희가 알지 못함이라 그가 홀연히 와서 너희가 자는 것을 보지 않도록 하라 깨어 있으라 내가 너희에게 하는 이 말은 모든 사람에게 하는 말이니라(막 13:5-37).

이날로부터 이틀이 지나면 명절인 유월절과 무교절이었습니다. 대제사장들과 서기관들은 흉계를 꾸며 예수님을 잡아 죽일 방책을 강구했습니다. 그러나 그들은 "민란이 날까 하노니 명절에는 하지 말자"(막 14:2)라고 했습니다. 유월절 명절이 이틀밖에 남지 않아 이미 이스라엘 지역뿐 아니라 세계 각지에서 사람들이 예루살렘으로 구름같이 몰려들고 있었기 때문에, 잘못하여 군중의 소동이라도 발생하면 로마 제국에게 책임 추궁을 당할 것이 뻔하기 때문이었습니다. 하지만 유월절 명절이 지난 뒤 예수님이 피신해 버리시면 절호의 기회를 잃게 되는 것이었습니다. 이러지도 저러지도 못하고 진퇴양난에 빠진 그들의 모습이 눈에 선합니다.

하지만 그들이 하나님의 계획을 알 리가 없었습니다. 하나님이 정하신 때는 그들이 정한 때와 달랐습니다. 유월절 어린양으로 오신 예수님은 반드시 유월절에 죽임을 당하셔야 했습니다.

핵심 정리 논쟁과 가르침

셋째 날에 예수님은 대제사장들과 서기관들 및 장로들과 논쟁을 벌이셨습니다. 인류 전체의 대제사장이 되셔서 거짓 제사장들과 지도자들의 죄를 물으셨습니다.

- 하나님은 죽은 자의 하나님이 아니라 산 자의 하나님이시라는 예수님의 말씀은 당신에게 어떤 소망을 갖게 합니까?

내 장례를 미리 준비하였느니라
향유를 부은 여인

넷째 날 아침이 밝았습니다. 예수님은 베다니에 있는 한센병 병자 시몬의 초대를 받아 그의 집에서 식사를 하셨습니다. 시몬은 예수님께 한센병을 고침 받은 사람입니다. 그런데 요한복음에는 나사로가 있는 곳(베다니)에서 예수님을 위하여 잔치가 벌어졌다고 되어 있을 뿐 어느 집에서 잔치가 벌어졌는지에 관한 언급은 없습니다. 나사로가 예수님과 함께 앉은 자 중에 있었고, 나사로의 여동생 마르다는 잔칫집에서 일을 하고 있었다고 기록되었습니다(요 12:2). 전쟁의 중간 시점에서 벌어진 잔치였고, 예수님은 최종 전투를 위해 잠시 쉬면서 미리 승리의 축제를 맛보셨습니다.

예수님이 식사 중이실 때 한 여자가 매우 값진 향유, 곧 순전한 나드 한 옥합을 가지고 와서 그 옥합을 깨뜨려 예수님의 머리에 부었습니다(막 14:3). 이 여인이 누구인지 설명은 없는데, 막달라 마리아일 가능성도 배제할 수 없습니다. 요한복음에서는 향유를 부은 여자가 나사로의 여동생 마리아라고 전합니다. 만약 마가복음에서 향유를 부은 여인이 나사로의 여동생 마리아라면, 요한복음의 이야기와 마가복음의 이야기는 동일한 이야기가 됩니다.

하지만 요한복음에는 향유를 부은 장소가 시몬의 집인지 나사로의 집인지 명확하지 않고, 향유를 부은 시점이 유월절 하루 전이 아니라 유월절 엿새 전이며, 향유를 부은 위치가 예수님의 머리가 아니라 발이라고 합니다(요 12:3). 때문에 마가복음과 요한복음의 이야기가 동일한 이야기가 아닐 가능성도 배제할 수 없습니다. 만약 그렇게 본다면, 예수님의 죽음이 임박하여 두 여인이 4일 사이에 각각 예수님께 향유를 부은 것이 됩니다. 그럼에도 불구하고 두 이야기는 한 가지 분명한 공통점이 있습니다. 그것은 여인들이 예수님의 십자가의 죽음을 준비하고 미리 향품을 뿌렸다는 것입니다.

그 향유 옥합의 가치는 300데나리온 이상이었습니다. 오병이어의 기적이 일어났을 때 수천 명의 군중을 먹이는 데 200데나리온이 필요했다는 점을 상기해 보면 300데나리온이 얼마나 큰 돈인지 짐작할 수 있을 것입니다. 하지만 그 정도는 예수님이 인간을 위해 목숨을 내놓으신 대가에 턱없이 부족합니다. 아니, 그 가치를 비교한다는 것 자체가 불가능합니다. 노동자들의 1년치 품삯과 하나님의 아들이신 예수님의 생명을 어떻게 비교할 수 있겠습니까. 그런데 어떤 사람들은 그 가치를 비교했고, 이는 예수님의 죽으심의 가치를 형편없이 격하시키는 꼴이 되고 말았습니다(막 14:4).

갑작스럽게 펼쳐진 광경에 놀란 어떤 사람들은 방 안을 가득 메운 아름다운 향기를 즐기기는커녕 화를 내며 서로 "어찌하여 이 향유를 허비하는가 이 향유를 삼백 데나리온 이상에 팔아 가난한 자들에게 줄 수 있었겠도다"(막 14:4-5)라며 그 여자를 책망했습니다. 요한복음에는 이 말을 한 사람들 중 하나가 '가룟 유다'라고 하고, 그 말의 진의는 "가난한 자들을 생각함이 아니요 그는 도둑이라 돈궤를 맡고 거기 넣는 것을 훔쳐 감이러라"(요 12:6)라고 합니다. 가룟 유다가 폭력적으로 이스라엘 국권을 되찾기에 혈안이 된 열심당원이라는 전제에 서면, 그가 돈을 빼돌려 정치 자금으로 사용하려고 했을 가능성도 배제할 수 없습니다.

가룟 유다를 비롯한 제자들의 말을 들으신 예수님은 오히려 그 여인을 칭찬하셨습니다.

> 그는 힘을 다하여 내 몸에 향유를 부어 내 장례를 미리 준비하였느니라 내가 진실로 너희에게 이르노니 온 천하에 어디서든지 복음이 전파되는 곳에는 이 여자가 행한 일도 말하여 그를 기억하리라(막 14:8-9).

한편, 예수님이 나사로, 마르다, 마리아, 시몬 등 예수님을 따르는 사람들과 말씀을 나누시는 동안, 가룟 유다는 예수님을 넘겨주려고 대제사장들에게 갔습니다. 마태복음에는 유다가 먼저 그들에게 "내가 예수를 너희에게 넘겨주리니 얼마나 주려느냐"(마 26:15)라고 말한 것으로 기록되었습니다. 유다가 언제, 무슨 이유로 예수님을 넘겨주려는 생각을 가지게 되었는지는 알 수 없습니다.

그에 관해 생각해 볼 수 있는 바는 첫 번째, 가룟 유다가 돈을 벌기 위해서라는 것이고, 두 번째, 가룟 유다는 예수님이 신적 능력과 체제 전복적 폭력을 동원해서 이스라엘의 국권을 되찾아 주시기를 바랐는데 그것이 수포로 돌아가자 분노하여 예수님을 대제사장 일당에게 팔아넘겼다는 것이고, 세 번째, 예수님이 체포되어 고난을 당하시게 되면 자신을 방어하기 위해 신적 능력을 발휘하시고 로마 군대를 쫓아내실 것으로 생각하고 팔아넘겼다는 것입니다.

하지만 첫 번째 이유는 가룟 유다가 예수님의 12제자로 특별히 선발되었다는 점에서 잘 받아들여지지 않고, 일반적으로 받아들여지는 이유는 두 번째나 세 번째의 것입니다. 이 관점에서 보면 가룟 유다는 같은 열심당원인 시몬과 달리, 예수님이 '정복하는 왕'으로서의 메시아이실 것이라는 생각을 버리지 못했다고 할 수 있고, 그것이 그에게는 불행의 시작과 끝이었습니다.

어쨌든 가룟 유다가 왔다는 소식에 대제사장 일당은 매우 기뻐했습니다. 그리고 만약 예수님을 넘겨주면 돈을 주겠다고 약속했습니다. 마태복음에는 유다의 제안이 있자마자 그들이 은 삼십을 달아 주었다고 합니다(마 26:15). 어쨌든 유다는 예수님을 어떻게 넘겨줄까 하고 그 기회를 찾기 시작했습니다(막 14:11).

핵심 정리 향유를 부은 여인

넷째 날에 예수님은 지상에서의 마지막 잔치를 누리셨습니다. 예수님이 식사 중이실 때 한 여인이 향유를 예수님의 발에 붓고 자신의 머리카락으로 닦아드렸습니다. 예수님의 십자가 죽음을 미리 준비한 것입니다.

- 마리아는 어떻게 계산하지 않고 예수님의 발에 향유를 부을 수 있었을까요? 마리아의 믿음과 손익을 계산했던 유다의 모습을 비교해 봅시다. 사명을 감당하는 당신의 자세는 어떠합니까?

많은 사람을 위한 언약의 피니라
세족식과 최후의 만찬

무교절의 첫날 곧 유월절 양 잡는 날에 제자들이 예수님께 "우리가 어디로 가서 선생님께서 유월절 음식을 잡수시게 준비하기를 원하시나이까"(막 14:12)라고 여쭈었습니다. 그러자 예수님은 제자들 중에 둘을 보내시며 "성내로 들어가라 그리하면 물 한 동이를 가지고 가는 사람을 만나리니 그를 따라가서 어디든지 그가 들어가는 그 집 주인에게 이르되 선생님의 말씀이 내가 내 제자들과 함께 유월절 음식을 먹을 나의 객실이 어디 있느냐 하시더라 하라 그리하면 자리를 펴고 준비한 큰 다락방을 보이리니 거기서 우리를 위하여 준비하라"(막 14:13-15)라고 명하셨습니다. 그 제자들은 성내로 들어가서 예수님의 말씀대로 물 한 동이를 가지고 가는 사람을 만나 유월절 음식을 준비했습니다.

날이 저물매 예수님은 12명의 제자를 데리고 준비된 다락방으로 가서서 유월절 음식을 드시기 시작했습니다(막 14:17-18). 그런데 예수님은 저녁을 잡수시던 중에 갑자기 자리에서 일어나 겉옷을 벗고 수건을 가져다가 허리에 두르신 다음, 대야에 물을 떠 와 쪼그려 앉으시더니 제자들의 발을 차례대로 씻기시고 그 두르신 수건으로 닦으셨습니다. 이 이야기는 요한복음에만 기록되었고, 나머지 세 복음서에는 기록되지 않았습니다.

시몬 베드로의 발을 씻는 차례가 되어 예수님이 베드로에게 가니 베드로는 정색하며 "주여 주께서 내 발을 씻으시나이까"(요 13:6)라고 말했습니다. 그러자 예수님은 "내가 하는 것을 네가 지금은 알지 못하나 이후에는 알리라"(요 13:7)라고 대답하시면서 발을 내보이라고 하셨습니다.

하지만 베드로는 "내 발을 절대로 씻지 못하시리이다"(요 13:8)라고 말하며 완강하게 버텼습니다. 예수님도 물러나지 않으시고 정색하시면서 "내가 너를 씻어 주지 아니하면 네가 나와 상관이 없느니라"(요 13:8)라고 말씀하셨습니다. 풀이 꺾인 베드로는 어처구니없게도 "주여 내 발뿐 아니라 손과 머리도 씻어 주옵소서"(요 13:9)라고 말했습니다. 그러자 예수님은 "이미 목욕한 자는 발밖에 씻을 필요가 없느니라 온몸이 깨끗하니라"(요 13:10)라고 대답해 주셨습니다. 그러면서 "너희가 깨끗하나 다는 아니니라"(요 13:10)라고 덧붙이셨습니다. 그 말씀은 "자기를 팔 자가 누구인지 아심이라 그러므로 다는 깨끗하지 아니하다"(요 13:11)라는 뜻입니다. 바로 가룟 유다를 향한 말씀이었습니다.

제자들의 발을 모두 씻어 주신 후에 자리에 앉으신 예수님은

"내가 너희에게 행한 것을 너희가 아느냐 너희가 나를 선생이라 또는 주라 하니 너희 말이 옳도다 내가 그러하다 내가 주와 또는 선생이 되어 너희 발을 씻었으니 너희도 서로 발을 씻어 주는 것이 옳으니라 내가 너희에게 행한 것같이 너희도 행하게 하려 하여 본을 보였노라"(요 13:12-15)라고 말씀하셨습니다.

몸을 씻는다는 것은 예수님을 하나님으로 영접하고 죄 사함의 세례를 받는 것을 의미합니다. 이는 성령님이 베푸시는 세례로 단번에 일어나는 것이고, 인류를 지배하는 '근원적인 죄'(원죄)의 문제가 해결됩니다. 하지만 성령 세례를 받은 이후에도 개인은 죽음이라는 악의 지배를 받아 죄를 저지르게 됩니다. 이러한 죄(자범죄)는 일상 속에서 저지를 때마다 회개하며 용서받아야 합니다. 이를 두고 예수님은 '발을 씻는다'고 비유로 말씀하신 것입니다.

우리는 예수님이 세족식을 베푸신 것에 대해, 대개 자범죄를 회개하고 용서를 받는다는 비유적 의미를 생략하고 단지 발을 씻는 행위 자체에만 초점을 맞춥니다. 이렇게 이해하는 것도 틀렸다고 할 수는 없지만 이러한 이해는 예수님이 말씀하신 '섬김의 도'라는 온전한 의미를 파악하기 어렵게 합니다.

인간은 근본적으로 이기적인 존재라 하나님께 자범죄를 회개하고 용서받는 일을 스스로 감당하기 어려울 때가 있습니다. 그럴 때에는 가정이나 교회와 같은 공동체의 도움을 받아야 합니다. 예수님은 이러한 공동체적 상황을 염두에 두시고, 공동체 구성원들이 저지르는 일상의 죄를 정죄하지 말고 오히려 긍휼과 사랑의 자세로 대해야 함을 제자들에게 보여 주신 것입니다. 공동체 구성원들이 일상에서 회개의 삶을 살 수 있도록 섬겨야 한다는 뜻입니다. 죄의 심판권은 하나님께만 있기 때문입니다.

제자들의 발을 씻기시고 그 의미를 설명해 주신 다음 예수님은 "내가 진실로 너희에게 이르노니 너희 중의 한 사람 곧 나와 함께 먹는 자가 나를 팔리라"(막 14:18)라고 충격적인 말씀을 하셨습니다. 놀란 제자들은 근심하며 한 사람씩 차례대로 예수님께 "나는 아니지요"(막 14:19)라고 물었습니다. 그렇게 물어본 제자들 중에 유다가 포함되었는지는 모르겠습니다. 만약 포함되었다면 그는 참으로 교활한 자라고 할 것입니다. 왜냐하면 그는 그 전날에 대제사장 일당을 찾아가 예수님을 넘기겠다고 맹세했기 때문입니다. 그러자 예수님은 "열둘 중의 하나 곧 나와 함께 그릇에 손을 넣는 자니라"(막 14:20)라고 구체적으로 밝히셨습니다. 그러시고는 "인자는 자기에 대하여 기록된 대로 가거니와 인자를 파는 그 사람에게는 화가 있으리로다 그 사람은 차라리 나지 아니하였더라면 자기에게 좋을 뻔하였느니라"(막 14:21)라고 말씀하셨습니다.

그런 다음 예수님은 최후의 만찬을 베푸셨습니다. 제자들이 먹을 때에 예수님이 떡을 들고 축복하신 후 떼어 그들에게 주시며 "받으라 이것은 내 몸이니라"(막 14:22)라고 하셨습니다. 또 잔을 가지고 감사 기도를 하신 후 그들에게 주셨습니다. 제자들이 모두 마시자 이렇게 말씀하셨습니다.

이것은 많은 사람을 위하여 흘리는 나의 피 곧 언약의 피니라 진실로 너희에게 이르노니 내가 포도나무에서 난 것을 하나님 나라에서 새것으로 마시는 날까지 다시 마시지 아니하리라"(막 14:24-25).

식사를 마친 예수님 일행은 찬송을 부르며 감람산으로 갔습니다(막 14:26). 그런데 제자들의 흥을 깨는 일이 일어났습니다. 도중에 예수님이 제자들에게 "너희가 다 나를 버리리라 이는 기록된 바 내가 목자를 치리니 양들이 흩어지리라 하였음이니라 그러나 내가 살아난 후에 너희보다 먼저 갈릴리로 가리라"(막 14:27-28)라고 말씀하셨기 때문입니다. 어떤 제자는 배신하여 예수님을 대제사장 일당에게 팔고, 나머지 제자들은 모두 예수님을 버리고 도망칠 것이라는 예수님의 말씀에 제자들은 불편해졌습니다. 그런데 베드로가 "다 버릴지라도 나는 그리하지 않겠나이다"(막 14:29)라고 자신 있게 대답했습니다. 하지만 예수님은 "내가 진실로 네게 이르노니 오늘 이 밤 닭이 두 번 울기 전에 네가 세 번 나를 부인하리라"(막 14:30)라고 말씀하셨습니다. 베드로는 "내가 주와 함께 죽을지언정 주를 부인하지 않겠나이다"(막 14:31)라고 다시 한 번 힘 있게 말했습니다. 나머지 제자들도 동일하게 말했습니다.

겟세마네라 하는 곳에 이르자 예수님이 제자들에게 "내가 기도할 동안에 너희는 여기 앉아 있으라"(막 14:32)라고 말씀하셨습니다. 그런 다음 베드로, 야고보, 요한만 데리고 기도하러 가셨습니다. 당시 예수님의 마음을 마가복음에서는 "심히 놀라시며 슬퍼하사"(막 14:33)라고 표현하고, 마태복음에서는 "고민하고 슬퍼하사"(마 26:37)라고 표현하고 있습니다. 일정한 곳에 이르자 예수님은 그들에게 "내 마음이 심히 고민하여 죽게 되었으니 너희는 여기 머물러 깨어 있으라"(막 14:34)고 말씀하셨습니다. 그리고 거기에서 조금(누가복음에는 '돌 던질 만큼') 나아가사 "땅에 엎드리어 될 수 있는 대로 이때가 자기에게서 지나가기를 구하여 이르시되 아빠 아버지여 아버지께는 모든 것이 가능하오니 이 잔을 내게서 옮기시옵소서 그러나 나의 원대로 마시옵고 아버지의 원대로 하옵소서"(막 14:35-36)라고 외치셨습니다.

100% 하나님이시고 100% 인간이신 분이 가능하다면 십자가 형벌의 고통을 면하게 해 달라고 기도하시는 장면입니다. 광야에서 40일간 금식하시며 십자가형을 받을 것을 미리 알고 계셨던 예수님이시지만, 하나님을 '아빠'라고 부르시며 참혹한 고통을 면하게 해 달라는 기도를 올리셨던 것입니다.

하지만 하나님은 뜻을 변경할 수 없었습니다. 그 사실을 확인하신 예수님은 제자들이 있는 곳으로 오셨습니다. 그런데 제자들은 예수님의 부탁을 잊어버린 듯 깊은 잠에 빠졌습니다. 이에 예수님이 베드로에게 "시몬아 자느냐 네가 한 시간도 깨어 있을 수 없더냐 시험에 들지 않게 깨어 있어 기도하라 마음에는 원이로되 육신이 약하도다"(막 14:37-38)라고 나무라셨습니다. 그런 뒤 조금 전에 기도하신 곳으로 다시 가셔서 동일한 말씀으로 기도하셨습니다(막 14:39). 조금 전에 하나님께 기도를 드렸고, 하나님의 계획은 변경되지 않을 것이 분명한데도 예수님은 다시 하나님께 기도하러 가신 것입니다. 한 인간으로서의 번민이 예수님으로 하여금 잠들지 못하게 만들었던 것입니다.

같은 기도를 끝내신 예수님은 두 번째로 제자들이 있는 곳으로 오셨고, 조금 전에 깨워 두었던 제자들이 다시 잠에 빠진 것을 보셨습니다. 다시 오신 예수님을 본 제자들은 너무도 부끄러워 무엇으로 대답할 줄을 알지 못했습니다(막 14:40). 그런데 예수님은 제자들을 두고 또다시 기도하러 가셨습니다.

최종적으로 하나님의 뜻을 확인하신 예수님은 기도를 마치시고 세 번째로 제자들이 있는 곳으로 오셨습니다. 기도하던 곳과 제자들이 잠든 곳을 하룻밤 사이에 세 번 왕복하셨던 것입니다. 그런데 이번에는 제자들에게 "이제는 자고 쉬라 그만 되었다 때가 왔도다 보라 인자가 죄인의 손에 팔리느니라 일어나라 함께 가자 보라 나를 파는 자가 가까이 왔느니라"(막 14:41-42)라고 말씀하셨습니다.

바로 그때 유다가 나타났는데, 대제사장들과 서기관들과 장로들이 보낸 사람들이 함께 했습니다. 그들은 검과 몽치를 갖고 있었습니다. 유다는 미리 그들과 "내가 입 맞추는 자가 그이니 그를 잡아 단단히 끌어가라"(막 14:44)라고 군호를 짜 두었습니다. 깊은 밤이라 사람을 알아보기 어렵다는 점을 감안하여 미리 계획을 세워 두었던 것입니다. 유다가 예수님께 다가와 "랍비여"(막 14:45) 하고 입을 맞추며 신호를 보냈습니다. 그러자 유다와 함께 온 사람들이 일시에 달려들어 예수님을 붙잡았습니다. 그러자 곁에 있던 베드로가 칼을 빼어 대제사장의 종을 쳤고 그의 귀가 떨어졌습니다.

예수님은 유다와 같이 온 사람들에게 "너희가 강도를 잡는 것 같이 검과 몽치를 가지고 나를 잡으러 나왔느냐 내가 날마다 너희와 함께 성전에 있으면서 가르쳤으되 너희가 나를 잡지 아니하였도다 그러나 이는 성경을 이루려 함이니라"(막 14:48-49)라고 말씀하셨습니다. 예수님이 붙잡히시자 제자들은 모두 예수님을 버리고 도망갔습니다. 유다 일당은 예수님을 끌고 대제사장이 있는 곳으로 갔는데, 그곳에는 대제사장들뿐만 아니라 장로들과 서기관들도 모였습니다. 베드로가 멀찌감치 떨어져서 따라가 대제사장의 집 뜰 안까지 들어갔습니다. 그는 들킬까 마음 졸이며 하인들과 함께 앉아 불을 쬐고 있었습니다.

대제사장들 및 모든 공회원은 불법적인 재판을 열어 놓고 예수님을 처치할 증거를 찾기 위해 혈안이 되었으나 뜻대로 되지 않았습니다. 그 이유는 예수님을 처치하기 위해 거짓 증언을 하는 자가 많으나 그 증언이 서로 일치하지 못하였기 때문이었습니다(막 14:56). 어떤 사람들은 일어나서 "우리가 그의 말을 들으니 손으로 지은 이 성전을 내가 헐고 손으로 짓지 아니한 다른 성전을 사흘 동안에 지으리라"(막 14:58)라고 거짓 증언을 했으나, 그 증언조차도 서로 일치하지 않았습니다.

사람들의 거짓 증언에 예수님은 아무런 대답도 하지 않으셨습니다. 그들이 이미 각본을 정해 놓았기 때문에 변론할 필요성을 느끼지 못하셨고, 더 나아가서는 하나님의 뜻을 이루셔야 했기 때문이었습니다. 대제사장이 사람들 가운데서 일어나더니 예수님께 "너는 아무 대답도 없느냐 이 사람들이 너를 치는 증거가 어떠하냐"(막 14:60)라고 물었습니다. 하지만 예수님은 대제사장의 질문에도 아무 대답을 하지 않으셨습니다. 거짓 증언에 답변할 가치를 전혀 느끼지 못하셨던 것입니다. 대제사장이 다시 "네가 찬송 받을 이의 아들 그리스도냐"(막 14:61)라고 묻자, 예수님은 "내가 그러하다 인자가 권능자의 우편에 앉은 것과 하늘 구름을 타고 오는 것을 너희가 보리라"(막 14:62)라고 말씀하셨습니다.

대제사장은 이 답변의 진위를 판단할 생각은 하지 않은 채, 예수님이 하나님의 신성을 모독하는 자백을 했다고 판단해 버렸습니다. 그래서 자기 옷을 찢으며 "우리가 어찌 더 증인을 요구하리요 그 신성모독하는 말을 너희가 들었도다 너희는 어떻게 생각하느냐"(막 14:63-64)라고 물었고, 공모자들은 일사분란하게 예수를 사형에 처해야 한다고 정죄했습니다. 그러자 어떤 사람은 예수님께 침을 뱉고 예수님의 얼굴을 가리고 주먹으로 치면서 조롱했습니다. 하인들도 손바닥으로 예수님을 때렸습니다(막 14:65).

핵심 정리 세족식과 최후의 만찬

다섯째 날에 예수님은 제자들에게 세족식과 최후의 만찬을 베푸셨습니다. 세족식을 통해서는 자범죄를 회개하고 용서받아야 한다는 것을 보여 주셨습니다. 그리고 최후의 만찬을 통해서는 나의 몸과 언약의 피를 먹고 마시라고 말씀하셨습니다.

- 발을 씻는다는 것과 떡과 포도주를 먹고 마신다는 것은 무엇을 의미합니까?

엘리 엘리 라마 사박다니
십자가

예수님의 자백으로 증거를 획득했다고 생각한 대제사장들은 금요일 새벽 무렵에 즉시 공회 구성원들인 장로들 및 서기관들과 회의를 열어 예수님의 처분을 의논했습니다. 그들은 예수를 사형시켜야 한다고 의견을 모았습니다. 하지만 당시 이스라엘의 정치 사정상 자신들은 사람을 사형시킬 권한이 없었으므로, 그러한 권한을 가진 로마 제국의 총독 빌라도의 힘을 빌릴 수밖에 없었습니다. 그래서 그들은 예수님을 결박한 채로 빌라도에게 끌고 가 넘겨주었습니다. 그들이 빌라도에게 고소한 예수님의 죄목은 아마도 '반란 목적 선동죄'였을 것입니다. 그들은 빌라도에게 며칠 전 예수님이 예루살렘성에 입성하실 때 수많은 사람이 예수님을 '왕'이라고 부르며 로마의 압제에서 벗어나게 해 달라고 외친 사실을 말했을 것입니다. 이것은 유대 총독인 빌라도의 입장에서 그냥 두어서는 안 될 중대한 범죄였습니다. 그래서 빌라도는 그들의 고소를 받아들이고 예수님을 투옥시켰습니다.

(내가 무죄한 피를 팔고 죄를 범하였도다

예수님이 빌라도 총독에게 넘겨진 후, 유다는 예수님의 정죄됨을 보고 스스로 뉘우쳤습니다(마 27:3). 그리고 예수님을 팔아넘긴 대가로 받은 은 30개를 대제사장들과 장로들에게 도로 갖다 주며 "내가 무죄한 피를 팔고 죄를 범하였도다"(마 27:4)라고 했습니다. 하지만 때는 이미 늦었고, 대제사장 일당은 "그것이 우리에게 무슨 상관이냐 네가 당하라"(마 27:4)고 했습니다. 이에 유다는 은을 성소에 던져 넣고 물러가서 스스로 목매어 죽었습니다. 자신의 자아에서 비롯된 양심의 가책을 느끼고 자살한 것입니다.

사실 유다에게는 예수님을 대제사장 무리에게 팔아넘긴 뒤 자살하기까지 회개할 시간이 있었습니다. 이는 하나님이 마지막으로 유다에게 허락하신 은혜의 시간이었습니다. 3년간 예수님을 따라다녔고 예수님이 누구신지 제대로 알고 있었다면, 며칠뿐이었지만 기회가 있을 때 십자가에 달리신 예수님께로 달려가 자신의 죄를 뉘우치고 용서를 빌었을 것입니다. 그랬더라면 용서의 하나님이신 예수님은 회개하고 돌아온 탕자처럼 가룟 유다를 맞아 주셨을 것입니다. 하지만 가룟 유다는 하나님이 주신 회개의 시간에 예수님의 십자가 앞으로 가지 않고 자살을 선택했습니다.

가룟 유다가 예수님께로 가지 않은 것은 자기 죄의 문제를 예수님께 맡기지 않겠다는 뜻이었고 자기 죄의 문제는 자신이 책임지겠다는 뜻이었습니다. 자기 내면에 있던 자아가 자신의 신이요 심판자가 되었던 것입니다. 그러한 자기 책임 의식이 그로 하여금 기회를 놓쳐 버리고 자살하게 만들었습니다.

하지만 예수님이 달리신 십자가의 우편에 있던 강도는 달랐습니다. 전체 인생을 놓고 보면 찰나에 불과한 시간 동안, 그 십자가의 극심한 고통 중에도 예수님을 알아보고 놓쳐서는 안 될 기회를 단단히 붙잡았습니다. "예수여 당신의 나라에 임하실 때에 나를 기억하소서"(눅 23:42)라고 말하며 자기 죄의 문제를 예수님께 맡겼던 것입니다. 그 결과 그는 예수님께 "오늘 네가 나와 함께 낙원에 있으리라"(눅 23:43)라는 말씀을 들을 수 있었습니다.

가롯 유다와 십자가 우편 강도의 이야기를 통해 그리스도인이 가장 우선적으로 알아야 할 점은 우리의 죄의 문제에 예수님이 해결책을 마련해 주셨으므로 예수님께 회개하고 나아가면 모든 죄의 문제가 해결된다는 것입니다. 이러한 앎은 학식이 많든 적든 아무런 관계가 없습니다. 우리의 지식보다 앞서는 것은 믿음입니다. 안셀무스는 "나는 알기 위해 믿는다"고 말했고, 아우구스티누스는 "너희가 믿지 않으면 알지 못하리라"고 말했습니다. 신앙이 지식보다 앞서고 믿음이 앎을 앞서는 것입니다.

그러면 지식보다 믿음이 앞선다면 우리가 믿어야 하는 것은 무엇일까요? 그 대답 중 가장 근본적인 것은 인간이 죄인이라는 사실과 그 죄의 문제를 예수님이 해결해 주셨다는 사실입니다.

(　　네가 유대인의 왕이냐

예수님을 넘겨받은 빌라도는 예수님의 재판을 열었습니다. 그는 예수님께 "네가 유대인의 왕이냐"(막 15:2)라고 물었습니다. 이렇게 물은 이유는 예수님이 유대인의 왕이 아니면서 유대인의 왕처럼 행세하고 다니며 반역을 꾀한다는 죄목으로 공회가 예수님을 고발했기 때문입니다. 예수님은 "네 말이 옳도다"(막 15:2)라고 담담하게 대답하셨습니다. 빌라도는 대제사장들에게 고발자로서의 의견을 물었고, 대제사장들은 여러 가지 고발 사유를 들이댔습니다. 그 말을 다 들은 빌라도는 예수님께 "아무 대답도 없느냐 그들이 얼마나 많은 것으로 너를 고발하는가 보라"(막 15:4)고 하며 반론을 촉구했습니다. 하지만 예수님은 다시는 아무 말씀도 하지 않으셨습니다.

빌라도는 그러한 예수님의 태도가 기이하다고 생각했고, 예수님에 대하여 유죄 판결을 내릴 자신이 없었습니다. 왜냐하면 대제사장 일당들이 내세운 증인들의 증언이 외형상으로는 많아 보였지만, 예수님이 반란 목적 선동죄를 일으켰음을 입증하는 결정적인 증거는 없었기 때문이었습니다. 그래서 당시 예루살렘에 와 있던 헤롯왕에게 예수님을 보내 예수님의 처분과 관련하여 의견을 조율했습니다(눅 23:6-12). 헤롯에게 보냈던 예수님이 돌아오자 빌라도는 결국 유대 공회의 의견에 따라 예수님을 사형에 처하라는 판결을 내렸습니다. 그 이유는 대제사장 일당들이 "이 사람을 놓으면 가이사의 충신이 아니니이다 무릇 자기를 왕이라 하는 자는 가이사를 반역하는 것이니이다"(요 19:12)라고 압박했기 때문입니다.

예수님을 석방하는 것은 가이사에 대한 반역이라는 주장이 제기되기에 이르자, 빌라도는 더 이상 시간을 지체할 수 없었을 것입니다. 그 주장이 로마에 있는 가이사의 귀에 들어가는 날에는 자신이 내린 판단에 관해 해명할 기회도 받지 못하고 무슨 봉변을 당할지 모르기 때문이었습니다. 그래서 그는 예수님에 대하여 유죄를 선고한 다음, 즉각 형을 집행하는 판결을 내렸습니다. 상소를 허용하지 않는 재판이었습니다.

예수님은 빌라도의 판결을 묵묵히 받아들이셨습니다. 이는 빌라도의 판결이 정의로웠다거나 통치자인 빌라도에 대하여 저항권을 행사하면 안 되었기 때문이 아니었습니다. 오히려 예수님은 하나님의 아들로서 빌라도가 오판을 감행하고 있다는 것을 알고 계셨음에도 이러한 재판을 통해서라도 인류를 구원하시려는 하나님의 주권에 복종하신 것이었습니다.

빌라도의 오판은 두 가지입니다. 첫 번째, 예수님이 무죄인데도 유죄 판결을 내린 것이고, 두 번째, 피고인이 뒤바뀐 것을 모른 채 유죄 판결을 선고한 것입니다. 빌라도는 두 번째 오판에 관해서는 몰랐습니다. 피고인이 뒤바뀐 것은 부자지간인 하나님과 예수님의 인간에 대한 눈물겹도록 아름다운 사랑을 보여 줍니다. 하나님은 빌라도를 포함한 인류 전체를 법정에 세워서 심판을 내리는 대신 피고인을 바꿔 자신의 독생자를 법정에 세우셨습니다. 이렇게 해서라도 인간의 죄를 용서하시겠다는 뜻이었습니다. 마치 한 나라의 왕이 재판관을 내세워 흉악범에 대해 사형 판결을 내리게 한 다음, 그 재판관 몰래 흉악범 대신에 자기 아들을 법정에 세워 사형 판결을 받게 하는 것과 같습니다.

빌라도의 재판은 하나님의 허락이 없었더라면 결코 열릴 수 없었습니다. 그래서 예수님이 법정에서 빌라도에게 "위에서 주지 아니하셨더라면 나를 해할 권한이 없었으리니"(요 19:11)라고 말씀하신 것입니다. 이러한 재판은 인간의 범죄에 대한 하나님의 심판이 얼마나 엄중한지를 보여 줍니다. 예수님이 이 땅에 인간의 죄를 위해 속죄양으로 오셨다면 빌라도의 법정이 아니라 가야바가 지배하는 성전에서 희생 제물이 되어 죽으셔도 되었을 것입니다. 하지만 하나님은 인류에 대한 심판을 하셔야 했습니다. 그 결과 예수님이 진짜 피고인들을 대신해 법정에 서신 것입니다. 이러한 예수님의 희생과 놀라운 사랑을 베드로를 포함한 인간들은 알 길이 없었습니다.

이로 인해 예수님은 칼로 대제사장의 종 말고의 귀를 베어 버린 베드로에게 "너는 내가 내 아버지께 구하여 지금 열두 군단 더 되는 천사를 보내시게 할 수 없는 줄로 아느냐 내가 만일 그렇게 하면 이런 일이 있으리라 한 성경이 어떻게 이루어지겠느냐"(마 26:53-54)라고 꾸짖으신 것입니다.

빌라도가 예수님께 사형 선고를 내린 데는 여러 가지 정황적 근거들이 있었습니다. 일단, 피고인인 예수님이 적극적으로 스스로를 변호할 의지가 없으신 데다 그는 사건의 쟁점이 아닌 진리 문제만 거론하셨습니다. 또 예수님을 변호해 주거나 유리한 증언을 해 주는 사람들이 전혀 없었고, 속죄제를 통해 사람들의 생명을 구원해야 할 대제사장 일당이 고소인이 되어 예수님의 생명을 어서 끊어 주기를 간청했으며, 법정 바깥에서는 수많은 사람이 사형 판결을 내리지 않으면 폭동도 불사하겠다는 움직임을 보였습니다. 피고인이 갈릴리 시골 출신이라서 사형 판결을 내리더라도 그에 불만을 품고 항의할 사람들이 없어 보였고, 자신의 판결로 오히려 유대 사회가 평온을 되찾으면 자기 지위가 확고해질 것이라는 판단도 섰습니다. 결론적으로, 사형 판결을 해도 큰 문제가 없고 오히려 예루살렘의 치안 유지에 이익이 되겠다는 생각에 사형 선고를 내린 것입니다.

사실 빌라도는 예수님이 제기하신 진리 문제에 관해서 일말의 변론 기회를 부여하지 않았고, 어떤 판결을 내릴지 확신이 서지 않자 수치스럽게도 사건 담당 재판관이 아닌 헤롯왕에게 결론을 내려 달라고 청탁까지 했습니다. 하나님의 형상을 닮은 인간으로부터 생명을 빼앗아야 하는 상황에서, 인간의 존엄과 가치에 대해 진지한 숙고의 시간을 가지기는커녕 자신이 가진 권세가 얼마나 큰지 세상에 보여 주기 위해 재판을 시작한 지 불과 몇 시간 만에 지극히 경솔하게 사형 판결을 내려 버렸습니다.

진리를 찾고 정의를 실현하기 위해 만들어진 재판 제도와 판사의 재판권, 세속 국가와 위정자의 권세가 얼마나 형편없이 망가지고 일탈할 수 있는지를 적나라하게 보여 주는 판결입니다. 그 배후에는 하나님께 선택받았다는 자부심이 대단하던 이스라엘 제사장들과 백성이 바로 그 하나님의 아들을 죽였다는, 인간 최대의 부조리도 자리 잡고 있습니다. 이는 인간 및 인간 공동체의 대수선(大修繕) 작업이 인간의 모든 문제가 응축된 '빌라도의 법정'에서부터 출발되어야 한다는 것을 잘 보여 줍니다. 진리의 절대 표준이신 하나님을 배제하면 어떻게 되는지를 지극히 잘 드러내는 판결이고, 이로 인해 예수님의 '8일 전쟁'은 승리에 한 발 더 다가가게 되었습니다.

(하나님, 어찌하여 나를 버리셨나이까

빌라도의 형 집행 결정에 따라 군병들은 예수님을 끌고 브라이도리온이라는 뜰 안으로 들어갔습니다. 그리고 모든 병사를 집합시켰습니다. 대열을 갖춘 병사들은 예수님께 자색 옷을 입히고 가시 면류관을 엮어 씌운 다음 경례를 하며 "유대인의 왕이여 평안할지어다"(막 15:18)라고 조롱했습니다. 그런 다음 갈대로 예수님의 머리를 치고 침을 뱉으며 무릎 꿇어 절하는 시늉을 했습니다.

희롱이 끝나자 군사들은 예수님께 입혔던 자색 옷을 벗기고, 예수님이 입고 계시던 옷을 도로 입힌 후 십자가에 못 박으려고 끌고 나갔습니다. 예수님은 베들레헴 마구간의 말구유에서 하나님의 왕자로 탄생하셨을 때도 많은 백성에게 축복받지 못하셨는데, 이방인이 재판장으로 있는 재판정의 뜰에서 대관식을 치르시면서도 축하는커녕 심한 모욕을 받으셨던 것입니다.

지난 6일간의 전쟁으로 쇠약해질 대로 쇠약해지셨고, 간밤에는 기도와 심문으로 밤을 꼬박 새우셨으며, 새벽부터 재판받고 채

찍질 당해 찢어지고 피가 흐르는 그분의 어깨에 육중한 무게의 나무가 지워졌습니다. 예수님은 자신이 매달릴 나무를 지고 예루살렘성 밖의 골고다(해골의 곳) 언덕으로 겨우 발걸음을 옮기셨습니다. 명절 때문에 모인 사람들은 대단한 구경거리인 듯 예수님을 향해 몰려들었습니다. 어느 지점에 이르렀을 때 예수님은 탈진하셔서 더 이상 걸으실 수 없는 상황이 되었습니다.

그때 마침 한 사람이 눈에 띄었습니다. 그는 알렉산더와 루포의 아버지인 구레네(아프리카 북부 지역) 출신 시몬으로 유월절 명절을 지내기 위해 시골에서 올라와 거리를 지나고 있었습니다. 병사들은 그를 억지로 데려와 예수님이 지시고 있던 십자가를 그에게 지우고 예수님을 끌고 골고다 언덕에 도착했습니다.

병사들은 초주검이 되신 예수님께 몰약을 탄 포도주를 주었으나 예수님은 받지 않으셨습니다. 광야에서 돌을 떡으로 만들어 40일간 먹지 못해 굶주린 배를 채우라는 사탄의 시험을 거절하셨던 장면과 오버랩됩니다. 병사들은 예수님을 벌거벗긴 후 양손과 두 발을 십자가에 못 박았고, 예수님이 입고 계시던 옷은 전리품인 양 서로 가지려고 하다가 결국에는 제비를 뽑아서 가져갈 자를 정했습니다.

제삼시(막 15:25, 오전 9시)가 되자, 병사들은 예수님이 못 박히신 십자가를 언덕에 세웠습니다. 그들은 그 나무 십자가에 히브리어와 로마어, 헬라어로 "유대인의 왕"(막 15:26)이라는 죄목을 적은 패를 함께 박았습니다. 병사들은 강도 두 사람을 매단 십자가도 예수님의 십자가와 함께 세웠습니다. 그중 한 사람의 십자가는 예수님의 오른쪽에 세워졌고, 다른 한 사람의 십자가는 예수님의 왼쪽에 세워졌습니다.

　복음서 전체를 종합하면 예수님은 십자가에 달리셔서 숨이 끊어지실 때까지 십자가에서 일곱 번 말씀하셨다는 것을 알 수 있습니다. 이를 '가상칠언'이라고 합니다. 십자가에 달리시고 처음 하신 말씀은 "아버지 저들을 사하여 주옵소서 자기들이 하는 것을 알지 못함이니이다"(눅 23:34)라는 것이었습니다(제1언).

　예수님의 좌우편 십자가에 달린 강도 중 한 사람은 죽음을 앞에 두고서도 예수님을 비방했으나, 다른 한 사람은 예수님을 비방하는 그 강도를 꾸짖은 다음 예수님께 "예수여 당신의 나라에 임하실 때에 나를 기억하소서"(눅 23:42)라고 말했습니다. 그러자 예수님은 "내가 진실로 네게 이르노니 오늘 네가 나와 함께 낙원에 있으리라"(눅 23:43)라고 말씀하셨습니다(제2언). 진리이신 예수님을 알아본 사람과 그렇지 못한 사람이 궁극적으로 어떤 결과를 맞이하는지 보여 주고 있습니다.

　예수님의 십자가 곁에는 그 어머니와 이모와 글로바의 아내 마리아와 막달라 마리아와 사도 요한이 오열하며 서 있었습니다(요 19:25). 예수님은 어머니께 요한을 지목하며 "여자여 보소서 아들이니이다"(요 19:26)라고 하신 다음, 사도 요한에게는 마리아를 지목하며 "보라 네 어머니라"(요 19:27)라고 말씀하셨습니다(제3언). 자신의 모친 마리아를 어머니로서 공경해 달라고 사도 요한에게 부탁하신 것입니다. 이후 사도 요한은 마리아를 자기 집에 모시고 어머니로 섬겼습니다.

지나가는 사람들은 자기 머리를 흔들며 예수님을 향해 "아하 성전을 헐고 사흘에 짓는다는 자여 네가 너를 구원하여 십자가에서 내려오라"(막 15:29-30)라고 모욕했습니다. 대제사장들과 서기관들과 함께 군중도 예수님을 희롱하며 서로에게 "그가 남은 구원하였으되 자기는 구원할 수 없도다 이스라엘의 왕 그리스도가 지금 십자가에서 내려와 우리가 보고 믿게 할지어다"(막 15:31-32)라고 말했습니다. 예수님이 광야에서 40일간 금식하신 후 사탄에게 "네가 만일 하나님의 아들이어든 뛰어내려 보라"라고 조롱받으시던 장면이 떠오릅니다.

제육시(낮 12시)가 되매 온 땅에 어두움이 임하더니 그 어두움이 제구시(오후 3시)까지 계속되었습니다(막 15:33). 제구시가 되자 예수님은 "엘리 엘리 라마 사박다니"(막 15:34)라고 크게 소리를 지르셨습니다(제4언). 그 뜻은 "나의 하나님 나의 하나님 어찌하여 나를 버리셨나이까"(막 15:34)입니다. 예수님의 외침은 구약성경 시편에 이미 예견되었습니다(시 22:1-2 참조).

곁에 섰던 자들 중 어떤 이들이 예수님의 외침을 듣고 "보라 엘리야를 부른다"(막 15:35)라고 했습니다. 어떤 사람은 "가만 두라 엘리야가 와서 그를 내려 주나 보자"(막 15:36)라고 말했습니다. 그 후에 예수께서 모든 일이 이미 이루어진 줄 아시고 성경을 응하게 하시기 위해 "내가 목마르다"(요 19:28)라고 말씀하셨습니다(제5언). 이에 사람들이 신 포도주를 적신 해면을 우슬초에 매어 예수님의 입에 대었습니다(요 19:29). 신 포도주와 우슬초를 예수님의 입에 댄 것은 이스라엘 백성이 출애굽 직전에 희생 제물을 잡아 그 피를 우슬초에 적셔 문 안방과 좌우 문설주에 바른 장면을 연상케 합니다(출 12:22-23). 예수님은 신 포도주를 받으신 후에 "다 이루었다"(요 19:30)라고 말씀하셨습니다(제6언).

그 무렵, 성전에서 지성소와 성소를 구분 짓는 거대한 성소 휘장의 한가운데가 위에서부터 시작하여 아래로 찢어져 두 조각 나 버렸습니다. 그와 동시에 예수님은 "아버지 내 영혼을 아버지 손에 부탁하나이다"(눅 23:46)라는 말씀을 하시고 숨지셨습니다(제7언). 하나님 나라의 왕이시지만, 더 이상 짐승의 피를 흘릴 필요가 없는 완전하고 영원한 희생 제물이 되심으로써 참 왕의 모범을 보이셨습니다. 이제 인간은 멜기세덱의 대제사장직을 승계하셨고 참 희생양이 되신 예수님의 피를 증거로 내보이기만 하면, 희생 제사를 관장하는 제사장을 거치지 않고 희생양을 바치지 않더라도 거룩하신 하나님의 임재 앞에 설 수 있게 되었습니다.

예수님을 향하여 서 있던 로마 군대의 백부장은 예수님이 그렇게 숨지시는 것을 보고 "이 사람은 진실로 하나님의 아들이었도다"(막 15:39)라고 고백했습니다. 그때 멀리서 여자들이 서로 부둥켜안고 통곡하며 바라보았습니다. 사도 요한을 제외하고 예수님을 따르던 다른 제자들의 모습은 어디에서도 볼 수 없었습니다.

날이 저물었을 때에 아리마대 사람 요셉이 용기 있게 빌라도에게 가 예수님의 시체를 달라고 했습니다. 이 사람은 존경받는 공회원 중 한 사람이었고, 하나님의 나라를 기다리는 자였습니다. 요셉의 요청을 받은 빌라도는 예수님이 벌써 죽었을까 하고 이상히 여겨 백부장을 불러 "죽은 지가 오래냐"(막 15:44)라고 묻고 알아본 후에 요셉에게 시체를 내어 주었습니다. 요셉은 예수님의 시신을 십자가에서 내려, 사 온 세마포로 쌌습니다. 그런 다음 바위 속에 판 무덤에 시신을 넣고 돌을 굴려 무덤 문을 막았습니다. 막달라 마리아와 요셉의 어머니 마리아가 예수님의 시신을 모셔 둔 곳을 눈여겨보았습니다.

핵심 정리 십자가

여섯째 날 예수님은 오전 9시에 십자가에 못 박히셨고, 오후 3시에 죽음을 맞아 무덤에 장사되셨습니다. 예수님이 십자가에 달려 죽으신 것은 하나님이 인간의 죄의 대가로 자신을 내놓으셨다는 뜻입니다. 백부장은 십자가에 달리신 예수님을 보면서 "하나님의 아들"이라는 진실한 고백을 했습니다.

- 백부장이 십자가에 달리신 예수님을 보며 던진 "하나님의 아들"이라는 고백은 당신에게 어떤 메시지를 줍니까?

안식 후 그가 살아나셨다
부활

하나님은 땅이 혼돈하고 공허하며 흑암이 깊음 위에 있을 때에 빛을 창조하셨습니다(창 1:2). 예수님은 어둠과 죽음의 그늘에 앉은 자들에게 빛으로 오셨습니다(눅 1:79).

하나님은 6일째에 사람을 창조하셨습니다. 아담의 갈비뼈에서 신부인 하와의 생명을 만드셨습니다. 예수님은 6일째에 십자가에 달리셔서 옛 사람을 죽이셨습니다. 옆구리에서 생명의 근원이 되는 물과 피를 흘리심으로써 신부인 하나님의 백성에게 새 생명을 주셨습니다.

하나님은 6일간의 창조 사역 후 7일째 되는 날 안식하셨습니다. 예수님은 6일간의 전쟁 후 7일째 되는 날 안식하셨습니다.

그가 살아나셨고 여기 계시지 아니하니라

슬프고도 고요한 안식일이 지났습니다. 막달라 마리아, 야고보의 어머니 마리아, 살로메는 안식 후 첫날 매우 일찍이 해 돋을 때에 무덤으로 달려갔습니다(막 16:2). 예수님의 시신에 향품을 바르기 위해서였습니다. 그녀들은 전날 예수님이 달리신 십자가 근처에서 예수님을 바라보며 한없이 눈물을 흘리고 있었는데, 마침 아리마대 요셉이 예수님의 시신을 십자가에서 내린 다음 무덤으로 가기에 몰래 따라가서 지켜보았습니다.

그런데 요셉이 향품을 바르지도 않은 채 예수님의 시신을 세마포로 싸서 무덤에 넣는 것이었습니다. 그녀들은 장례식조차 제대로 치르지 못했다는 생각에 가슴이 찢어지는 듯한 아픔을 느꼈을 것입니다. 그래서 가게로 달려가서 향품을 사 두었습니다. 그리고 새벽 동이 트기도 전에 예수님의 시신에 향품을 바르기 위해 무덤으로 갔던 것입니다. 누가복음의 기록도 동일합니다.

하지만 요한복음에는 아리마대 요셉과 니고데모가 "예수의 시체를 가져다가 유대인의 장례법대로 그 향품과 함께 세마포로"(요 19:40) 쌌다고 나옵니다. 그래서 요한복음 20장 1절에는 막달라 마리아가 그냥 무덤에 간 것으로 나옵니다. 또 마태복음에는 향품 이야기가 아예 나오지 않고, 장례식을 치른 사람은 아리마대 요셉이고 여인들은 그냥 무덤을 보려고 간 것으로 나옵니다.

어쨌든 그녀들은 무덤으로 가면서 "누가 우리를 위하여 무덤 문에서 돌을 굴려 주리요"(막 16:3)라고 말했습니다. 무덤 문을 가로막은 돌이 심히 커서 그녀들의 힘으로는 옮길 수 없다고 생각했기 때문이었습니다. 그런데 무덤에 도착해서 눈을 들어 본즉 벌써 돌이 굴려져 있었습니다(막 16:4). 그녀들은 당황하여 어쩔 줄 몰랐습니다. 누가 예수님의 시신을 훔쳐 갔는지도 모르기 때문이었습니다.

무덤으로 들어간 그녀들은 흰옷을 입은 한 청년이 우편에 앉은 것을 보고 놀랐습니다(막 16:5). 놀라서 기절하지 않은 것이 다행일 정도였습니다. 그 청년은 "놀라지 말라 너희가 십자가에 못 박히신 나사렛 예수를 찾는구나 그가 살아나셨고 여기 계시지 아니하니라 보라 그를 두었던 곳이니라 가서 그의 제자들과 베드로에게 이르기를 예수께서 너희보다 먼저 갈릴리로 가시나니 전에 너희에게 말씀하신 대로 너희가 거기서 뵈오리라 하라"(막 16:6-7)라고 말했습니다. 세 여인은 몹시 놀라 떨며 나와 무덤에서 도망하고 무서워하여 아무에게 아무 말도 하지 못했습니다(막 16:8).

예수님은 안식 후 첫날 이른 아침에 부활하신 후, 제일 먼저 막달라 마리아에게 자신을 보여 주셨습니다. 예수님은 막달라 마리아를 사로잡고 있던 일곱 귀신을 쫓아내 주신 적이 있습니다(눅 8:2). 그녀는 예수님이 십자가에 달리셨을 때 갑자기 이름이 등장했는데, 예수님의 부활 이후 처음으로 예수님을 만나는 영광을 누리는 사람이 됩니다.

예수님을 만난 막달라 마리아는 "예수와 함께하던 사람들이 슬퍼하며 울고 있는 중에"(막 16:10) 찾아가 예수님의 부활 소식을 알렸습니다. 하지만 그들은 예수님이 살아나셨다는 것과 마리아에게 보이셨다는 것을 듣고도 믿지 않았습니다.

온 천하에 다니며 만민에게 복음을 전파하라

11명의 제자들이 음식을 먹고 있을 때에 예수님이 그들에게 나타나셔서 그들의 믿음 없는 것과 마음이 완악한 것을 꾸짖으셨습니다. 그 이유는 그들이 예수님이 살아난 것을 본 자들의 말을 믿지 않았기 때문입니다(막 16:14). 예수님의 부활 소식을 막달라 마리아와 글로바, 또 다른 제자에게도 들었는데도 제자들은 그 사실을 믿지 않았습니다. 그런 제자들에게 예수님은 명령하셨습니다. 이를 예수님의 '지상명령' 또는 '대위임령'이라고 합니다.

> 너희는 온 천하에 다니며 만민에게 복음을 전파하라 믿고 세례를 받는 사람은 구원을 얻을 것이요 믿지 않는 사람은 정죄를 받으리라 믿는 자들에게는 이런 표적이 따르리니 곧 그들이 내 이름으로 귀신을 쫓아내며 새 방언을 말하며 뱀을 집어 올리며 무슨 독을 마실지라도 해를 받지 아니하며 병든 사람에게 손을 얹은즉 나으리라(막 16:15-18).

다른 복음서에 나온 말씀들도 함께 살펴보면, 예수님이 제자들에게 내리신 지상명령은 "너희는 온 천하에 다니며 만민에게 복음을 전파하라"(막 16:15)라는 말씀으로 압축할 수 있습니다. 이 말씀들을 바탕으로 그 의미를 해석하면, '천하'는 예루살렘과 온 유대와 사마리아와 땅끝이고, '만민'은 모든 민족 또는 모든 족속이며, 전해야 할 '복음'은 십자가에 달리셨으나 부활하신 예수님을 믿고 죄 사함의 성령 세례를 받는 사람은 구원을 얻는다는 것입니다.

예수님은 무고하게 재판을 받고 십자가형을 받으시고, 죽으셨다가 부활하셨습니다. 그런데도 예수님은 예수님을 재판한 자들과 예수님께 폭력을 행사한 사람들에게 추호의 증오나 복수심을 보이지 않으셨습니다. 오히려 원수까지 사랑하라고 생전에 가르치셨을 뿐만 아니라 부활하신 후에도 땅끝까지 가서 복음을 전하는 사랑의 수고를 하라고 제자들에게 명령하셨습니다. 부활은 사랑입니다.

(부활은 참 소망이다

예수님은 하나님의 아들로 세상에 오셨고, 가시 면류관을 쓰고 대관식을 치르셨으며, 부활하심으로써 죽음이라는 인류 최대의 악을 이기셨습니다. 이로 인해 인간에게는 재창조의 기회가 부여되었는데, 그것은 바로 예수님과 같이 새 하늘과 새 땅에서 새 몸으로 부활하는 것입니다.

예수님의 생애를 보면, 예수님이 복음을 전하신 후에 병들었거나 귀신 들린 자들이 치유되었고, 오병이어와 같은 풍성한 잔치도 벌어졌으며, 세리와 이방인 등 억눌린 자들을 위한 신원이 이루어져 그들도 예수님이 만드신 공동체에 당당히 참여할 수 있었습니다. 그러면 예수 그리스도의 복음에서 절대 뺄 수 없는 죄에 대한 사면은 어떻게 이루어졌을까요? 그리고 죄란 도대체 무엇일까요?

성경과 기독교는 인간의 죽음을 죄의 결과라고 합니다. 인간 사회에서 중한 범죄를 저지른 자가 사형에 처해지는 것과 같은 맥락입니다. 기독교적으로 우리에게 죄가 있다는 증거는 우리가 아무리 죽지 않으려고 해도 죽을 수밖에 없다는 사실이라고 합니다. 즉 우리가 아무리 생명이라는 표적을 향해 가도 우리의 발걸음은 그 표적에서 벗어나 오히려 우리가 원치 않는 죽음을 향하게 된다는 것입니다. 왜 결국 죽음을 향해 가는 것일까요? 그것은 아담과 하와의 원죄로 말미암아 하나님이 그렇게 되도록 하셨기 때문이라고 성경은 설명합니다. 결국 성경에서 말하는 죄는 하나님의 명령(법)을 위반하는 모든 것이라고 할 수 있습니다.

하나님은 아담과 하와의 범죄 이후 그들이 생명나무 열매를 따 먹지 못하도록 하기 위해 에덴동산 동쪽에 두루 도는 불 칼을 두셨고(창 3:24), 그 결과 인간에게는 죽음이 찾아왔습니다. 우리가 영원히 살고자 한다면 하나님이 설치하신 두루 도는 불 칼을 제거하셔야 합니다. 성경에서 말하는 죄의 피해자는 하나님이시므로 하나님만이 죄를 용서하실 수 있습니다.

한편, 피해자이신 하나님이 그 불 칼을 제거하시기 위해서는 대가가 필요합니다. 그러지 않고 죄의 문제를 해결해 주시는 것은 하나님이 스스로 자신이 만든 법은 지킬 필요가 없다고 선언하시는 모양이 되기 때문입니다. 그런데 그 대가는 이미 유죄를 선고받은 존재, 즉 인간은 치를 수 없습니다. 그래서 하나님은 독생자를 인간의 몸으로 세상에 보내서서 그 대가를 치르게 하신 것입니다. 이로 인해 인간들에게 사면이라는 복음이 선포되었습니다.

예수님이 십자가에 달려 죽으신 것은 하나님이 인간의 죄의 대가로 자신을 내놓으셨다는 뜻입니다. 그리고 예수님을 부활시키신 것은 죽음에 대한 보복으로 자신의 절대 권위를 바탕으로 하는 폭력을 사용하지 않고, 사랑으로써 복수라는 폭력의 순환 고리를 끊겠다는 선언을 하신 것이었습니다. 이로 인해 인간에게 사면이 제시되었고, 이로써 인간은 두루 도는 심판의 불 칼이 제거된 '새 하늘과 새 땅'에서 영생할 희망을 얻게 되었습니다. 예수님이 재림하시는 날, 우리도 부활하여 새 하늘과 새 땅에서 영원한 평강을 누리게 될 것입니다. 따라서 부활은 희망입니다.

땅끝까지 이르러 내 증인 되리라

새로운 사명을 부여받은 제자들은 급히 예루살렘으로 올라왔습니다. 그러자 예수님이 다시 제자들에게 나타나셔서 "그들의 마음을 열어 성경을 깨닫게"(눅 24:45) 하신 후에 말씀하셨습니다.

> 이같이 그리스도가 고난을 받고 제삼일에 죽은 자 가운데서 살아날 것과 또 그의 이름으로 죄 사함을 받게 하는 회개가 예루살렘에서 시작하여 모든 족속에게 전파될 것이 기록되었으니 너희는 이 모든 일의 증인이라 볼지어다 내가 내 아버지께서 약속하신 것을 너희에게 보내리니 너희는 위로부터 능력으로 입혀질 때까지 이 성에 머물라(눅 24:46-49).

그러자 제자들이 "주께서 이스라엘 나라를 회복하심이 이때니이까"(행 1:6) 하고 물었습니다. 예수님은 "때와 시기는 아버지께서 자기의 권한에 두셨으니 너희가 알 바 아니요 오직 성령이 너희에게 임하시면 너희가 권능을 받고 예루살렘과 온 유대와 사마리아와 땅끝까지 이르러 내 증인이 되리라"(행 1:7-8)라고 말씀하셨습니다.

이후 예수님은 제자들이 보는 데서 하늘로 올라가셨습니다. 제자들이 예수님의 승천 장면을 목격하고 있을 때 흰옷 입은 두 사람이 제자들 곁에 서서 "갈릴리 사람들아 어찌하여 서서 하늘을 쳐다보느냐 너희 가운데서 하늘로 올려지신 이 예수는 하늘로 가심을 본 그대로 오시리라"(행 1:11)라고 했습니다. 제자들은 예수님의 말씀에 순종하기 위해 대제사장 일당의 위협이 시시각각 다가오는 중에도 예루살렘을 떠나지 않고 지켰습니다.

그러자 오순절 날 마가의 다락방에서 기도하고 있던 120여 명의 제자들에게 급하고 강한 바람 같은 소리가 들리면서 불의 혀처럼 갈라지는 것들, 다시 말해 성령이 임하셨습니다(행 2:2-3). 예수님이 약속하신 성령이 오셨고 성령과 교회의 시대가 시작된 것입니다.

핵심 정리 부활

예수님은 하나님의 아들로 세상에 오셨고, 십자가에서 죽으시고, 부활하심으로써 죽음이라는 인류 최대의 악을 이기셨습니다. 이로 인해 인간에게는 새 하늘과 새 땅에서 새 몸으로 부활하리라는 소망이 생겼습니다.

- 예수님의 부활이 오늘을 사는 당신에게 참 소망이 됩니까? 현실이 힘겹다면 주님이 주신 부활 소망을 묵상해 봅시다.

Jesus

이야기 4

예수의 가르침
정의롭고 선한 삶을 위하여

하나님이 통치하시는 세계
하나님 나라와 천국

　신약성경에서 '천국'(the kingdom of heaven)은 마태복음에만 32회 등장하고, 이를 제외한 신약성경에서는 찾을 수 없습니다. 한편 '하나님 나라'(the kingdom of God)는 마태복음에는 5회밖에 나오지 않지만, 나머지 신약성경에서는 일상적으로 등장합니다. 디모데후서 4장 18절에 '천국'이라는 말이 등장하나 이 말의 원어는 '그분의 하늘나라'(His heavenly kingdom)이기 때문에 '하나님 나라'로 번역하는 것이 맞다고 합니다. 이런 점으로 보면, 신약성경에서 '하나님 나라'와 '천국'은 완전히 같은 의미로 사용된 말이 아니라는 것을 알 수 있습니다.

(**'하나님 나라'의 뜻**

먼저, '하나님 나라'(the kingdom of God)는 하나님이 주권자로서 통치하시는 영역입니다. 하나님은 우주 만물의 창조주이시므로 초월적 세계인 영원 세계뿐만 아니라 인간과 만물의 기반이 되는 시공간 세계도 하나님의 통치 영역에 포함되며, 하나님의 섭리가 미치는 곳입니다.

예수님이 재림하실 때까지는 세계가 영원 세계와 시공간 세계로 나누어져 있고, 사람들이 죽으면 그 육신은 시공간 세계에 남게 되나 영혼은 영원 세계로 가게 됩니다. 이 영원 세계를 일반적으로 '천국'(the kingdom of heaven)이라고 하고, 우리가 살고 있고 우리의 죽은 육신이 머무는 시공간 세계를 보통 '세상' 또는 '땅'이라고 합니다. 그러므로 예수님이 재림하시기 전의 '천국'은 하나님 나라 중 영원 세계를 뜻한다고 보면 됩니다.

한편, 예수님의 재림 날에는 영원 세계와 시공간 세계가 통합됩니다. 통합된 이 세계를 '새 하늘과 새 땅'이라고 합니다. 새 하늘과 새 땅도 하나님 나라 또는 천국으로 불립니다. 하지만 '새 하늘과 새 땅으로서의 천국'은 '예수님이 재림하시기 전의 영원 세계인 천국'과는 의미가 다르다는 것을 염두에 두어야 합니다.

하나님 나라에는 영원 세계뿐 아니라 시공간 세계, 즉 인간과 만물의 터전이 되는 땅도 포함됩니다. 따라서 예수님이 재림하시기 전까지는, 사탄의 권세에 굴복하여 하나님께 반역하는 영역(사람과 지역)도 있겠지만 여전히 하나님의 주권은 그곳에도 미칩니다. 영원 세계인 천국과 하나님의 통치권에 피조물들이 복종하는 시공간 세계에는 평화(샬롬)가 있습니다. 하지만 그 외의 곳에서는 사탄과의 격전을 예상해야 합니다. 어려운 싸움이겠지만 우리는 물러설 필요가 없습니다. 왜냐하면 예수님이 '이미' 승리를 이루어 놓으셨기 때문입니다. 최종 승리는 '아직' 오지 않았지만 우리는 그날이 반드시 온다는 것을 알고 있습니다.

예수님은 영원 세계인 하늘에서 시공간 세계인 땅으로 오셨습니다. 예수님이 땅에 오신 것은 우주의 왕으로서 사탄의 권세 아래서 신음하는 하나님의 백성을 회복시켜 새 창조를 성취하시기 위함입니다. 예수님이 백성을 회복시키는 방법으로 선택하신 것은 창조 본연의 성품을 잃은 인간과 그들의 공동체인 교회였습니다. 예수님이 피로 사신 교회에서의 예배를 통하여 평범하기 짝이 없는 타락한 한 사람을 변화시키고 타락한 시공간 세계를 회복해 가시겠다는 것이 '하나님의 모략'이었습니다.

한 사람이 예수님을 왕으로 영접하면 그는 예수님의 통치를 받게 되고, 그로부터 하나님 나라의 회복이 시작됩니다. 하지만 세상 모든 사람이 예수님을 왕으로 영접하는 것이 아니므로 땅에는 여전히 악의 권세에 눌린 영역(사람과 지역)이 남아 있습니다. 하나님 나라의 시민권자는 하나님의 통치권을 거부하는 영역의 통치권이 회복되기를 소망하면서 살아갑니다. 예수님이 재림하실 때까지 이루어야 할 사명이 하나님 나라의 회복과 확장입니다.

(나라가 임하시오며

시공간 세계는 하나님이 선하게 창조하시고 통치하시는 곳입니다. 따라서 시공간 세계인 땅은 악하므로 파괴되어 사라져야 한다고 생각하는 것은 잘못입니다. "피조물이 고대하는 바는 하나님의 아들들이 나타나는 것"(롬 8:19)이지 지구와 우주의 파멸이 아닙니다. 이것이 올바른 창조관이자 기독교 세계관입니다. 이를 더욱 잘 표현한 글이 있어, 좀 길지만 부득이하게 소개합니다.

> 우리는 이름 모를 우주를 떠돌고 있지 않다. 우리는 집에 있다. 하나님이 지으신 세상에 살고 있다. 이 세상은 그저 '자연'이 아니라 창조 세계다. 이 창조 세계는 '심히 좋다'(창 1:31). 물질세계는 우리의 천상적 실존을 회피하고자 하는 우회로에 불과하지 않다. 하늘에 계신 우리 아버지가 창조하신 아주 좋은 거처다. 하나님께 창조 세계는 불쾌하고 유감스러운 실수가 아니다. 오히려 그분의 사랑이 만들어 낸 작품이다. … 하나님은 성육신을 통해 말씀이 육신이 되셔서 우주의 창조주가 우리 동네로 찾아오신다. 무한하고 초월적인 하나님이 우리처럼 몸을 입으신다. 이 모든 이야기는 계시록 21장에서 마무리된다. 하나님은 우리를 창조 세계에서 내쫓지 않으신다. 그분은 새로운 창조 세계 안에서 우리와 함께 살기 위해 내려오신다. 따라서 이 이야기의 끝이 그 시작을 재확인해 주는데, 창조세계는 매우 선하다.[2]

이 점을 염두에 두고 예수님은 "나라가 임하시오며"(마 6:10)라고 기도하라고 하셨던 것입니다. 다시 말해, '나라가 임하도록 기도하라'고 하신 것은 우리의 영혼과 마음에 하나님의 통치가 이루어지고, 나아가 이 땅에도 하나님의 통치가 온전히 이루어지기를 기도하라는 것이었습니다. 그런데 하나님 나라의 회복은 인간의 영혼과 마음의 회개에서부터 시작됩니다. 그래서 세례 요한은 "회개하라 천국이 가까이 왔느니라"(마 3:2)라고 외쳤던 것입니다. 시공간 세계를 사는 사람들이 하나님의 통치를 받고 있다면, 그 사람들에게는 하나님 나라가 회복되어 영원 세계인 천국의 시민권자라는 영예가 부여되고, 천국의 기쁨이 주어집니다.

(**천국을 침노하는 자**

천국(영원 세계)은 인간이 가진 그 무엇과도 비교할 수 없는 귀한 가치를 지닙니다. 예수님은 천국의 가치를 다음과 같이 말씀하셨습니다.

> 천국은 마치 밭에 감추인 보화와 같으니 사람이 이를 발견한 후 숨겨 두고 기뻐하며 돌아가서 자기의 소유를 다 팔아 그 밭을 사느니라 또 천국은 마치 좋은 진주를 구하는 장사와 같으니 극히 값진 진주 하나를 발견하매 가서 자기의 소유를 다 팔아 그 진주를 사느니라(마 13:44-46).

예수님은 자신의 소유를 다 팔아 '보화'나 '진주'로 비유된 천국을 산다고 말씀하셨지만, 실제로 천국은 인간이 사서 소유할 수 있는 것이 아닙니다. 전 재산을 팔아 값진 진주를 산다고 한 것은 우리의 전 재산으로 천국을 살 수 있다는 뜻이 아니라 천국이 우리의 전 재산과도 비교할 수 없을 만큼 소중한 가치를 지니고 있다는 뜻입니다. 믿음은 '시공간 세계에서 영원 세계를 보는 눈'이므로 그 믿음이 있으면 천국을 볼 수 있고, 천국을 보는 자는 천국을 소망하고 누리게 된다는 뜻입니다.

더 나아가 예수님은 "천국은 침노를 당하나니 침노하는 자는 빼앗느니라"(마 11:12)라고 말씀하셨습니다. 이 말씀은 이해하기가 쉽지 않으나, 모든 것을 주고도 천국을 살 수 없다면 노략질이라도 해서 빼앗아야 된다는 뜻이라고 생각합니다. 인간으로서의 체면과 가식을 모두 벗어던지고 강도 짓을 하듯 천국 문을 두드려야 합니다. 고상해 보이는 교양이나 상식이나 지성이나 명상을 집어던지고, 천국의 주인이신 하나님 앞에 벌거벗고 서지 않으면 절대 천국을 얻을 수 없습니다.

천국을 소유하기 위해서는 하나님 앞에 서야 합니다. 그런데 천국 입장권과 교환할 만한 아무것도 들고 있지 않은 우리가 거룩 그 자체이신 하나님 앞에 어찌 당당하게 설 수 있겠습니까? 세상 그 누구도 하나님 앞에 설 수는 없을 것입니다. 세상에서도 권위 있는 통치자 앞에 서면 다리가 후들거리는데, 하물며 지극히 거룩하시며 우주의 통치자이신 하나님 앞에 서는 것은 어떻겠습니까. 그럼에도 우리는 하나님 앞에 서야 하고 그러려면 용기가 필요합니다.

이러한 용기는 예수님과 성령님의 도우심이 있으면 생깁니다.

우리는 하나님 앞에 서서 예수님의 이름을 내놓기만 하면 됩니다. 만약 우리의 변호인이신 예수님이 하나님께 천국 문을 열어 주라고 하시면 우리는 천국에 들어갈 수 있습니다. 아무 공로도 없는 우리가 하나님 앞에 설 수 있는 것은 예수님이 계시기 때문입니다. 예수님으로 인해 우리는 초월적 용기를 얻을 수 있습니다.

성경에 초월적 용기를 보여 주는 사례는 많은데, 그 정점에는 모세가 있습니다. 모세는 날마다 그와 동행하시는 하나님이 너무도 보고 싶어 용기를 내어 "원하건대 주의 영광을 내게 보이소서"(출 33:18)라고 말씀드렸습니다. 그러자 하나님은 "네가 내 얼굴을 보지 못하리니 나를 보고 살 자가 없음이니라"(출 33:20)라고 말씀하신 다음 하나님의 등만 보여 주셨습니다. 모세는 하나님의 등을 본 놀라운 체험은 전혀 언급하지 않았습니다. 말로 표현할 수 없는 두려움과 기쁨이 그에게 임했을 것입니다.

그런데 예수님은 천국이 바로 우리 곁에 와 있다고 선포하셨습니다. 따라서 나의 의로움에 의해서가 아니라 예수님의 희생에 편승하겠다는, 다시 말해 정당한 대가를 지급하지 않고 무임승차 하겠다는 용기를 가진 자, 예수 그리스도의 보혈에 의지하여 하나님의 진리의 영광에 뛰어드는 용기를 가진 자가 바로 '천국을 침노하는 자'입니다.

한편, 예수님은 세례 요한의 때부터 지금까지 천국은 침노를 당하고 침노하는 자는 빼앗는다고 말씀하셨습니다(마 11:12). 세례 요한이 왔다는 것은 메시아가 왔음을 증명하는 것이고, 그 메시아는 바로 예수님이십니다. 이스라엘 사람들은 메시아가 아브라함의 자손들인 자신들만 구원해 주신다고 굳게 믿었습니다. 하지만 이스라엘의 아들이 아닌 사람의 아들이신 예수님은 온 인류를 위하여 이 땅에 오셨습니다. 이것은 이미 구약 시대 때부터 예언된 것이었습니다. 예수님이 세례 요한의 때부터 천국이 침노를 당한다고 말씀하신 의미는, 이제 모든 인류의 메시아가 오셔서 이스라엘 사람들뿐 아니라 세상 모든 사람이 천국을 갈망하고 침노하게 되므로 이스라엘 사람들은 자신들만 당연히 천국에 들어갈 것이라는 안이한 생각을 버려야 한다는 것입니다.

따라서 이스라엘 백성은 자신들만이 선택받은 백성이라는 독선에서 벗어나, 혈통이 아니라 믿음으로 구원을 얻게 된다는 것을 명심해야 합니다. 지구상의 모든 인류는 자신들도 선택받은 백성일 수 있으니 믿음의 선물을 받고 천국을 소망해야 합니다.

핵심 정리 하나님 나라와 천국

하나님 나라는 하나님이 주권자로 통치하시는 영역입니다. 영원 세계뿐 아니라 시공간 세계도 선하게 통치하십니다. 한 사람이 예수님을 왕으로 영접하면 예수님의 통치를 받게 되고, 거기에서부터 하나님 나라가 확장됩니다. 예수님이 재림하실 때는 두 세계가 합해지는 새 하늘과 새 땅이 올 것입니다.

- 하나님이 당신의 삶을 통치하신다는 것은 어떤 의미입니까? 삶 속에서 하나님의 주권을 더욱 인정하기 위해 당신이 해야 할 일은 무엇입니까?

천국을 소유한 자의 증거
거듭난다는 것

바리새인 중에 니고데모라 하는 사람이 있었는데, 그는 유대인의 지도자였습니다. 그는 예수님이 십자가에서 돌아가신 날 밤에, 예수님의 시신에 몰약과 침향 섞은 향품을 바르고 세마포로 싼 다음 유대인의 장례법대로 장례를 치른 사람입니다.

(**천국을 소유한 자는 거듭난 자이다**

이전에 그는 예수님께 와서 "랍비여 우리가 당신은 하나님께로부터 오신 선생인 줄 아나이다 하나님이 함께하시지 아니하시면 당신이 행하시는 이 표적을 아무도 할 수 없음이니이다"(요 3:2)라고 말했습니다. 그러자 예수님은 "진실로 진실로 네게 이르노니 사람이 거듭나지 아니하면 하나님의 나라를 볼 수 없느니라"(요 3:3)라고 이해하기 어려운 대답을 하셨습니다. 이 말씀은 "너희가 돌이켜 어린아이들과 같이 되지 아니하면 결단코 천국에 들어가지 못하리라"(마 18:3)라는 말씀과 비슷하다고 볼 수 있습니다. 이 말씀에서 '돌이켜'라는 단어에 초점을 두게 되면 어린아이가 된다는 것이 어른이 몸이 작아져 다시 어린아이가 된다는 것으로 이해할 수도 있기 때문입니다.

예수님의 말씀의 취지는 '네가 나를 하나님께로부터 온 사람이라고 하는데, 그 이유가 내가 행한 기적 때문이 아니라 진정으로 하나님 나라를 보고서 말하는 것인가? 하나님 나라를 보려면 거듭나야 한다. 다시 말해, 죽었다가 다시 태어나야 하는데 너는 거듭났느냐?'라는 뜻으로 이해됩니다. 마틴 로이드 존스의 표현을 빌리자면 거듭남이란 "하나님이 우리의 영혼을 수술하시고 새 생명을, 새로운 기질을 불어 넣"[3]으시는 것입니다.

그 취지를 이해하지 못한 니고데모는 "사람이 늙으면 어떻게 날 수 있사옵나이까 두 번째 모태에 들어갔다가 날 수 있사옵나이까"(요 3:4)라고 물었습니다. 그러자 예수님은 "사람이 물과 성령으로 나지 아니하면 하나님의 나라에 들어갈 수 없느니라"(요 3:5)라고 말씀하셨습니다. 죄 사함을 주는 성령의 세례를 받지 않으면 거듭난 것이 아니라고 가르치신 것입니다. 우리의 힘으로는 절대 거듭날 수 없다는 뜻이고, 어떻게 거듭나는지도 절대 이해할 수 없다는 뜻입니다.

니고데모는 "어찌 그러한 일이 있을 수 있나이까"(요 3:9)라고 다시 물었습니다. 예수님은 다시 한 번 가르치셨습니다. 이 말씀의 요지는 하나님 나라를 본다는 것은 하나님 나라에 속했다는 것이고, 하나님 나라에 속하려면 예수님을 구주로 믿어 죄 사함을 받아야 한다는 것입니다.

> 하나님이 세상[시공간 세계]을 이처럼 사랑하사 독생자를 주셨으니 이는 그를 믿는 자마다 멸망하지 않고 영생을 얻게 하려 하심이라 하나님이 그 아들을 세상에 보내신 것은 세상을 심판하려 하심이 아니요 그로 말미암아 세상이 구원을 받게 하려 하심이라 그를 믿는 자는 심판을 받지 아니하는 것이요 믿지 아니하는 자는 하나님의 독생자의 이름을 믿지 아니하므로 벌써 심판을 받은 것이니라 그 정죄는 이것이니 곧 빛이 세상에 왔으되 사람들이 자기 행위가 악하므로 빛보다 어둠을 더 사랑한 것이니라 악을 행하는 자마다 빛을 미워하여 빛으로 오지 아니하나니 이는 그 행위가 드러날까 함이요 진리를 따르는 자는 빛으로 오나니 이는 그 행위가 하나님 안에서 행한 것임을 나타내려 함이라(요 3:16-21).

(**천국을 소유한 자는 하나님의 통치권에 복종한다**

예수님은 또 다음과 같이 말씀하셨습니다.

> 하나님의 나라는 사람이 씨를 땅에 뿌림과 같으니 그가 밤낮 자고 깨고 하는 중에 씨가 나서 자라되 어떻게 그리 되는지를 알지

못하느니라 땅이 스스로 열매를 맺되 처음에는 싹이요 다음에는 이삭이요 그다음에는 이삭에 충실한 곡식이라(막 4:26-28).

이 말씀을 보면, 사람이 씨를 땅에 뿌리면 '씨가 스스로' 열매를 맺는 것도 아니고, 사람이 열매를 맺게 하는 것도 아니라, '땅이 스스로' 열매를 맺는다고 나옵니다. 열매 맺는 땅은 좋은 땅이고, 좋은 땅은 바로 하나님이 주셔야 되므로 결국 열매는 하나님의 섭리로 열린다는 뜻입니다. 천국의 열매는 하나님을 떠나서는 열리지 않습니다.

마찬가지로 하나님 나라는 하나님의 통치와 섭리가 미치는 곳입니다. 따라서 하나님의 통치권에 복종하지 않고 하나님의 섭리에 순종하지 않는 사람은 하나님 나라를 소유했다고 볼 수 없습니다.

천국을 소망하는 자는 놀랍게 변화된다

예수님이 갈릴리 바닷가에 앉아 계실 때 수많은 사람이 몰려들었습니다. 그러자 예수님은 배를 타신 다음 바닷가에 서 있는 사람들을 향해 말씀하셨습니다.

씨를 뿌리는 자가 뿌리러 나가서 뿌릴새 더러는 길가에 떨어지매 새들이 와서 먹어 버렸고 더러는 흙이 얕은 돌밭에 떨어지매 흙이 깊지 아니하므로 곧 싹이 나오나 해가 돋은 후에 타서 뿌리가 없으므로 말랐고 더러는 가시떨기 위에 떨어지매 가시가 자라서 기운을 막았고 더러는 좋은 땅에 떨어지매 어떤 것은 백 배, 어떤 것은 육십 배, 어떤 것은 삼십 배의 결실을 하였느니라 귀 있는 자는 들으라(마 13:3-9).

그런데 제자들이 예수님께 가서 "어찌하여 그들에게 비유로 말씀하시나이까"(마 13:10)라고 여쭈었습니다. 예수님은 이사야 6장 9-10절의 말씀을 인용하시며 "천국[영원 세계]의 비밀을 아는 것이 너희에게는 허락되었으나 그들에게는 아니되었나니 … 그러므로 내가 그들에게 비유로 말하는 것은 그들이 보아도 보지 못하며 들어도 듣지 못하며 깨닫지 못함이니라"(마 13:11-13)라고 대답하셨습니다.

그런 다음 예수님은 "좋은 땅에 뿌려졌다는 것은 말씀을 듣고 깨닫는 자니 결실하여 어떤 것은 백 배, 어떤 것은 육십 배, 어떤 것은 삼십 배가 되느니라"(마 13:23)라고 말씀하셨습니다. 땅에 뿌려진 한 알의 씨가 결실을 맺어 어떤 것은 100개의 씨를 내고, 어떤 것은 60개의 씨를 내고, 어떤 것은 30개의 씨를 내듯이, 천국을 소유한 사람들도 자신과 같은 영혼과 마음을 가진 사람들을 100배, 60배, 30배 단위로 확대 재생산할 수 있다는 뜻입니다. 진정으로 천국을 소유한 사람이라면 자신처럼 천국을 사모하는 영혼과 마음을 소유한 사람들을 수없이 만들어 낼 수 있습니다. 천국을 보는 자는 영원 세계인 천국에서부터 흘러나오는 말씀을 듣고 깨달아 시공간 세계에서 그 말씀대로 삶을 살아 풍성한 결실을 맺게 됩니다.

예수님은 또 "천국[영원 세계]은 마치 사람이 자기 밭에 갖다 심은 겨자씨 한 알 같으니 이는 모든 씨보다 작은 것이로되 자란 후에는 풀보다 커서 나무가 되매 공중의 새들이 와서 그 가지에 깃들이느니라"(마 13:31-32)라고 말씀하셨습니다. 이 말씀은 천국을 소유한 자의 영혼과 마음의 변화가 놀라워서 변화된 이후의 모습과 이전의 모습이 동일성을 찾기 어려울 정도로 달라진다는 뜻입니다. 그리고 이렇게 변화된 사람들이 모이면 하나님 나라가 확장되어 갈 수 있다는 뜻입니다.

우리는 하나님 나라의 백성으로서의 우리의 삶이, 세상 사람들이 보기에 놀라움을 금하지 못할 정도인지를 늘 의식하면서 살아야 합니다. 또 이 말씀을 종말론적으로 해석하면, 지금은 겨자씨와 같이 천하고 보잘것없어 보이는 한 사람의 변화로 하나님 나라가 시작되겠지만 예수님이 재림하실 그날에는 상상조차 할 수 없는 영광의 나라가 되어 나타난다는 뜻이라고 할 수 있습니다.

예수님은 다른 비유를 또 말씀하셨습니다.

> 천국[영원 세계]은 마치 여자가 가루 서 말 속에 갖다 넣어 전부 부풀게 한 누룩과 같으니라(마 13:33).

밀가루에 효모(누룩)가 들어가 발효하면 빵이 되는데 그 빵은 밀가루와 본성이 같다고 할 수 없습니다. 이처럼 천국을 소유한 자는 그 본성부터 변화되기 때문에 그 누구도 그 사람의 종전 모습을 알아볼 수 없을 정도가 된다는 뜻입니다. 또 한 사람의 변화는 다른 사람도 변화시키고, 이로 인해 하나님 나라는 점차 확장되어 간다는 뜻입니다. 그 누구도 알아보지 못할 정도로 영광스럽게 변화된 모습은 예수님이 재림하실 때에 명백하게 드러날 것입니다. 우리는 그날까지 믿음의 누룩을 소중히 간직하고 있어야 할 뿐만 아니라 다른 사람에게 전해 주어야 합니다.

핵심 정리 거듭난다는 것

천국을 소유한 사람은 하나님의 통치권에 복종하고, 천국을 소망하는 자는 영혼과 마음이 놀랍게 변화됩니다. 그리고 이들이 모여 하나님 나라가 확장됩니다.

- 우리는 예수님이 재림하실 때까지 믿음을 잘 지켜야 할 뿐만 아니라 다른 사람에게도 전해 주어야 합니다. 이 일을 위해 지금 당신이 할 수 있는 일은 무엇입니까?

하나님 나라 시민의 정체성
공동선을 이루는 길

우리는 하나님 나라의 시민권자입니다. 사도 바울은 "우리의 시민권은 하늘에 있는지라 거기로부터 구원하는 자 곧 주 예수 그리스도를 기다리노니"(빌 3:20)라고 했습니다. 하나님 나라의 시민권은 주 예수 그리스도에 대한 믿음의 선물로 주어집니다. 우리가 자격이 있거나 공로가 있어서 주어지는 것이 아닙니다.

그리스도인이 속한 공동체, 다시 말해 하나님 나라는 우리 정체성 형성의 근본입니다. 한국 시민권자는 한국인으로서의 정체성을 가지고 있고, 미국 시민권자는 미국인으로서의 정체성을 가지고 있듯이, 하나님 나라 시민권자는 하나님 나라 시민으로서의 정체성을 가지고 있습니다. 개인의 정체성은 세계를 보고 해석하는 토대이며, 그 토대 위에 개인의 세계관이 형성됩니다.

하나님 나라 시민과 새 창조 본연의 인간

하나님 나라 시민권자의 정체성의 두 가지 핵심은 '속량(구속)받은 하나님의 백성'이라는 것과 '하나님과 예수님의 성품과 인격을 닮은 자'라는 것입니다. 이러한 사람을 우리는 '구원받은 백성'이라고 합니다. 인간은 모두 죽음을 맞이합니다. 죽음과 동시에 인간은 하나님 앞에 서게 됩니다. 그때 우리는 무엇을 내놓아야 천국 문을 통과할 수 있을까요?

먼저, 우리가 내보여야 하는 것은 예수 그리스도의 보혈입니다. 예수 그리스도의 피를 대가로 지불하고 천국 문을 통과하게 되는 것입니다. 이것을 '구속의 성취'라고 합니다. "속량"(롬 8:23)은 종전에는 '구속'이라고 번역되었는데, 죄의 결과로 초래된 사탄의 지배에서 해방되어 하나님 나라의 시민이 될 자격을 획득하는 것을 의미합니다.

한편, 우리는 예수 그리스도의 피를 대가로 지불하고 천국 문을 통과한 이후에는 하나님께 우리의 영혼 깊이 새겨진 우리의 인격과 성품을 보여 드려야 합니다. 우리가 하나님과 예수님의 성품과 인격을 얼마나 닮았는지 하나님 앞에 숨김없이 드러내야 합니다. 우리의 인격과 성품은 천국에서 완전함을 이루게 됩니다. 그렇지만 하나님 나라의 확장을 위해 우리는 땅에서 사는 동안에도 온전함을 이루려고 최선을 다해야 합니다. 창조 본연(아담이 타락하기 전 창조 당시의 본래 모습)의 인간을 넘어 새 창조 본연의 모범이 되신 예수님의 인격과 성품에 이르기 위해 그분의 인내를 본받아야 합니다.

선한 사람은 하나님 앞에 설 그날을 위해 이 땅에서 사는 동안 속량의 성취에 대한 확신을 굳게 하고 하나님과 예수님의 성품을 닮기 위해 나날이 노력합니다. 그런 성취와 완성을 이루고자 애쓰는 사람이 바로 복 있는 사람이요, 구원의 백성입니다.

한편, 삼위일체의 하나님이 공동체적이시듯이 인간도 공동체적 존재이므로, 개인 선의 문제는 극히 폐쇄적인 사람의 경우를 제외하고는 공동선의 문제가 됩니다. 이는 한 그리스도인이 이룬 선은 공동체 구성원들로 하여금 하나님에 대한 믿음으로 하나님의 성품을 닮아 가게 하는 데 선한 영향력을 끼칠 수 있다는 것을 의미합니다.

하나님은 하나님을 주권자로 섬기는 공동체(아벨적 공동체)를 살아가는 그리스도인들을 위하여 교회를 선물로 주셨습니다. 교회의 머리는 예수님이시고, 교회의 몸은 그리스도인이며, 교회의 주인은 성부 하나님이십니다. 교회는 아담과 하와가 끊어 버린 하나님과의 연합을 위한 거룩한 신비입니다. 그리스도인 한 사람, 한 사람은 교회를 통하여 한 몸이신 예수님의 지체가 됩니다. 이로 인해 그리스도인 개개인이 이룬 개인 선은 공동선이 되어 갑니다. 한편, 예수님의 지체가 되면 예수님께 풍성한 삶을 공급받게 되므로 공동선은 개인 선이 되어 돌아옵니다. 다시 말해, 그리스도인 개개인의 개인 선은 예수님을 통하여 공동선이 되고, 예수님을 통하여 이루어진 공동선은 다시 그리스도인 개개인의 개인 선을 위한 선물이 됩니다. 교회의 신비는 바로 이것입니다.

기독교에서의 공동선이란 '최고선이신 삼위일체 하나님과의 연합을 토대로 인간 상호 간의 연합과 연대를 통해 이루어지는 선'이라고 할 수 있습니다. 기독교의 공동선에서 가장 중요한 것은 삼위일체이신 하나님과의 연합이고, 이는 예수님의 재림 때 완성됩니다. 하지만 우리는 현세에서도 공동선을 성취해 나가야 합니다. 현세에서 공동선을 성취해 나간다는 것은 그리스도인들이 예수 그리스도와의 연합을 이루어 하나님의 성품을 온전히 닮아 가고, 이러한 연합을 기반으로 아직 속량함을 받지 못한 사람들에게 책임과 사랑을 실천하며 연대해 나가는 것을 의미합니다.

공동선과 관련한 문제에서 가장 중요하게 다루어야 할 사항은 단지 권력, 재산, 공직 등의 분배와 관련한 공동체적 갈등 상황들을 어떻게 조정할지에 관한 문제가 아니라, 그것들을 넘어 세계관의 충돌 속에서 어떻게 하면 인간들로 하여금 그들에게 요구되는 인간다움을 이루어 가게 할 것인가입니다.

기독교의 관점에서 말하면, 어떻게 하면 인간들로 하여금 하나님에 대한 믿음을 갖고 하나님과 연합하게 할 것인가에 관한 문제입니다. 이로 인해 우리는 땅끝까지 복음을 전파하라는 예수님의 지상명령의 중요성을 이해하게 됩니다. 기독교의 공동선의 문제는 사람들에게 복음을 전파하여 하나님 나라의 시민이 되게 하는 것이 핵심입니다. 그리스도인의 공동선은 삼위일체 하나님에 의한 구원을 전제로 한 것임을 명심해야 합니다.

어쨌든 공동선의 최종 지향점은 지속적 성장이나 정치적 안정이나 완벽한 제도의 구축이 아니라 하나님의 형상인 인간의 완성에 있습니다. 따라서 공동선의 실천 원리는 책임과 사랑을 통한 연대입니다. 공동체 구성원들은 연약한 지체가 선을 이루도록 도와야 합니다. 이것이 성경에서 말하는 선대이자 사랑입니다. 진정한 사랑은 인간으로 하여금 구원을 이루고 하나님의 성품을 닮아 가도록 도와주는 것입니다. "너희가 짐을 서로 지라 그리하여 그리스도의 법을 성취하라"(갈 6:2)라는 말씀은 바로 이것을 의미합니다.

인간의 곤고함과 공동체의 갈등 상황은 인간들로 하여금 온전히 선을 이룰 수 없게 만듭니다. 하지만 우리에게는 소망이 있습니다. 하나님 나라가 회복되는 부활의 날이 우리를 기다리고 있기 때문입니다. 그날에는 우리를 곤고하게 만들고 갈등을 초래하는 죄의 짐을 벗어던질 수 있을 것입니다. 영화로운 옷을 입고 자유롭게 하늘을 날게 될 것입니다. 그날을 소망하며 우리는 믿음을 지켜 나가야 합니다.

(팔복 있는 사람

예수님은 산상수훈에서, 구원의 성취와 성품(인격)의 완성을 지향하는 사람들이 누리게 되는 팔복에 관해 말씀하셨습니다. 여기서 사용된 '복'이라는 단어의 그리스어 원어는 '마카리오스'(makarios)인데, 이는 인간이 누릴 수 있는 가장 높은 수준의 행복을 일컫는 말이고, 그리스인들이 신들의 특성으로 지복(至福)의 실존 상태를 표현할 때 사용한 말입니다.

따라서 팔복을 누리는 사람이란 '타락 이전의 하나님을 닮은 형상을 회복하는 것을 넘어 새 창조의 본연을 보여 주신 예수님의 인격과 성품을 닮아 하나님을 영화롭게 하고 영원토록 그분을 즐거워하는 사람'이라고 할 수 있습니다. 다시 말해, 원죄로 인한 타락 이전의 인간 본연을 넘어 새 창조 본연을 회복하는 것이 하나님 나라 시민으로서의 복입니다.

> 심령이 가난한 자는 복이 있나니 천국이 그들의 것임이요 애통하는 자는 복이 있나니 그들이 위로를 받을 것임이요 온유한 자는 복이 있나니 그들이 땅을 기업으로 받을 것임이요 의에 주리고 목마른 자는 복이 있나니 그들이 배부를 것임이요 긍휼히 여기는 자는 복이 있나니 그들이 긍휼히 여김을 받을 것임이요 마음이 청결한 자는 복이 있나니 그들이 하나님을 볼 것임이요 화평하게 하는 자는 복이 있나니 그들이 하나님의 아들이라 일컬음을 받을 것임이요 의를 위하여 박해를 받은 자는 복이 있나니 천국이 그들의 것임이라 나로 말미암아 너희를 욕하고 박해하고 거짓으로 너희를 거슬러 모든 악한 말을 할 때에는 너희에게 복이 있나니 기뻐하고 즐거워하라 하늘에서 너희의 상이 큼이라 너희 전에 있던 선지자들도 이같이 박해하였느니라(마 5:3-12).

예수님의 말씀은 '~하면 천국이 그들의 것이다'라는 조건절로 되어 있지만, 거꾸로 '천국을 소유한 자'는 심령이 가난하고, 애통하며, 온유하고, 의에 주리고 목마르며, 긍휼히 여기며, 마음이 청결하고, 화평하게 하고, 의를 위하여 박해를 받은 자가 된다는 뜻으로 이해하는 것이 좋습니다. 달라스 윌라드는 팔복의 말씀을 다음과 같이 풀이합니다.

> 천국은 심령이 가난하고, 애통하며, 온유하고, 긍휼히 여기며, 마음이 청결하고, 화평하게 하고, 의를 위하여 핍박을 받는 자들에게 임하게 된다는 뜻이다. 다만, 천국이 임하는 것은 우리가 심령이 가난하기 때문에, 애통하기 때문에, 온유하기 때문에, 긍휼히 여기기 때문에, 마음이 청결하기 때문에, 화평하게 했기 때문에, 의를 위하여 핍박을 받았기 때문에, 다시 말해 우리가 천국을 가질 정당한 권한이 있거나 우리의 행위에 대한 보상으로 임하는 것이 아니다. 우리가 어떤 상태에 있든 '그런 상태에도 불구하고' 예수 그리스도를 영접하면 천국은 우리에게 임한다는 뜻이다. 그리고 천국이 임하면 심령이 가난한 자는 천국을 소유하여 영적으로 부요해지며, 애통하는 자는 위로를 받게 되며, 온유한 자는 천국의 땅을 분양받으며, 긍휼히 여기는 자는 긍휼히 여김을 받아 그들의 긍휼함이 더해지며, 마음이 청결한 자는 청결함이 더해져 하나님까지 보게 될 것이며, 화평하게 하는 자는 예수님처럼 하나님의 아들이라 일컬음을 받을 것이며, 의를 위하여 핍박을 받는 자는 천국을 물려받아 의를 실현하게 된다.[4]

달라스 윌라드의 해석을 바탕으로 팔복 말씀을 다음과 같이 좀 더 풀이해 보겠습니다.

첫째, "심령이 가난한 자는 복이 있나니 천국이 그들의 것임이요" : "심령이 가난한 자가 천국을 차지한다. 하지만 '네 힘으로는' 아무리 노력해도 심령이 '온전히' 가난해질 수 없으니 그러한 노력을 포기하라. 그 대신에 '하나님의 도우심'을 바라라. 그러면 심령이 '온전히' 가난하게 되는 복을 누리게 되고 천국을 소유하게 될 것이다."

둘째, "애통하는 자는 복이 있나니 그들이 위로를 받을 것임이요": "애통하는 자는 위로를 받게 된다. 하지만 '네 힘만으로' 아무리 자신과 세상을 향해 애통하더라도 '온전한' 위로는 찾아오지 않는다. 그 대신에 '하나님의 도우심'을 바라라. 그러면 '온전하게' 애통하게 되는 복을 누리게 되고 참된 위로를 받을 것이다."

셋째, "온유한 자는 복이 있나니 그들이 땅을 기업으로 받을 것임이요": "온유한 자는 땅을 기업으로 받게 된다. 하지만 '네 힘으로는' 아무리 노력해도 '온전히' 온유함을 이룰 수 없으니 그것을 이루기 위해 발버둥 치던 것을 멈춰라. 그 대신에 '하나님의 도우심'을 잠잠히 바라라. 그러면 '온전히' 온유함을 이루는 복을 누리게 되고 천국의 땅을 기업으로 받을 것이다."

넷째, "의에 주리고 목마른 자는 복이 있나니 그들이 배부를 것임이요": "정의에 주리고 목마른 자는 정의로 배부르게 된다. 하지만 아무리 정의를 갈망하더라도 '네 힘으로는' 정의를 향한 배고픔과 갈증을 '온전히' 해결할 수 없으니 네 힘을 의지하는 것을 포기하라. 그 대신에 '하나님의 도우심'을 바라라. 그러면 정의를 '온전히' 이루는 복을 누리게 되고 정의로 배부를 것이다."

다섯째, "긍휼히 여기는 자는 복이 있나니 그들이 긍휼히 여김을 받을 것임이요": "긍휼을 베푸는 자는 긍휼을 얻게 된다. 하지만 '네 힘으로는' 아무리 애를 써도 사람들을 '온전히' 긍휼히 여길 수 없으니 너의 힘을 과신하지 말라. 그 대신에 '하나님의 도우심'을 바라라. 그러면 온전히 긍휼을 이루는 복을 누리게 되고 오히려 네가 긍휼히 여김을 받을 것이다."

여섯째, "마음이 청결한 자는 복이 있나니 그들이 하나님을 볼 것임이요" : "마음이 청결하면 하나님을 보게 될 것이다. 하지만 '네 힘만으로는' 아무리 시도해도 너의 마음을 '온전히' 청결하게 할 수 없으니 그러한 시도를 포기하라. 그 대신에 '하나님의 도우심'을 바라라. 그러면 마음이 '온전히' 청결해지는 복을 누리게 되고 하나님을 보게 될 것이다."

일곱째, "화평하게 하는 자는 복이 있나니 그들이 하나님의 아들이라 일컬음을 받을 것임이요" : "화평하게 하는 자는 하나님의 아들이라는 명예를 얻을 것이다. 하지만 '네 힘으로는' 아무리 노력해도 '온전히' 화평을 이룰 수 없으니 그러한 노력을 포기하라. 그 대신에 '하나님의 도우심'을 바라라. 그러면 하나님의 도구가 되어 '온전한' 화평을 이루는 복을 누리게 되고 하나님의 아들이라 일컬음을 받을 것이다."

여덟째, "의를 위하여 박해를 받은 자는 복이 있나니 천국이 그들의 것임이라" : "하나님을 향한 의를 위하여 박해를 받으면 천국을 얻게 된다. 하지만 '네가 생각하는' 정의를 이루기 위해 당한 박해는 하나님 나라를 위한 박해가 아닐 수도 있다. 그 대신에 '하나님의 뜻과 계획과 방식에 따라' 정의를 이루기 위해 노력하라. 그러면 하나님 나라의 의를 위해 '온전히' 박해를 당하는 복을 누리게 되고 천국을 소유하게 될 것이다."

하나님 나라 시민의 인격과 성품 및 은사

예수님은 세상에서 우리의 신분과 정체성이 하나님 나라의 시민이라고 하셨고, 그 정체성의 핵심은 '어두운 세상의 길을 밝히는 빛'이요 '세상을 부패하지 않게 만드는 소금'이라고 하셨습니다(마 5:13-16 참조).

소금과 빛의 역할을 감당하기 위해 예수님의 제자들은 방언, 예언, 병 고침, 축귀 등의 '은사'와 성령의 9가지 열매, 즉 '인격과 성품'을 받았습니다. 우리도 탁월한 인격과 성품을 이루어 복 있는 사람이 됨으로써 하나님의 창조 목적에 부응하는 데 더욱 힘써야 합니다. 왜냐하면 육신이 죽은 후, 예수님의 보혈의 능력에 의지하여 하나님 앞에 섰을 때 보여 드릴 수 있는 것은 우리의 인격이나 성품밖에 없기 때문입니다.

예수님 먼저 '은사'에 관해 말씀하셨습니다.

> 나더러 주여 주여 하는 자마다 다 천국에 들어갈 것이 아니요 다만 하늘에 계신 내 아버지의 뜻대로 행하는 자라야 들어가리라 그날에 많은 사람이 나더러 이르되 주여 주여 우리가 주의 이름으로 선지자 노릇 하며 주의 이름으로 귀신을 쫓아내며 주의 이름으로 많은 권능을 행하지 아니하였나이까 하리니 그때에 내가 그들에게 밝히 말하되 내가 너희를 도무지 알지 못하니 불법을 행하는 자들아 내게서 떠나가라 하리라(마 7:21-23).

이후에 예수님은 다음과 같이 말씀하셨습니다.

그러므로 누구든지 나의 이 말을 듣고 행하는 자는 그 집을 반석 위에 지은 지혜로운 사람 같으니 비가 내리고 창수가 나고 바람이 불어 그 집에 부딪치되 무너지지 아니하나니 이는 주추를 반석 위에 놓은 까닭이요 나의 이 말을 듣고 행하지 아니하는 자는 그 집을 모래 위에 지은 어리석은 사람 같으니 비가 내리고 창수가 나고 바람이 불어 그 집에 부딪치매 무너져 그 무너짐이 심하니라 (마 7:24-27).

이 말씀 중 '나의 이 말을 듣고 행하는 자'에서 '나의 말'을 문맥적으로 살펴보면, 가까이는 마태복음 5-7장 산상수훈에 관한 말씀이라 할 것이지만, 넓게는 4복음서에 있는 예수님의 말씀이라고 할 수 있습니다.

이 말씀 중 '반석 위에 지은'과 '모래 위에 지은'에서 '지은'의 그리스어 원어가 바로 '오이코도메'(덕)입니다. 우리는 예수님이라는 반석 위에 '온전하고 탁월한 인격과 성품'으로 이루어진 집(성전)을 건축해야 합니다.

우리가 짓는 집은 우리의 마음에 하나님이 임재하시는 성전입니다. 성전을 지으려면 터를 파고, 주추(돌)를 놓고, 주추 위에 기둥을 세우며, 기둥 사이와 위에 자재를 쌓는 작업이 필요합니다. 우리 마음의 성전도 동일한 작업이 필요합니다. 주추는 반석이신 '예수님'이시고, 주추 위에 세울 기둥은 우리의 '믿음'을 뜻하며, 기둥 위의 지붕은 고난과 역경을 견디게 해 줄 '소망'을 의미합니다. 그리스어로 '인내'는 지붕을 뜻하는 '스테고'(stego)에서 파생된 말입니다. 끝으로, 기둥과 기둥 사이의 벽과 문과 장식들은 우리의 성전을 아름답게 해 줄 '사랑'에 해당합니다. 이렇게 성전을 짓고 나서 우리는 '성령의 9가지 열매'를 맺어야 합니다.

바울도 예수님의 가르침을 이어받아 "이는 성도를 온전하게 하여 봉사의 일을 하게 하며 그리스도의 몸을 세우려 하심이라"(엡 4:12)라고 했을 뿐만 아니라 "내가 사람의 방언과 천사의 말을 할지라도 사랑이 없으면 소리 나는 구리와 울리는 꽹과리가 되고 내가 예언하는 능력이 있어 모든 비밀과 모든 지식을 알고 또 산을 옮길 만한 모든 믿음이 있을지라도 사랑이 없으면 내가 아무 것도 아니요 내가 내게 있는 모든 것으로 구제하고 또 내 몸을 불사르게 내줄지라도 사랑이 없으면 내게 아무 유익이 없느니라"(고전 13:1-3)라고 말하기도 했습니다.

이제 우리가 이루어야 할 창조 및 새 창조 본연의 인격과 성품이 어떤 것인지, '성전'이라는 매개체를 두고 상상해 보시기 바랍니다. 화려한 궁전이 아닌 누추한 말구유에서 온전한 인격과 성품을 이루셨던 예수님을 떠올리며, 우리 성품의 성전을 어떻게 지어갈 지 생각해 보시기 바랍니다.

우리의 인격과 성품을 그리스도의 장성한 분량이 충만한 데까지 자라게 하기 위해서는 좁은 문을 통해 난 좁고 협착한 길을 가야만 합니다(마 7:13-14). 좁은 문을 통해 좁은 길을 걸어가는 것은 결코 쉬운 일이 아니지만, 그 길을 걷는 자들은 오히려 영생과 안전을 보장받습니다.

하나님 나라 시민의 인격 - 믿음, 소망, 사랑

예수님은 마태복음 25장에서 3가지 비유를 들어 천국에 관해 말씀하셨습니다.

첫 번째 이야기는 '열 처녀 비유'입니다. 등을 들고 신랑을 맞으러 나간 열 처녀가 있었는데, 슬기로운 다섯 처녀는 신랑이 더디 올 것에 대비하여 예비 기름을 들고 나갔습니다. 그러나 나머지 다섯 처녀는 그러지 않았습니다. 밤중이 되어 신랑이 나타났는데, 기름을 준비하지 못한 다섯 처녀는 등불을 켤 수 없어 혼인 잔치에 들어가지 못했습니다.

등불은 우리의 믿음을 의미하고, 믿음은 진실과 진리를 전제로 하므로 참 믿음이라면 등불은 밝혀질 것입니다. 하지만 거짓 믿음은 믿음의 등불을 밝힐 수 없습니다. 결국 열 처녀 비유는 '거짓 없는 믿음'에 관한 말씀이라고 할 수 있습니다.

두 번째 이야기는 '달란트 비유'입니다. 주인이 외국에 가면서 세 명의 종들에게 각각 다섯 달란트와 두 달란트와 한 달란트를 주었습니다. 다섯 달란트 받은 종은 장사를 하여 다섯 달란트를 남겼고, 두 달란트 받은 종도 장사를 하여 두 달란트를 남겼습니다. 하지만 한 달란트 받은 종은 그 돈으로 장사를 하지 않고 땅속에 돈을 감추어 두었습니다.

오랜 뒤에 주인이 와서, 다섯 달란트와 두 달란트를 남긴 종들에게는 "잘하였도다 착하고 충성된 종아 네가 적은 일에 충성하였으매 내가 많은 것을 네게 맡기리니 네 주인의 즐거움에 참여할지어다"(마 25:21, 23)라고 말하며 상을 내렸습니다. 그러나 한 달란트 받은 종에게는 "악하고 게으른 종아 나는 심지 않은 데서 거두고 헤치지 않은 데서 모으는 줄로 네가 알았느냐 … 이 무익한 종을 바깥 어두운 데로 내쫓으라 거기서 슬피 울며 이를 갈리라"(마 25:26, 30)라고 하며 벌을 내렸습니다.

달란트는 우리에게 주어진 삶이라고 볼 수 있는데, 삶을 대하는 태도는 사람마다 다릅니다. 한 번밖에 없는 인생인데 쾌락을 즐기다가 죽음을 맞이해야 한다는 사람들이 있는가 하면, 염세적으로 무의미하게 죽음만 기다리는 사람들도 있습니다. 한 달란트 받은 사람의 문제점은 하나님이 굳은 분이라 "심지 않은 데서 거두고 헤치지 않은 데서 모으는"(마 25:24) 분으로 잘못 생각한 데 있습니다. 다시 말해, 자신에게 한 달란트밖에 주지 않으셨다는 이유로 하나님을 옹졸하기 짝이 없는 존재로 매도하여 하나님의 명예를 훼손한 것이 그의 근본적인 잘못이었습니다.

하지만 믿음의 사람들은 인생이 구원의 기회라고 생각합니다. 하나님 앞에 서게 될 날을 소망하고 주어진 달란트에 감사하며 최대한 성실하게 살아갑니다. 하나님 앞에 서게 된다는 믿음은 고난의 삶도 인내하게 만들어 줍니다. 결국 달란트 비유는 '소망의 삶'에 관한 말씀이라고 볼 수 있습니다.

세 번째 이야기는 '양과 염소 비유'입니다. 마지막 때에 '인자'가 모든 천사와 함께 와서 모든 민족을 그 앞에 모으고, 목자가 양과 염소를 구분하듯이 사람들을 오른편과 왼편으로 나누었습니다. 그때 사람들은 어떤 기준으로 자기들이 그렇게 구분되었는지 궁금해졌습니다. 이에 임금이신 인자는 오른편에 있는 사람들에게

"내 아버지께 복 받을 자들이여 나아와 창세로부터 너희를 위하여 예비된 나라를 상속받으라 내가 주릴 때에 너희가 먹을 것을 주었고 목마를 때에 마시게 하였고 나그네 되었을 때에 영접하였고 헐벗었을 때에 옷을 입혔고 병들었을 때에 돌보았고 옥에 갇혔을 때에 와서 보았느니라"(마 25:34-36)라고 말씀하셨습니다. 하지만 오른편 사람들은 자신들이 임금에게 그렇게 대접한 일이 없다고 반문했습니다. 그러자 임금은 "너희가 여기 내 형제 중에 지극히 작은 자 하나에게 한 것이 곧 내게 한 것이니라"(마 25:40)라고 대답해 주었습니다.

그런 다음 왼편에 있는 사람들에게는 "저주를 받은 자들아 나를 떠나 마귀와 그 사자들을 위하여 예비된 영원한 불에 들어가라 내가 주릴 때에 너희가 먹을 것을 주지 아니하였고 목마를 때에 마시게 하지 아니하였고 나그네 되었을 때에 영접하지 아니하였고 헐벗었을 때에 옷 입히지 아니하였고 병들었을 때와 옥에 갇혔을 때에 돌보지 아니하였느니라"(마 25:41-43)라고 말씀하셨습니다. 하지만 왼편 사람들도 자신들이 임금에게 그렇게 한 적이 없다고 항변했습니다. 그러자 임금은 "이 지극히 작은 자 하나에게 하지 아니한 것이 곧 내게 하지 아니한 것이니라"(마 25:45)라고 대답해 주었습니다. 이 말씀은 이웃 '사랑의 실천'을 강조하는 말씀이라고 할 수 있습니다.

예수님은 믿음, 소망, 사랑이라는 말은 사용하지 않으셨지만, 제자들의 삶에서 가장 중요한 인격이 바로 믿음, 소망, 사랑임을 비유로 가르치셨던 것입니다. '거짓 없는 믿음', '소망의 삶', '사랑의 실천'은 제자가 갖추어야 할 최고의 인격입니다. 한편, 이 3가지 비유를 관통해서 흐르는 공통적인 주제는 "심판"입니다. 심판의 날에 우리의 믿음 인격, 소망 인격, 사랑 인격은 하나님 앞에서 낱낱이 드러날 것입니다. 그래서 예수님은 완전 무장을 하고 언제든지 전투에 투입될 준비를 하는 병사들처럼, 도적같이 임할 그 날을 위해 늘 긴장하고 살아야 한다고 말씀하셨습니다.

하나님 나라 시민의 표준, 선한 사마리아인

그렇다면 예수님의 제자로서 믿음, 소망, 사랑의 인격을 갖추고 성령의 9가지 열매를 맺는 사람은 삶에서 어떤 모습을 보여 줄까요? 그것은 바로 예수님의 삶이라고 할 것입니다. 하지만 우리의 능력으로는 흉내를 낼 수 있을 뿐 예수님의 장성한 분량이 충만한 데까지 자라는 것은 불가능합니다. 이러한 점을 아신 예수님은 예수님의 제자로서 탁월한 성품의 경지에 이른 한 사람을 소개해 주셨습니다. 바로 선한 사마리아인입니다(눅 10:25-37).

선한 사마리아인은 여행 중에 길에서 강도들에 의해 옷과 소지품을 강탈당하고 폭행을 당해 거의 죽을 지경에 이른 사람을 보자마자 불쌍히 여기는 마음이 생겼습니다. 그래서 강도당한 사람에게 다가가 기름과 포도주를 상처에 붓고 천으로 싸매 주었습니다. 그런 다음 곧바로 자기가 타고 있던 짐승에 태워 주막으로 데려갔습니다. 이후에는 주막 주인에게 그를 맡겨 두고 자신의 일을 보러 갈 수도 있었을 텐데 강도당한 사람과 함께 주막에 머물며 돌보아 주었습니다. 이튿날 그는 자신의 일을 하러 가야만 했기에 주막 주인에게 두 데나리온을 주면서 돌보아 달라고 부탁했습니다. 하지만 주막으로 다시 돌아올 테니 두 데나리온으로 부족하다면 추가로 비용을 지급하겠다는 약속까지 했습니다.

먼저, 선한 사마리아인은 이웃의 경계가 없는 사람이었습니다. 그는 호혜성(互惠性) 내지 연대성을 기초로 하는 '정의의 공동체'를 초월하여 희생까지도 요구하는 '사랑의 공동체'를 실현하고자 했습니다. 다음으로, 그는 여유가 넘치고 품격이 있는 사람이었습니다. 내 민족이 아니라고 변명하거나 골치 아픈 일에 개입되기 싫다는 이유로 강도 만난 사람을 모른 척하지 않았고, 자신의 업무를 잠시 미루어 두고 위급한 사람을 돌보아 줄 수 있을 정도의 성품을 가지고 있었습니다. 끝으로, 그는 많은 생각 끝에 선을 실천한 것이 아니라 한 치의 주저함이나 망설임 없이 선을 실천하는 사람이었습니다.

선한 사마리아인이 보여 준 일련의 행위는 그의 탁월한 인격과 성품을 드러내는 것이었습니다. 천성적으로 타고난 것인지 아니면 후천적으로 습득한 제2의 천성인지 구분되지 않을 정도로, 선한 사마리아인의 훌륭한 인격과 성품은 그 영혼 속에 깊이 새겨져 있었습니다. 늘 율법(토라)을 연구하는 제사장, 레위인의 인격과는 비교가 안 되는 차원이었습니다.

예수님이 선한 사마리아인의 비유를 통해 우리에게 하고 싶으신 말씀은 하나님의 창조 목적에 맞게 탁월한 인격과 성품을 이루어 복 있는 사람이 되라는 것이라고 생각합니다. 또 선한 사마리아인의 비유를 통해 하나님 나라의 시민이 가져야 할 인격과 성품을 보여 주고자 하셨습니다. 하나님 나라의 시민이자 예수님의 제자로서, 땅끝까지 '예수님의 에우앙겔리온'을 전파하는 중에 잊어서는 안 될 것이 우리의 인격과 성품의 완성입니다.

세상을 위한 선을 행하다 낙심하여 믿음을 잃는 일은 없어야 합니다. 그리스도의 장성한 분량이 충만한 데까지 탁월한 인격과 성품을 이루면, 우리는 어떤 고난과 시련도 이겨 낼 수 있습니다. 그것이 하나님 나라의 시민이요, 그리스도의 제자들에게 주어지는 최상의 복입니다.

핵심 정리 공동선을 이루는 길

속량을 받은 하나님 나라의 백성은 이 땅에서 하나님의 성품과 예수님의 인격을 닮아 자라야 합니다. 즉 새 창조 본연의 인격의 성품을 회복해야 합니다. '거짓 없는 믿음', '소망의 삶', '사랑의 실천'입니다. 심판이 있음을 기억하며 믿음, 소망, 사랑의 인격을 갖추고 성령의 9가지 열매를 맺기 위해 힘써야 합니다.

- '거짓 없는 믿음', '소망의 삶', '사랑의 실천'이라는 영역 중에 지금 당신의 삶 속에서 가장 자라야 하는 것은 무엇인지 생각해 봅시다.

하나님 나라 시민의 법
규범의 내면화

한 나라의 시민이라면 그 사람이 국외에 있더라도 그 나라에서 시행되는 법의 적용을 받게 됩니다. 여기에서 '법은 가장 확실한 국경'이라는 말이 나왔습니다. 우리가 하나님 나라의 시민이라면 하나님이 제정하신 법의 지배를 받게 됩니다.

(법의 의미와 기능

난파된 배에서 한 사람만 살아남아 무인도에 상륙했다면, 그 사람은 눈치 볼 사람이 없어 자기 마음대로 생활할 수 있습니다. 그러나 난파된 배에서 두 사람이 살아남아 무인도에 상륙했다면, 두 사람은 서로를 배려하고 존중하는 생활 규칙을 정해야 합니다. 그렇지 않으면 생활하면서 어려움을 겪게 될 것입니다.

무인도에 상륙한 두 사람이 정한 규칙이, 그들이 서로 지켜야 할 규범이 되고 그것을 위반할 때 제재가 따르게 된다면 우리는 그 생활 규칙을 법이라고 할 수 있습니다. 한마디로 말해, 법은 '관계의 준칙'입니다. 풀어서 쓰면 '관계를 형성하고 유지하고 소멸하는 데 지켜야 할 규칙'이 법입니다. 법은 법적으로 허용된 행위와 그렇지 못한 행위를 판단하는 기능을 가집니다. 따라서 법은 인간 행위의 옳음과 그름을 판단해 주는 기능을 가집니다. 이러한 법의 판단 기능을 통하여 사회 질서가 유지됩니다.

인간이 만든 법은 '생명, 자유, 소득과 부, 권리와 의무, 권력과 기회, 공직과 영광' 등과 같은 '사회적 가치'를 분배하거나 조정(재분배)하는 기능도 가지고 있습니다. '최저임금제'가 한 예라고 할 수 있습니다. 노동의 정당한 대가를 지급하게 하겠다는 분배의 문제와 소득 격차를 줄여 나가기 위한 재분배(조정)의 문제가 최저임금제의 주요 쟁점입니다. 또 법은 자기에게 주어진 몫의 사회적 가치를 향유할 수 있도록 하고, 향유에 방해가 있을 경우에는 시정해 주는 기능을 가집니다. 물건을 빼앗긴 사람이 강도를 상대로 형사 고소를 하거나 민사 소송을 제기하는 것은 법의 시정 기능을 이용하는 것입니다. 이러한 법의 사회적 몫의 분배, 향유, 시정, 재분배 기능을 통하여 공동선이 실현됩니다.

(**법과 율법(토라)**

판사실에는 매년 판사의 신청에 따라 특정 출판사가 편

찬한 법전이 한 권씩 주어집니다. 왜냐하면 매년 국회 등에서 법률이나 대통령령 등과 같은 법령을 새로이 제정하거나 기존의 법령을 폐지 또는 개정하므로, 이를 반영하기 위해 법전이 새로 만들어지기 때문입니다. 이러한 법전에는 대한민국의 법령 전부가 수록된 것이 아니라 사회적 관심사가 높고 실무에서 빈번히 참조되는 법령만 출판사별로 선별됩니다. 대한민국의 법령 전부를 파악하려면 대한민국 법령집을 보아야 합니다. 대한민국 법령집은 당연히 실정법에 포함됩니다.

'실정법'의 개념은 학자들마다 많은 차이를 보이지만, 대한민국 법령을 중심으로 그들의 견해를 살펴보면 다음과 같습니다. 어떤 사람들은 대한민국 법령집에 포함된 법령만을 실정법으로 보아야 한다고 주장합니다. 또 다른 사람들은 아직 대한민국 법령으로 포섭되지는 못했지만 기존의 대한민국 법령을 지배하는 원리와 동일한 원리가 적용될 수 있는 규범은 실정법에 포함시켜야 한다고 주장합니다. 어쨌든 두 견해는, 실정법에는 이를 지배하는 공통의 원리가 있다는 것이고 그러한 원리가 적용되지 않는 규범 영역이 있음을 전제하고 있다고 볼 수 있습니다. 이런 영역을 저는 '법을 넘는 법'이라고 부르고자 합니다.

실정법을 지배하는 원리는 '책임'이고, 법을 넘는 법을 지배하는 원리는 '사랑'입니다. 실정법의 지배 원리를 받지 않는 규범을 '법 위의 법'이라고 하는 사람들도 있으나, 이는 실정법과 실정법을 제외한 규범의 우열 관계를 전제로 하므로 오해의 소지가 있습니다. 왜냐하면 실정법과 실정법을 제외한 규범은 서로 다른 지배 원리를 가지는 것일 뿐 우열 관계라고 할 수는 없기 때문입니다.

하나님이 모세를 통해 주신 율법(토라)도 일차적으로 책임의 원리가 지배한다는 점에서 성격상 실정법이라고 할 수 있습니다. 하지만 율법에는 현대 국가의 실정법에 담기지 않은 부분이 있는데, 이 부분 때문에 율법은 현대 국가의 실정법과 구분되는 중요한 특성을 가지게 됩니다. 그것은 바로 하나님과의 관계에 관한 부분입니다. 현대 국가의 실정법 규정을 보면 모두 인간과 인간, 인간과 국가의 관계를 규율하는 규정만 있지, 신과 인간 간의 관계의 준칙에 관한 규정은 두고 있지 않습니다.

그럼에도 율법은 고대 유대 사람과 그리스도인에게 실정법의 역할을 하고 있다고 볼 수 있습니다. 때문에 "법은 왜 지키는가?" 하는 논의는 율법에서도, 현대 국가의 실정법에서도 공통적으로 제기되는 문제입니다.

(법은 왜 지키는가

"법은 왜 지키는가?" 이 질문을 받으면 사람들은 보통 "법이기 때문에" 또는 "처벌당하지 않기 위해서"라고 즉답하는 경향이 있습니다. 어떤 사람들은 "공동체의 정의나 평화를 이루기 위해서"라고 답변하기도 하며, 아주 드물게는 "법이 지향하는 정의와 선을 이루는 데 필요한 성품을 함양하기 위해서"라고 대답하기도 합니다. 한편, 질문을 달리하여 "법은 왜 존재하는가?"라고 물으면 대다수 사람들은 "공동체의 정의를 이루거나 평화를 유지하기 위해서 존재한다"고 답합니다. "인격이나 성품을 함양시키기 위해서 법이 존재한다"는 답변은 거의 나오지 않습니다.

우리 형법상 죄에 관한 규정은 크게 재물에 관한 부분, 성(性, sex)에 관한 부분, 권력에 관한 부분으로 범주화해 볼 수 있습니다. 재물에 관한 부분에는 절도죄, 횡령죄, 사기죄, 강도죄 등이 포함될 것이고, 성에 관한 부분에는 강제추행죄, 강간죄 등이 포함될 것이며, 권력에 관한 부분에는 살인, 상해, 폭행 등을 포함시킬 수 있을 것입니다. 재물과 성에 관한 부분은 그렇게 범주화하는 것에 대해 별다른 설명이 필요하지 않지만 살인, 상해, 폭행 등이 권력에 관한 부분으로 분류되는 것은 다음과 같은 설명이 필요합니다.

어느 누구도 사람을 살해하거나, 사람에게 상해를 입히거나, 폭행을 가할 권리는 없습니다. 그런 행위를 한 사람을 그냥 그대로 두는 것은 그러한 행위를 한 사람에게 정당성을 인정해 주는 꼴이 됩니다. 그런데 폭력을 인정해 주는 정당성이 바로 권력이라고 할 수 있기 때문에 살인, 상해, 폭행 등 폭력에 관한 죄들은 권력에 관한 부분으로 범주화할 수 있는 것입니다. 하나님의 신적 폭력을 제외한 폭력은 사탄의 권세(권력)에 속합니다.

마태복음 5-7장에 나오는 예수님의 산상수훈을 보면, 권력과 관계되는 배제를 통한 폭력 문제, 성과 관계되는 간음과 이혼 문제, 물질과 관계되는 구제 문제를 중심으로 말씀이 전개되고 있음을 알 수 있습니다. 예수님은 이미 2,000년 전에 인간 사회의 우상인 권력과 돈과 성에 관해 통찰하고 계셨던 것입니다.

여하튼 범죄에 관한 형법을 지킴으로써 우리는 우리 세대의 우상인 재물과 성과 권력에 대한 탐욕이 초래할 결과를 알게 됩니다(장 칼뱅의 '율법의 제1용법'으로 '법의 거울 기능'). 그러한 탐욕이 외부로 표출되어 행위로 나타나면 결국 다른 사람에게 분배된 권리의 향유를 막는 것이고, 이는 사회 정의에 위배됩니다. 하지만 그러한 표출 행위에 대해서는 법이 형벌과 불이익을 규정하고 있으므로 보통의 사람들은 이러한 형벌과 불이익을 받지 않으려고 법에 위반되는 행위를 하지 않습니다(장 칼뱅의 '율법의 제2용법'으로 '법의 굴레 기능'). 더 나아가 인간이 법을 통해 알게 된 탐욕을 내면적인 덕을 통해 자제하고 적극적으로 성품을 닦아 나간다면 그는 법을 통해 내면적인 선을 이룰 수 있게 되고, 그 후로는 자발적으로 법에 복종할 수 있게 됩니다(장 칼뱅의 '율법의 제3용법'으로 '법의 도덕적 스승 기능').

결국 우리는 법을 통해 외면적인 선을 실현함으로써 사회 정의를 이룰 수 있을 뿐만 아니라 내면적인 선인 정의로운 성품을 함양하여 상대방의 권리를 존중하고 배려함으로써도 사회 정의를 이룰 수 있습니다.

하나님은 아담을 창조하신 뒤 그에게 특별한 계명을 내리셨습니다. "선악을 알게 하는 나무의 열매는 먹지 말라 네가 먹는 날에는 반드시 죽으리라"(창 2:17)라는 선악과 명령입니다. 이 계명의 체계는 대한민국 형법 규정과 같습니다. 형법 제250조 제1항이 "사람을 살해한 자는 사형, 무기 또는 5년 이상의 징역에 처한다"라고 규정하고 있듯이, 선악과 명령도 '명령을 위반하면, 반드시 죽는다'고 합니다. 선악과 명령에 관한 구절을 주의 깊게 읽으면, 하나님이 특정한 나무 한 그루를 지적하시면서 "열매를 따 먹지 말라"고 하신 것이 아니라 '선악을 알게 하는 나무'의 열매는 따 먹지 말라고 명령하셨음을 알게 됩니다. 이러한 명령 체계를 통해 하나님이 의도하신 바는 인간이 단순히 선악과를 따 먹지 않기만 하면 되는 것이 아니라, 인간이 선악과를 향한 탐욕을 버리고 인격과 성품 속에 하나님의 형상을 계속 담고 있어야 진정으로 선악과 명령을 지킬 수 있다는 것입니다.

결국 선악과 명령을 통해 우리가 깨달아야 하는 바는, 외적 규범인 하나님의 명령을 인간의 내적 규범으로(외적 규범의 내적 규범화) 받아들이지 않으면 하나님과의 관계가 바로 정립될 수 없고 하나님이 원하시는 '인간 본연'을 이룰 수 없다는 것입니다.

예수님이 유대의 지도층인 제사장들, 서기관들 및 바리새인들에게 깨우쳐 주시고자 한 것도 바로 그것이었습니다. 하나님이 유대인들에게 모세를 통해 율법(토라)을 주신 것은 율법을 지킴으로써 율법이 지향하는 외면적 선, 즉 하나님 사랑과 이웃 사랑을 실천해야 할 뿐만 아니라 그러한 선을 실천할 수 있는 내면적 선, 즉 인격과 성품을 함양해야 한다는 데 있습니다. 하나님의 백성인 천국의 시민권자라면 당연히 그러한 인격과 성품을 드러내야 할 것입니다. 하지만 율법을 엄격히 지키는 것만으로는 예수님을 닮은 성품과 인격을 온전히 이룰 수 없고, 율법으로는 구속의 성취 문제도 해결할 수 없습니다.

간음죄를 한번 보겠습니다. 당시 유대 사회에서 간음의 의미는 남녀가 성관계를 하는 것을 의미했습니다. 따라서 그런 행위를 하지 않으면 간음죄를 저지른 것이 아니었습니다. 하지만 예수님은 남자가 여자와 성관계를 하지 않았어도 음욕을 품고 여자를 보는 즉시 마음으로 간음한 것이라고 선언하셨습니다. 이는 간음 금지 규정의 내용대로만 행한다고 율법을 지킨 것이 아니라, 그 규정이 지향하는 선을 이루기 위하여 여성 존중과 부부 간의 신의를 지켜야 진정으로 율법을 지킨 것이 된다는 뜻입니다.

하지만 그보다 더 중요한 선이 있습니다. 그것은 음욕을 품고 여성을 바라보지 않으려면 마음의 변화를 통해 인격과 성품이 변화되어야 합니다. 그렇지 않으면 우리는 늘 음욕으로 인해 마음에 시험을 받을 수밖에 없고, 창조 및 새 창조 본연의 인격과 성품을 회복할 수 없습니다.

이처럼 예수님은 제사장들을 포함한 유대의 지도층 인사들을 깨우쳐 주시기 위해 많은 시간을 할애하셨습니다. 하지만 그들은 예수님의 가르침을 귀담아들을 수 없었습니다. 그들의 지식이 오히려 진리를 가로막는 장애물이 되었기 때문입니다.

(그리스도의 법을 성취하라

예수님의 생애 동안 예수님을 공격한 사람들은 대제사장을 정점으로 하여 바리새인들과 서기관들이었습니다. 그들은 자신들의 정치적 및 사회적 지위를 지탱해 주던 율법(토라)을 고수하는 데 혈안이 되었습니다. 율법이 이루고자 하는 선은 하나님과 이웃을 사랑하는 창조 본연의 인격과 성품의 완성이었으나, 대제사장을 비롯한 종교 지도자들은 율법의 이면에 있는 선을 해석하고 실천하기보다 자신들의 입맛에 따라 이해관계를 설정한 다음 율법을 변형시켜 해석하고 적용하기에 급급했습니다. 더 심각한 문제는 율법과 구약성경 곳곳에 메시아가 오실 것이 언급돼 있음에도 율법의 전문가들인 그들은 메시아이신 예수님을 알아보기는커녕 십자가형에 처하는 데 주동적인 역할을 했다는 것입니다.

예수님은 자신이 하나님의 아들이라는 권위를 내세우며 율법의 올바른 해석과 실천을 주장하셨고, 그로 인해 바리새인들로 대표되는 종교 지도자들과 곳곳에서 충돌하셨습니다. 그들은 예수님이 율법을 지키지 않으신다고 음해했습니다. 그에 대해 예수님은 제자들에게 "너희 의가 서기관과 바리새인보다 더 낫지 못하면 결코 천국에 들어가지 못하리라"(마 5:20)라고 말씀하셨습니다.

바리새인보다 나은 의란 바리새인처럼 엄격하게 율법을 지키지 않으면 안 된다는 말이 아니라, 바리새인들이나 서기관들이 지키는 율법을 다 지키되 율법의 진정한 의미에 따라 지켜야 한다는 것을 의미합니다. 그 진정한 의미는 "온 율법과 선지자의 강령"(마 22:40)이 지향하는 선인 하나님을 사랑하고 이웃을 사랑하는 인격과 성품을 만들어 나가는 것입니다(마 22:37-40).

'법은 관계의 준칙'이라는 말은 관계가 있는 곳에는 법이 존재함을 의미합니다. 그리고 인간이 맺는 관계는 세 부분으로 나눌 수 있습니다. 첫 번째는 만물의 주재자이신 하나님과 인간 사이의 관계이고, 두 번째는 하나님과 하나님이 창조하신 시공간인 자연 사이의 관계이며, 마지막으로는 인간과 자연 사이의 관계입니다. 한편, 인간에게는 인간끼리의 관계도 존재합니다.

천국을 소유한 자들에게도 하나님과 자연과 인간과의 관계는 여전히 존속되므로, 관계의 준칙인 법이 필요합니다. 그리스도이신 예수님은 천국을 소유한 자들에게 필요한 법을 새로이 정비해 주셨습니다. 예수님이 가르쳐 주신 법을 실천하지 않는 자는 천국을 소유한 자로 인정받기 어렵습니다. 그리스도의 법을 성취하는 것은(갈 6:2) 천국을 소유한 자, 다시 말해 천국 시민권을 가진 자의 의무이자 특권입니다.

예수님이 우리에게 내리신 법의 내용은 "하나님을 사랑하고, 이웃을 네 몸과 같이 사랑하라"입니다. 따라서 우리가 하나님을 사랑하고 이웃을 사랑할 때 우리는 그리스도의 법을 성취하게 되는 것입니다. 인간은 너무도 이기적인 존재라서 스스로의 힘으로는 하나님은커녕 다른 사람들조차도 사랑할 수 없습니다. 하지만 천국을 소유한 자는 하나님 나라 시민으로서 주권자이신 하나님의 통치를 받게 됨으로써 하나님의 사랑을 깨닫게 됩니다. 사랑받아 본 자만이 사랑할 수 있듯이, 하나님이 먼저 우리를 한없이 사랑하신다는 것을 깨닫게 되면(요일 4:19) 우리는 하나님을 사랑할 수 있게 되고 이를 통해 다른 사람(이웃)까지 사랑할 수 있게 됩니다. 하나님 사랑과 이웃 사랑은 천국 시민의 삶을 사는 사람들에게 주어진 지상명령입니다.

사랑의 실현으로서의 십계명

십계명은 모세가 하나님께 받은 10가지 계명으로, 율법(토라)의 핵심 부분입니다. 십계명은 예수님이 가르쳐 주신 대로 하나님 사랑에 관한 부분과 이웃 사랑에 관한 부분으로 나눌 수 있습니다. 제1계명에서 제3계명까지는 하나님 사랑에 관한 부분이고, 제6계명에서 제10계명까지는 이웃 사랑에 관한 부분이라는 것은 비교적 쉽게 구분됩니다. 하지만 제4계명과 제5계명이 하나님 사랑과 이웃 사랑 중 어디에 속하는지 구분하기가 쉽지 않습니다.

제4계명은 앞에서 살펴보았듯이 하나님 사랑에 관한 부분과 이웃 사랑에 관한 부분이 중첩된 계명이라고 할 수 있습니다. 제5계명은 부모가 자녀와는 전혀 별개의 존재라는 개인주의적인 입장에서 보면 부모는 예수님이 말씀하신 이웃에 포함되므로 이웃 사랑에 관한 계명이라고 할 수 있습니다. 하지만 부모를 보통 우리가 말하는 이웃과는 다른 특별한 존재로 본다면, 예를 들어 마르틴 루터처럼 부모를 하나님의 대리자로 여긴다면, 제5계명은 하나님 사랑에 관한 계명으로 분류해야 할 것입니다.

어쨌든 예수님은 십계명의 진정한 의미를 설명해 주셨습니다. 그리고 십계명을 왜 지켜야 하는지 가르쳐 주셨습니다. 제1계명부터 제4계명은 하나님과 우상에 관한 계명으로 예수님이 삶 속에서 늘 말씀하셨던 것이고, 또 앞에서 이미 살펴보았습니다. 그리고 "네 부모를 공경하라"라는 제5계명에 관한 예수님의 가르침은 고르반 제도의 악용에 관한 가르침에서 이미 살펴보았습니다. 그리고 "도둑질하지 말라"라는 제8계명과 "네 이웃의 집을 탐내지 말라"라는 제10계명은 이웃 사랑을 실천하라는 예수님의 가르침에 이미 포함되었습니다. 따라서 여기에서는 나머지 제6계명,

제7계명, 제9계명만 살펴보면 되겠습니다.

살인하지 말라(제6계명)

제6계명은 "살인하지 말라"입니다. 살인은 사람을 살해하는 것입니다. 그런데 예수님은 살인의 의미를 달리 해석해 주셨습니다.

> 옛 사람에게 말한 바 살인하지 말라 누구든지 살인하면 심판을 받게 되리라 하였다는 것을 너희가 들었으나 나는 너희에게 이르노니 형제에게 노하는 자마다 심판을 받게 되고 형제를 대하여 라가라 하는 자는 공회에 잡혀가게 되고 미련한 놈이라 하는 자는 지옥 불에 들어가게 되리라 그러므로 예물을 제단에 드리려다가 거기서 네 형제에게 원망 들을 만한 일이 있는 것이 생각나거든 예물을 제단 앞에 두고 먼저 가서 형제와 화목하고 그 후에 와서 예물을 드리라 너를 고발하는 자와 함께 길에 있을 때에 급히 사화하라 그 고발하는 자가 너를 재판관에게 내어 주고 재판관이 옥리에게 내어 주어 옥에 가둘까 염려하라 진실로 네게 이르노니 네가 한 푼이라도 남김이 없이 다 갚기 전에는 결코 거기서 나오지 못하리라(마 5:21-26).

예수님은 형제에게 분노하고, 형제를 "라가"(바보)라고 하거나 "미련한 자"라고 부른 것만으로도 살인을 했다는 취지로 말씀하셨습니다. 배제는 폭력이고, 폭력의 끝에는 인간이 예상할 수 없는 악이 도사리고 있다는 놀라운 말씀입니다. 하나님이 자신의 제사는 받지 않으시고 동생인 아벨의 제사만 받으셨다는 이유로 분노하여 아벨을 살해한 가인의 이야기가 떠오르는 대목입니다.

형제에 대하여 분노하고 혐오하고 비하하는 행위는 그냥 두면 습관이 되고, 결국 성품이 되어 버릴 소지가 있습니다. 그러한 성품을 다스리지 못하면 우리는 죄와 악의 지배를 받을 수밖에 없습니다. 그래서 하나님은 가인에게 "네가 분하여 함은 어찌 됨이며 안색이 변함은 어찌 됨이냐 네가 선을 행하면 어찌 낯을 들지 못하겠느냐 선을 행하지 아니하면 죄가 문에 엎드려 있느니라 죄가 너를 원하나 너는 죄를 다스릴지니라"(창 4:6-7)라고 하셨던 것입니다. 하지만 가인은 하나님의 직접적인 경고조차도 무시할 정도로 성품이 죄와 악에 물들었습니다. 결국 그는 친동생을 살해하고 '인류 최초의 살인자'라는 이름을 얻게 되었습니다.

살인하지 말라는 계명을 지키는 이유는 그 규정 이면의 인간 존중과 형제 사랑이라는 외면적 선들을 실천하기 위해서입니다. 더 나아가 우리의 성품을 화평하고 온유한 성품으로 닦아 창조 및 새 창조 본연의 인격과 성품을 이루는 데 있음을 잊어서는 안 됩니다.

간음하지 말라 (제7계명)

간음은 혼인하지 않은 남녀 사이의 성행위를 의미합니다. 그중 법률상 혼인 신고를 마친 자가 배우자 외의 다른 사람과 성행위를 하는 것을 간통이라고 합니다. 한국에서 남녀 사이의 자발적 성행위는 형법적으로 처벌하지 못합니다.

사회 문화적으로 볼 때 간음은 남녀 사이의 성행위에 초점이 맞취져 있습니다. 그런데 예수님은 음욕을 품고 여성을 바라보는 것만으로도 간음한 것이라고 말씀하셨습니다. 더구나 아내가 음행하지 않았는데도 아내를 버리면, 이는 아내로 하여금 간음죄를 저지르게 하는 것이 될 뿐만 아니라 버림받은 여자에게 장가드는 자도 간음죄를 저지르는 것이라고 말씀하셨습니다(마 5:27-32 참조). 이러한 예수님의 말씀을 지켜 내기 위해서는 우리의 인격과 성품이 늘 하나님을 향하고 있어야 합니다. 다시 말해, 우리가 창조 및 새 창조 본연의 인격과 성품을 회복하기 위해 늘 깨어 있어야 합니다.

네 이웃에 대하여 거짓 증거하지 말라(제9계명)

제9계명은 "네 이웃에 대하여 거짓 증거하지 말라"는 것으로, 재판 등에서 위증하지 말라는 계명입니다. 법정에서 증언하기 위해서는 증인 선서(맹세)를 해야 합니다. 맹세(선서)할 때 하늘을 앞에 두고, 자신이나 가족의 목숨을 걸고 맹세하는 경우가 있습니다. 하지만 예수님은 그 맹세조차 하지 말라고 하셨습니다.

> 또 옛 사람에게 말한 바 헛 맹세를 하지 말고 네 맹세한 것을 주께 지키라 하였다는 것을 너희가 들었으나 나는 너희에게 이르노니 도무지 맹세하지 말지니 하늘로도 하지 말라 이는 하나님의 보좌임이요 땅으로도 하지 말라 이는 하나님의 발등상임이요 예루살렘으로도 하지 말라 이는 큰 임금의 성임이요 네 머리로도 하지 말라 이는 네가 한 터럭도 희고 검게 할 수 없음이라 오직 너희 말은 옳다 옳다, 아니라 아니라 하라 이에서 지나는 것은

악으로부터 나느니라(마 5:33-37).

하나님이나 권위자의 이름을 걸고 하는 맹세는 맹세하는 자가 자신의 도덕적 우위를 드러냄으로써 사람들의 동조를 이끌어 내거나 자신의 주장을 관철시키는 방책으로 악용될 여지가 있습니다. 진실을 왜곡하기 위해 맹세할 수도 있습니다. 예수님은 이러한 정황을 아시고 진실을 왜곡하려거든 맹세하지 말라고 하셨던 것입니다. 맹세하지 않고 맞으면 "맞다", 아니면 "아니다"라고 하여 진실만을 말하면 된다는 것이 예수님 말씀의 뜻입니다.

핵심 정리 규범의 내면화

법을 지키는 목적은 외면적 법을 실천할 뿐 아니라 법이 지향하는 정의와 선을 이루는 데 필요한 성품을 함양하기 위해서입니다. 마찬가지로 우리는 율법이 지향하는 외면적 선을 실천할 뿐 아니라 그러한 선을 실천할 수 있는 내면적 선, 즉 인격과 성품을 함양해야 합니다.

- 그리스도인에게 요청되는 '바리새인보다 더 나은 의'는 무엇입니까?

하나님 나라 시민이면 '행하라'
믿음과 행함

믿음은 시공간 세계에서 영원 세계인 천국을 바라보는 눈이라고 했습니다. 우리가 천국 시민이라면 우리에게는 천국에 대한 믿음이 있을 것입니다. 우리가 천국을 소유하여 하나님 나라의 시민이 되었다면, 이 땅에서의 삶을 통해 하나님 나라의 시민임을 증명해야 합니다. 다시 말해, 믿음을 증명해야 합니다.

(행함이 없는 믿음은 죽은 믿음

예수님은 "내 안에 거하라 나도 너희 안에 거하리라 가지가 포도나무에 붙어 있지 아니하면 스스로 열매를 맺을 수 없음 같이 너희도 내 안에 있지 아니하면 그러하리라 나는 포도나무요 너희는 가지라 그가 내 안에, 내가 그 안에 거하면 사람이 열매를 많이 맺나니 나를 떠나서는 너희가 아무것도 할 수 없음이라"(요 15:4-5)라고 말씀하셨습니다.

예수님은 또 "이와 같이 좋은 나무마다 아름다운 열매를 맺고 못된 나무가 나쁜 열매를 맺나니 좋은 나무가 나쁜 열매를 맺을 수 없고 못된 나무가 아름다운 열매를 맺을 수 없느니라 아름다운 열매를 맺지 아니하는 나무마다 찍혀 불에 던져지느니라 이러므로 그들의 열매로 그들을 알리라 나더러 주여 주여 하는 자마다 다 천국에 들어갈 것이 아니요 다만 하늘에 계신 내 아버지의 뜻대로 행하는 자라야 들어가리라"(마 7:17-21)라고 말씀하셨습니다.

예수님의 말씀은 영혼과 마음에 천국을 소유한 사람이라면 그의 삶에 드러날 수밖에 없다는 것입니다. 또 고난의 시기에 이르면 평소에 내뱉었던 말이 진실이었는지 거짓이었는지 드러나게 된다는 뜻입니다. 이 말씀은 하나님 말씀에 따라 살고 열매를 맺어야 믿음을 얻게 된다는 뜻이 아닙니다. 믿음은 하나님이 거저 주시는 선물이지 우리가 노력으로 얻을 수 있는 것이 아니기 때문입니다. 이 말씀은 천국의 믿음을 가진 자는 어떻게든 자기 삶에서 그것을 증명해 낸다는 뜻입니다.

성경을 읽다 보면 "구원을 받기 위해서는 오직 믿음만 있으면 되는가, 아니면 행위(실천적 행위)가 있어야 하는가?"라는 질문에 봉착하게 됩니다. 이는 바울 서신의 말씀과 야고보서의 말씀이 일견 보기에는 모순이 있는 것처럼 읽히기 때문입니다. 그러나 말씀에는 아무런 모순이 없습니다. 바울 서신 중 믿음에 관한 대표적인 구절을 보면 다음과 같습니다.

너희는 그 은혜에 의하여 믿음으로 말미암아 구원을 받았으니 이것은 너희에게서 난 것이 아니요 하나님의 선물이라 행위에서 난 것이 아니니 이는 누구든지 자랑하지 못하게 함이라(엡 2:8-9).

이외에도 바울은 로마서 3장 28절, 11장 6절, 10장 13절 등에서 믿음을 강조합니다. 이에 비해 야고보는 다음과 같이 말합니다.

내 형제들아 만일 사람이 믿음이 있노라 하고 행함이 없으면 무슨 유익이 있으리요 그 믿음이 능히 자기를 구원하겠느냐 만일 형제나 자매가 헐벗고 일용할 양식이 없는데 너희 중에 누구든지 그에게 이르되 평안히 가라, 덥게 하라, 배부르게 하라 하며 그 몸에 쓸 것을 주지 아니하면 무슨 유익이 있으리요 이와 같이 행함이 없는 믿음은 그 자체가 죽은 것이라(약 2:14-17).

이 구절들은 다음과 같이 통합해서 이해해야 합니다.

구원을 얻기 위한 방법이 오직 믿음뿐임은 절대적인 진리입니다. 율법의 행위나 선행 등으로써는 구원을 얻을 수 없습니다. 바울 사도의 말은 이 점을 강조한 것입니다. 그런데 믿음의 효과는 생명, 다시 말해 영생을 얻는 것입니다. 따라서 믿음을 선물 받아 소유한 자는 사망의 자격에서 생명의 자격으로 거듭나게 됩니다. 생명은 눈으로 볼 수 없지만 증거를 통해 자신이 살아 있음을 증명합니다. 가을에 땅에 떨어졌던 도토리 중 겨울을 이겨 내고 생명을 지킨 것들은 봄이 되면 껍질을 깨고 나와 싹을 틔워 자신에게 생명이 있음을 보여 줍니다. 이와 마찬가지로 참 믿음, 즉 생명을 소유한 믿음은 증거를 통해 자신이 살아 있음을 증명해야 한다는 것입니다. "믿음은 … 보이지 않는 것들의 증거"(히 11:1)라는 말씀은 이를 두고 하는 말씀입니다.

(하나님 나라 시민의 내적 및 외적 증거

그럼 하나님 나라의 시민이라는 증거는 무엇일까요? 그 증거에는 내적 증거와 외적 증거가 있습니다. 내적 증거에는 여러 가지가 있으나 대표적인 것이 갈라디아서 5장 22-23절에 나오는 성령의 9가지 열매입니다. 천국 시민, 다시 말해 참 믿음을 가진 자는 성령의 도우심으로 사랑, 희락, 화평, 오래 참음, 자비, 양선, 충성, 온유, 절제의 마음을 가집니다. 그런데 이러한 내적 증거는 반드시 외적 증거로 드러나게 됩니다.

사랑, 자비, 양선, 온유의 열매의 증거는 이웃을 내 몸과 같이 사랑하는 것이고, 희락의 열매의 증거는 항상 기뻐하는 것입니다. 충성의 열매는 마음속에서만이 아니라 사람들 앞에서 떳떳하게 예수를 구주로 입으로 시인하는 것입니다(롬 10:10). "누구든지 사람 앞에서 나를 시인하면 나도 하늘에 계신 내 아버지 앞에서 그를 시인할 것이요 누구든지 사람 앞에서 나를 부인하면 나도 하늘에 계신 내 아버지 앞에서 그를 부인하리라"(마 10:32-33)라는 예수님의 말씀은 이를 두고 하시는 말씀입니다. 충성의 열매는 헛된 맹세를 남발하지 않습니다. 베드로는 대제사장의 집 뜰에서 예수님을 세 번이나 부인함으로써 자신의 맹세를 지키지 못했습니다. 하지만 나중에 회개하고 순교함으로써 충성을 증명했습니다.

이러한 증거가 없는 사람은 믿음의 증명이 없는 사람입니다. 참 믿음이라면 당연히 내적, 외적 증거를 통한 증명이 있어야 합니다. 야고보 사도가 말한 행함이 없는 믿음이란 이러한 증명이 없다는 것을 의미합니다. 따라서 야고보 사도도 구원은 오직 믿음으로써만 가능하다는 점을 부정한 것이 아니라, 성도들이 아브라함, 라합 등과 같이 참 믿음의 증명을 통해 하나님께 영광을 돌려 드려야 한다는 점을 밝힌 것이라고 이해해야 합니다.

핵심 정리 믿음과 행함

하나님 나라 시민의 증거에는 내적 증거와 외적 증거가 있습니다. 대표적인 내적 증거는 성령의 9가지 열매이고, 이것은 반드시 외적 증거로 드러나게 됩니다. 참 믿음은 행함으로 나타납니다.

- 당신이 맺고 있는 내적 열매(사랑, 희락, 화평, 자비…)들은 당신이 속한 공동체에서 어떻게 드러나고 있습니까?

하나님 나라 시민이면 '하나님을 사랑하라'

하나님 사랑

한 나라의 국민이라면 국가와 국가를 대표하는 지도자들을 존경하고 사랑합니다. 마찬가지로 우리가 하나님 나라의 시민이라면 성부 하나님과 성자 하나님과 성령 하나님을 경외하고 사랑하지 않을 수 없습니다. 예수님은 "마음을 다하고 목숨을 다하고 뜻을 다하고 힘을 다하여"(막 12:30) 하나님을 사랑하라고 하셨습니다. 그런 사랑을 할 수 있는 사람이 과연 몇 명이나 될까요? 이것을 생각하면 우리는 겸손해질 수밖에 없습니다.

(　　우상을 만들지 말라

하나님을 소극적으로 사랑하는 것은 '하나님 아닌 다른 존재를 하나님의 자리에 앉히지 않는 것'입니다. 한마디로 우상 숭배 금지이며, 이는 거룩하신 하나님 앞에서 경건을 유지하는 것입니다. 우상 숭배 금지 명령은 십계명 중 첫 세 계명에 언급되었습니다(출 20:3-7 참조).

우상 숭배란 우리 삶의 주인이 아닌 대상(우상)을 주인의 자리에 앉혀 놓고 그의 지시에 따라 삶을 살아간다는 뜻입니다. 인간은 다양한 이유로 우상을 섬기고, 시대와 환경에 따라 섬기는 대상을 달리합니다. 이것은 우상이 인간이 만들어 낸 피조물에 불과하다는 것을 뜻합니다. 우상이 인간이 만들어 낸 것에 불과하다면 우상을 지배하는 것은 바로 인간 자신입니다. 결국 우상은 실존이 아니라 허상에 불과합니다.

앞에서 보았듯이 세계는 권력, 돈, 성을 최고의 가치로 생각합니다. 인간이 권력과 돈과 성을 우상으로 섬기는 일차적인 이유는 그것들이 주는 쾌락 때문입니다. 그것들은 그 자체로는 불법적이지 않기 때문에 그것들을 통해 얻을 수 있는 쾌락은 마약과 같은 불법적인 것들이 주는 쾌락과는 차원이 다릅니다. 그런데 그것들에게 부패가 발생한 경우에는 파괴적인 결과를 초래할 수도 있습니다.

권력과 돈과 성은 서로에게 부패를 초래할 가능성이 조금이라도 있다면 함께 두어서는 안 됩니다. 인간이 탐욕으로 인해 이 점을 무시하면, 결국에는 치명적인 위기를 맞게 될 것입니다.

인간이 권력과 성과 돈을 사랑한다는 것은 자신의 쾌락을 위해서입니다. 권력과 성과 돈을 우상으로 숭배한다는 것은 인간 자신을 우상으로 숭배하는 것입니다. 권력, 성, 돈을 숭배하는 것과 인간 자신을 우상으로 숭배하는 것은 동전의 양면과 같습니다. 결국 우상 숭배의 종착점은 하나님을 죽이고 인간을 하나님의 지위에 올리는 것입니다. 포스터모더니즘 사회에서는 하나님의 심판보다 하나님의 사랑이, 인간의 죄보다 인간의 수치가, 인간의 죄 사함보다 인간 자아의 상처 치유가, 인격보다 성격(개성)이, 신학과 윤리학보다 심리학이, 하나님을 높이는 찬송보다 인간에게 위로를 주는 복음송이 강조됩니다. 이런 경향은 바로 하나님을 왕좌에서 끌어내리고 인간이 그 자리를 차지한 결과입니다.

하나님을 즐거워하라

우리는 권력과 성과 돈을 사랑하는 대신 하나님을 사랑해야 합니다. 하지만 이것은 결코 만만한 일이 아닙니다. 왜냐하면 우리는 아담과 하와의 원죄로 인해 타락하고 부패했기 때문입니다. 하나님을 '적극적으로' 사랑하는 것은 인간의 첫 번째 목적(Telos)인 "하나님을 영화롭게 하고 영원토록 그를 즐거워하는 것"입니다.

하나님은 인간을 창조하신 분이고, 우리에게 "아빠 아버지"(막 14:36)로 불리는 것을 기뻐하시는 분입니다. 기도는 하나님과의 대화입니다. 기도가 하나님과의 대화라면, 대화는 만남을 전제하므로 기도는 하나님과의 인격적 만남을 의미합니다. 하나님은 영원 세계와 시공간 세계 모두를 통치하고 계십니다. 우리가 하나님을 만나려면 시공간 세계를 초월할 수 있는 눈이 있어야 합니다. 하지만 인간의 힘으로는 그것이 불가능합니다. 이를 가능하게 하실 수 있는 분은 하나님뿐이십니다. 하나님이 영원 세계의 문을 여시지 않는 한, 다시 말해 계시를 보여 주시지 않는 한 우리는 초월적 세계를 체험할 수가 없습니다.

야곱의 체험은 이를 잘 말해 줍니다. 야곱은 형인 에서에게 상속되어야 할 장자의 명분을 편취했기 때문에 죽임을 당할까 봐 외삼촌이 있는 하란으로 도망갔습니다. 야곱은 하란에 도착하기 전 어느 날, 땅에 있는 돌을 베개 삼아 잠을 자다가 꿈속에서 사닥다리가 땅 위에 서 있는데 그 꼭대기가 하늘에 닿았고 또 본즉 하나님의 사자들이 그 위에서 오르락내리락하는 광경을 목격했습니다(창 28:12). 이 광경은 단순한 꿈이 아니었습니다. 하나님이 영원 세계의 문을 여시고, 사자들로 하여금 시공간 세계에 있는 야곱에게 당신의 말씀을 전달하시는 모습을 의미합니다. 바로 참된 기도의 모습이 무엇인지를 가르쳐 주는 말씀입니다.

예수님은 하나님과 어떻게 대화해야 하는지 가르쳐 주셨습니다.

먼저, 기도가 하나님을 향하지 않고 사람들을 향하는 것을 금지하셨습니다. 그러면서 오직 은밀한 중에 계신 아버지께 기도하라고 말씀하셨습니다(마 6:5-6).

다음으로, 예수님은 기도할 때에 하나님을 우상 취급하여 우상에게 주문을 외우듯 기도하지 말라고 하셨습니다(마 6:7-8). 이것은 하나님과의 인격적 만남이 아니라는 것입니다. 그런 다음 예수님은 세상에서 가장 아름다운 기도를 우리에게 가르쳐 주셨습니다. 바로 '주기도문'입니다.

> 하늘에 계신 우리 아버지여 이름이 거룩히 여김을 받으시오며 나라가 임하시오며 뜻이 하늘에서 이루어진 것같이 땅에서도 이루어지이다 오늘 우리에게 일용할 양식을 주시옵고 우리가 우리에게 죄지은 자를 사하여 준 것같이 우리 죄를 사하여 주시옵고 우리를 시험에 들게 하지 마시옵고 다만 악에서 구하시옵소서 (나라와 권세와 영광이 아버지께 영원히 있사옵나이다 아멘)(마 6:9-13).

마지막으로, 예수님은 기도를 통해서 원하는 것을 얻게 되고, 찾고 싶은 것을 찾게 되고, 닫혔던 문을 열 수 있게 될 것이라고 말씀하셨습니다.

> 구하라 그리하면 너희에게 주실 것이요 찾으라 그리하면 찾아낼 것이요 문을 두드리라 그리하면 너희에게 열릴 것이니 구하는 이마다 받을 것이요 찾는 이는 찾아낼 것이요 두드리는 이에게는 열릴 것이니라 너희 중에 누가 아들이 떡을 달라 하는데 돌을 주며 생선을 달라 하는데 뱀을 줄 사람이 있겠느냐 너희가 악한 자라도 좋은 것으로 자식에게 줄 줄 알거든 하물며 하늘에 계신 너희 아버지께서 구하는 자에게 좋은 것으로 주시지 않겠느냐(마 7:7-11).

그런데 예수님은 바로 이어서 "그러므로 무엇이든지 남에게 대접을 받고자 하는 대로 너희도 남을 대접하라 이것이 율법이요 선지자니라"(마 7:12)라고 말씀하셨습니다. 이 말씀은 이른바 '황금률'이라고 불리는 말씀입니다. 보통 사람들은 이 말씀을 인간과 인간 사이에서만 적용하는 경향이 있습니다. 하지만 말씀의 문맥을 보면 인간과 하나님 사이의 황금률로도 적용해야 합니다.

따라서 우리가 원하는 것과 찾는 것을 얻고, 막힌 문이 열리도록 하기 위해 하나님의 도우심이 필요하다면, 우리가 먼저 하나님께 무언가를 해 드려야 합니다. 그것은 헌금을 하는 등의 물질적인 것이 아니라 하나님을 사랑하고 이웃을 사랑하는 것과 이를 통해 회복되는 창조 및 새 창조 본연의 인격과 성품입니다.

결론적으로, 우리의 기도가 응답을 받으려면 하나님을 사랑하고 하나님이 주시는 힘으로 이웃을 사랑하면서, 하나님이 기뻐하시는 인격과 성품을 이루어 가야 합니다.

핵심 정리 하나님 사랑

하나님 나라의 시민이라면 성부, 성자, 성령 하나님을 사랑해야 합니다. 소극적으로 사랑하는 것은 우상 숭배를 하지 않는 것이고, 적극적으로 사랑하는 것은 그분과 인격적 관계를 맺으며 그분을 영화롭게 하고 영원토록 즐거워하는 것입니다.

- 인간의 창조 목적이 "하나님을 영화롭게 하고 영원토록 그를 즐거워하는 것"임을 기억하면서 하루의 계획을 이 목적에 맞게 세워 봅시다.

하나님 나라 시민이면 '이웃을 사랑하라'

이웃 사랑

　같은 나라의 동포들끼리는 동포애가 있습니다. 마찬가지로 우리가 하나님 나라의 시민이라면 이웃을 사랑해야 합니다. 그런데 예수님은 "네 이웃을 네 자신과 같이 사랑하라"(막 12:31)라고 하셨습니다. 이웃을 사랑하는 데 '네 자신과 같이 사랑하라'는 기준을 부여하신 것입니다. 인간의 실존 조건이 바로 자기 자신의 생명이기 때문입니다.

누가 강도 만난 자의 이웃인가

　사람들은 다양한 집단이나 공동체에 소속되어 삶을 살아가고, 그로 인해 다양한 정체성을 형성하게 됩니다. 가정에서는 부모와 자녀로, 학교에서는 교사와 학생으로, 한 국가에서는 국민이나 외국인으로, 생물학적으로는 남성과 여성으로 사회적 좌표를 가집니다. 이처럼 사람들은 다양한 사회적 지위 속에서 다양한 정체성을 지니고 살아갑니다. 시공간 세계에서 하나님 나라의 통치를 받는 사람은 신분과 정체성이 하나 더 추가됩니다. 그것은 하나님 나라 시민으로서의 신분과 그로 인한 정체성입니다.

신분과 정체성은 삶의 경계를 만들고, 경계는 영역을 경계의 안과 밖으로 나눕니다. 사람들은 경계 안팎의 타인들에게 다른 처우를 하려는 경향, 다시 말해 경계 안의 사람들은 '포용'하려 하고, 경계 밖의 사람들은 '배제'하려는 경향이 있습니다. 어쩌면 경계를 나누는 이유가 경계 안팎의 사람들을 달리 대우하기 위함일 수도 있습니다.

그 이유는 '자기 보전 본능'이라는 인간의 본성 때문입니다. 신체의 안전에 위협이 닥치고, 자유의 전제인 질서가 흐트러지며, 사생활 보장의 근거가 되는 재산이나 사회적 지위의 획득을 위한 경쟁에 휩싸이게 되면, 자기 보전 본능은 그 모습을 드러냅니다. 다시 말해, 배제를 시작하는 것입니다. 안전, 질서, 이익이라는 이해관계가 걸린 자기 보전 본능 상호 간의 충돌은 갈등을 유발하고, 갈등이 심화되면 폭력이 발생되기도 합니다. 폭력의 단계에 이르러 수반되는 인간의 감정에는 미움이나 싫음이 있고, 그중 미워하거나 싫어하는 마음이 아주 심한 경우를 혐오라고 합니다.

"팔은 안으로 굽는다"는 속담처럼, 사람들은 신분이나 정체성의 경계 안에 있는 사람들에게 정의를 실현하거나 선의를 베푸는 경향이 있습니다. 그 이면에는 포용이 전제되었다고 할 수 있습니다. 반대로 사람들은 경계 밖의 사람들에게는 정의의 원리를 작동시키려 하지 않고 선의를 베푸는 것도 주저하게 됩니다. 그 근원에는 경계 밖의 사람들을 배제하는 태도가 전제되었습니다.

사람들은 법적 의무(duty) 외에 적어도 도덕적 책무(obligation)라도 있어야 다른 사람들에게 선의를 베풀 수가 있습니다. 도덕적 책무를 부담하는 경계의 안에 있는 사람들을 이웃이라고 할 수 있습니다. 이웃이라는 경계를 넘어가는 경우에는 선의를 베풀기가 쉽지 않습니다. 하나님 나라를 사는 자들은 이웃의 경계가 '땅끝까지'입니다. 다시 말해, 지구상의 모든 인류가 그리스도인의 이웃인 것입니다. 이 점에 관해 예수님은 다음과 같이 가르치셨습니다.

어떤 율법교사가 일어나 예수님을 시험해 보려고 "선생님 내가 무엇을 하여야 영생을 얻으리이까"(눅 10:25)라고 질문했습니다. 질문의 취지는 공동체라는 울타리 속에서 사랑을 베풀어 주어야 할 사람들이 이웃인데, 여기서 공동체의 범위를 어떻게 정할 것인지 가르쳐 달라는 것이었습니다. 다시 말해, 공동체의 범위가 정해져야 이웃의 범위가 정해질 것이고, 그래야만 자신이 이웃 사랑의 의무를 실천할 대상을 정할 수 있게 된다는 것입니다. 그는 율법의 해석이 주어져야만 행동에 옮기는 율법주의자의 전형을 보여 줍니다.

그의 의도를 알아차리신 예수님은 "율법에 무엇이라 기록되었으며 네가 어떻게 읽느냐"(눅 10:26)라고 되물으셨습니다. 그러자 율법교사는 "네 마음을 다하며 목숨을 다하며 힘을 다하며 뜻을 다하여 주 너의 하나님을 사랑하고 또한 네 이웃을 네 자신같이 사랑하라 하였나이다"(눅 10:27)라고 답했습니다. 이에 대해 예수님은 "네 대답이 옳도다 이를 행하라 그러면 살리라"(눅 10:28)라고 대답해 주셨습니다.

그런데 그 율법교사는 예리한 질문을 하여 자신을 과시할 심산으로 예수님께 "그러면 내 이웃이 누구니이까"(눅 10:29)라고 물었습니다. 그러자 예수님은 한 가지 사례를 들어 말씀하셨습니다.

> 어떤 사람이 예루살렘에서 여리고로 내려가다가 강도를 만나매 강도들이 그 옷을 벗기고 때려 거의 죽은 것을 버리고 갔더라 마침 한 제사장이 그 길로 내려가다가 그를 보고 피하여 지나가고 또 이와 같이 한 레위인도 그곳에 이르러 그를 보고 피하여 지나가되 어떤 사마리아 사람은 여행하는 중 거기 이르러 그를 보고 불쌍히 여겨 가까이 가서 기름과 포도주를 그 상처에 붓고 싸매고 자기 짐승에 태워 주막으로 데리고 가서 돌보아 주니라 그 이튿날 그가 주막 주인에게 데나리온 둘을 내어 주며 이르되 이 사람을 돌보아 주라 비용이 더 들면 내가 돌아올 때에 갚으리라 하였으니(눅 10:30-35).

이 말씀을 하신 다음 예수님은 율법교사에게 "네 생각에는 이 세 사람 중에 누가 강도 만난 자의 이웃이 되겠느냐"(눅 10:36)라고 질문하셨습니다. 그 질문에 율법교사는 차마 '사마리아인입니다'라는 말을 내뱉을 수가 없었기에 "자비를 베푼 자니이다"(눅 10:37)

라고 대답했습니다. 그러자 예수님은 그에게 "가서 너도 이와 같이 하라"(눅 10:37)라고 말씀하셨습니다.

우리는 대부분 나를 기준으로 해서, 나를 도와주고 나도 그를 도와주는 관계를 이웃이라고 해석합니다. 하지만 예수님의 가르침은 그렇지 않습니다. 예수님이 말씀하신 바는, 내가 이웃 사랑을 실천할 수 있도록 그 대상이 되어 주는 모든 사람이 나의 이웃이라는 뜻입니다. '돕는 배필'의 의미가 '내가 사랑을 실천할 수 있도록 상대방이 되어 주는 사람'이라는 것과 마찬가지입니다. 그 상대가 가난하든 부자든 관계가 없습니다. 우리에게 사랑을 베풀 기회를 주는 모든 사람이 우리의 이웃임을 명심해야 합니다. 그러므로 우리는 우리가 사랑을 베풀어 준 자들에게 감사하다는 말을 들을 필요가 없습니다. 오히려 우리의 사랑을 받아 주었기에 감사하다고 해야 할 것입니다.

결국 예수님의 가르침에서는 이웃의 경계가 없습니다. 인류 모두가 포용해야 할 이웃이지, 배제해야 하는 이웃은 존재하지 않는다는 뜻입니다.

인간은 보통 가까운 관계를 맺은 사람들과 사랑을 나눕니다. 여기에는 4가지 종류의 사랑이 있습니다. 남녀 간의 사랑인 에로스(Eros), 친구 간의 우정인 필리아(Philia), 부모와 자식 간의 사랑인 스토르게(Storge), 일방적이고 불가역적인 신적 사랑인 아가페(Agape)입니다. 기하학적으로 표현하면 에로스와 필리아는 수평선의 사랑이고, 아가페는 수직선의 사랑입니다. 그 중간에 사선적 사랑인 스토르게가 위치합니다. 부모와 자식 간의 사랑은 한쪽으로 기울어져 있지만 노력하면 어느 정도 되갚을 수 있기 때문입니다.

경계를 넘어 사랑을 실천한다는 것은 우리와 가까운 관계에 있는 사람이 아니더라도 사랑을 실천하는 것입니다. 경계 초월의 사랑은 이웃을 향한 단순한 자선 행위에서부터 원수를 사랑하는 데까지 다양한 스펙트럼을 지닙니다. 바로 이 점 때문에 경계 초월의 사랑을 실천하는 것은 매우 어렵습니다.

그렇다면 이웃 사랑의 출발점은 '배제하지 않고 포용하는 것'에 있다고 할 것입니다. 그럼 이웃 사랑의 완성은 어떤 목표점을 지향하고 있을까요? 그것은 바로 포용한 이웃을 '자기 자신과 같이 사랑'하는 것입니다. 이것이 바로 예수님이 가르치신 "네 이웃을 네 자신과 같이 사랑하라"라는 말씀의 진정한 의미입니다.

예수님은 사회적 약자나 어려움에 처한 이웃들을 구제하라고 하셨습니다. 구제란 단순히 물질적인 선의를 베푸는 것을 넘어 정신적, 육체적 및 사회적으로 곤궁하거나 어려운 사람들을 위해 그들의 필요에 따라 베풀어 주는 것입니다. 구제하기 위해서는 먼저 그들을 포용할 수 있어야 합니다. 예수님은 우리가 고아와 과부와 나그네와 옥에 갇힌 자를 구제하면 그것이 바로 예수님을 구제한 것이라고 말씀하시면서, 사회적 약자나 어려움에 처한 사람들을 예수님으로서 포용하라고까지 말씀하셨습니다(마 25:34-40).

"구제함을 은밀하게 하라"(마 6:4)라는 뜻은 구제하는 사람의 입장에서는 명예욕을 앞세우지 말고 순수하게 이웃을 사랑하는 마음에서 하라는 것이고, 구제를 받는 사람에 대해서는 그의 곤궁한 처지를 드러내어 수치심을 안겨 주지 말라는 것입니다.

용서하고 잊어 사랑을 성취하라

미로슬라프 볼프는 《배제와 포용》(IVP, 2012)이라는 책에서 화해와 평화를 4단계로 나누고 있습니다. 첫 번째는 '회개'의 단계이고, 두 번째는 '용서'의 단계이며, 세 번째는 '포용'의 단계이고, 마지막으로는 '잊어버림'의 단계입니다. 회개와 용서는 깨어진 관계라는 특별한 상황을 전제로 하므로, 깨어진 관계에서 화해하려면 회개와 용서가 우선되어야 합니다. 하지만 특별한 마찰 없이 공동체 생활을 하는 사람들과 이제 막 관계를 시작하려는 사람들에게는 회개와 용서의 단계가 없으므로, 포용이 내적 및 외적 평화를 이루는 데 아주 중요한 역할을 담당하게 됩니다.

앞에서 언급했듯이, 포용한다는 것은 자기 신분과 정체성의 경계 밖으로 사람들을 배제시키지 않는다는 뜻입니다. 정당하지 못한 배제는 넓은 의미에서의 폭력이 됩니다. 배제는 경계 밖의 사람에 대하여 분노하고 혐오하고 비하하며, 비판과 정죄를 하게 합니다. 예수님은 이웃의 경계가 없다는 전제를 두신 다음, 자신의 경계를 좁혀 가는 배제 행위를 그치라고 하셨습니다. 그리고 거기 더 나아가 상처나 해악을 끼친 사람들을 용서하고 포용하라고 하셨습니다. 심지어 '원수'까지도 용서하고 포용하라고 하셨습니다. 그것이 바로 이웃 사랑의 실천입니다.

비판하지 말라, 정죄하지 말라

예수님은 "비판하지 말라 그리하면 너희가 비판을 받지 않을 것이요 정죄하지 말라 그리하면 너희가 정죄를 받지 않을 것이요"(눅 6:37)라고 말씀하셨습니다. 비판하는 자는 두 가지 전제에 서야 합니다. 첫 번째는 자신이 옳다는 전제에 서야 하고, 두 번째는 자신이 비판할 수 있는 지위, 다시 말해 심판자의 지위에 있다는 전제에 서야 합니다.

도덕상대주의자들도 사람들을 비판합니다. 그리고 자신의 주장을 절대로 굽히지 않습니다. 그런데 이는 자신의 판단과 비판이 절대적으로 옳다는 전제에 서 있는 것입니다. 이는 모든 도덕은 절대적이지 않고 상대적이라는 자신의 주장에 자신만은 예외로 취급하는 것이고, 이는 결국 자신을 도덕 창조자(또는 설계자)의 지위에 올려놓는 것이 됩니다. 그러한 예외는 배제를 만들어 냅니다. 결국 비판과 정죄는 배제를 위한 전제 조건이 됩니다.

심판할 특별한 지위에서 하나님으로부터 계시된 법과 도덕에 따라 심판하는 것은 사회 공동체를 유지하기 위해 부득이한 일입니다. 그러한 지위에 있지 않다면 남을 비판할 때 신중에 신중을 기해야 할 것입니다. 자칫하다가는 도덕상대주의자처럼 하나님의 지위를 찬탈하는 교만을 저지를 수 있습니다.

용서하라

용서는 포용을 위한 전 단계입니다. 용서가 없으면 포용할 수가 없고, 이는 사랑을 이루지 못하게 합니다. 예수님은 용서에 관해 다음과 같이 말씀하셨습니다.

> 너희가 사람의 잘못을 용서하면 너희 하늘 아버지께서도 너희

잘못을 용서하시려니와 너희가 사람의 잘못을 용서하지 아니하면 너희 아버지께서도 너희 잘못을 용서하지 아니하시리라(마 6:14-15).

일곱 번뿐 아니라 일곱 번을 일흔 번까지라도 [용서]할지니라(마 18:22).

일곱 번을 일흔 번, 다시 말해 490번이나 용서하라는 것은 상대가 490번이나 잘못을 저지르는 것을 전제로 합니다. 보통의 인간으로서는 한 번 저지른 잘못도 용서하기가 어려운데, 490번씩이나 잘못을 저질러도 매번 용서를 한다는 것은 불가능한 일입니다. 그리고 용서는 '잊어버림'의 전제입니다. 하지만 인간은 시공간 세계에 사는 동안 자신이 당한 피해의 기억을 완전히 지울 수가 없습니다. 용서했다가도, 상대방이 다시 잘못을 저지르게 되면 지난 잘못까지도 들추어내서 책임을 추궁하려고 하는 것이 인간의 본성입니다. 그런데 그런 경우도 다시 용서하라는 것이 예수님의 말씀입니다. 새 하늘과 새 땅이 만들어지는 예수님의 재림 때, 그때에는 모든 아픔이 잊히고 온전한 용서를 할 수 있습니다. 바로 그날 우리는 영원한 안식을 누리게 됩니다.

원수를 사랑하라

예수님은 "악한 자를 대적하지 말라"고 명령하셨습니다.

> 또 눈은 눈으로, 이는 이로 갚으라 하였다는 것을 너희가 들었으나 나는 너희에게 이르노니 악한 자를 대적하지 말라 누구든지 네 오른편 뺨을 치거든 왼편도 돌려 대며 또 너를 고발하여 속옷을 가지고자 하는 자에게 겉옷까지도 가지게 하며 또 누구든지 너로 억지로 오 리를 가게 하거든 그 사람과 십 리를 동행하고 네게 구하는 자에게 주며 네게 꾸고자 하는 자에게 거절하지 말라 (마 5:38-42).

더 나아가 예수님은 원수를 사랑하며 박해하는 자를 위해 기도해야 하늘에 계신 아버지의 아들이 된다고 말씀하셨습니다 (마 5:44-45). 이는 "화평하게 하는 자는 복이 있나니 그들이 하나님의 아들이라 일컬음을 받을 것임이요" (마 5:9)라는 팔복의 말씀과 통합니다. 또 예수님이 탄생하셨을 때 천사들이 했던 "지극히 높은 곳에서는 하나님께 영광이요 땅에서는 하나님이 기뻐하신 사람들 중에 평화로다" (눅 2:14)라는 말씀과도 일맥상통합니다.

하나님의 아들이신 예수님은 평화(화평)를 이루기 위해서 세상(땅)에 오셨습니다. 그리고 8일 전쟁을 치르시고 승리하셨습니다. 그 승리를 바탕으로 우리는 각자에게 주어진 전쟁에서 승리를 쟁취해야 합니다. 승리에 이르는 길은 악을 악으로 갚지 않고 선으로 갚는 것입니다. 최종적인 악에 대한 심판권은 하나님께 있고, 예수님이 재림하실 때에 심판권이 행사될 것입니다. 그때에 선과 악의 전쟁이 완전히 종식될 것이나 그전까지는 전쟁 상태가 계속될 것입니다. 전쟁에 임하는 우리는 예수님처럼 사랑과 비폭력의 자세로 평화를 이루어 내고 전쟁을 종식시켜 나가야 합니다. 우리의 전략은 원수를 미워하여 배제하는 대신 포용하고 사랑하는 것이며, 박해하는 자를 저주하여 배제하는 대신 기도하여 포용하는 것입니다.

하늘에 계신 하나님이 원수를 사랑하고 박해하는 자를 위해 기도하는 삶을 독생자를 통해 온전히 보여 주셨듯이, 우리도 우리의 온전한 삶을 하나님께 드려야 합니다. "그러므로 하늘에 계신 너희 아버지의 온전하심과 같이 너희도 온전하라"(마 5:48)라는 말씀처럼, 우리가 예수님의 제자로서 세상에 평화를 이루면 하나님은 우리를 당신의 아들로 삼아 주실 것입니다. 하지만 이 길은 결코 쉬운 길이 아닙니다. 우리가 온전히 이룰 수 있는 삶도 아닙니다. 따라서 우리는 하나님 앞에서 늘 겸손해야 합니다.

핵심 정리 이웃 사랑

예수님은 이웃이란 내가 사랑을 실천할 수 있도록 그 대상이 되어 주는 모든 사람이라고 이웃의 경계를 확장하셨습니다. '돕는 배필'의 의미가 내가 사랑을 실천할 수 있도록 상대방이 되어 주는 사람이라는 것과 마찬가지입니다. 그리고 이웃 사랑은 포용한 이웃을 '자기 자신과 같이 사랑'하는 것에서 완성됩니다.

- 당신이 생각하는 이웃의 개념과 예수님이 말씀하신 이웃의 개념은 어떻게 다른지 설명해 봅시다.

하나님 나라에는 심판이 있다
삶의 우선순위

성경에서 '심판'이라는 용어는 문맥에 따라 의미가 다르지만, 크게 3가지 뜻으로 나눌 수 있습니다. 우선 심판이라는 용어의 뜻을 제대로 파악하려면 현대적 용어인 '재판'의 의미를 이해하는 것이 좋습니다.

재판은 일정한 절차를 거쳐 최종 결론에 이릅니다. 따라서 재판은 절차 부분과 결론 부분으로 나눌 수 있습니다. 보통 우리가 사용하는 재판의 의미는 절차 부분, 다시 말해 절차적 의미로서의 재판입니다. 재판은 사안별로 민사재판절차, 형사재판절차, 행정재판절차 등으로 나눌 수 있고, 선고하는 내용에 따라 판결절차, 심판절차, 결정절차 등으로 나눌 수 있습니다. 재판의 결론 부분, 다시 말해 결론적 의미의 재판은 '선고'(판결절차) 또는 '고지'(심판절차, 결정절차)라는 표현을 사용합니다. 예를 들어, 형사재판절차는 판결절차이므로 결국 형사재판을 통해 피고인을 처벌하려면 형사재판절차를 거쳐 '형벌의 선고'가 있어야 합니다.

(성경이 말하는 심판의 뜻

성경에서의 심판은 최종적으로 인간의 죄에 대하여 처벌을 내리는 것을 의미하므로, 성격상으로는 이 시대의 형사재판과 비슷하다고 보면 됩니다. 심판은 일정한 절차를 거쳐 선고에 이른다고 할 수 있고, 결국 성경에서의 심판도 절차의 의미로서의 심판과 처벌의 의미로서의 심판으로 나눌 수 있습니다. 염소와 양을 구분하는 것, 알곡과 가라지를 가려내는 것, 그물에 담긴 물고기를 좋은 것과 못된 것으로 가려내는 것은 '의인과 죄인을 구분하기 위한 절차로서의 심판'이라고 할 수 있고, 염소와 가라지와 못된 물고기에 대해서는 정죄와 영원한 벌이 내려지므로 이런 경우는 '죄인에 대한 처벌로서의 심판'이라고 할 수 있습니다.

그렇다면 양과 알곡과 좋은 물고기에 대해서는 심판이 없는 것일까요? 처벌로서의 심판은 없다고 할 수 있습니다. 그러나 염소에서 양을, 가라지에서 알곡을, 못된 물고기에서 좋은 물고기를 가려내기 위한 절차로서의 심판은 있다고 볼 수 있습니다.

그렇다면 양과 알곡과 가라지는 어떤 선고를 받게 될까요? 여기에는 몇 가지 견해가 있습니다. 양과 알곡과 가라지는 '이미' 예수님의 피로써 의롭다는 인정(칭의)을 받았기 때문에 유죄 판결은 선고되지 않습니다. 인간 사회의 재판에 비유하자면, 재판 절차에 입장하자마자 유죄의 판결을 위한 재판을 진행하지 않겠다는 취지로 '공소기각 판결'을 선고받거나, '공소장을 취소하는 결정'을 고지받게 된다는 뜻으로 이해하면 됩니다. 그러므로 성경을 읽을 때 심판이라는 용어가 절차적 의미인지, 결론적 의미인지, 아니면 두 가지 모두를 의미하는지 구분해서 읽으면 도움이 됩니다.

어떤 이들은 하나님은 사랑이시므로 양과 알곡과 가라지를 구분하여 영원한 벌을 내리는 심판을 하지 않으신다고 합니다. 그러나 이는 결코 성경이 가르치는 바가 아닙니다. 또 어떤 이들은 "그를 믿는 자는 심판을 받지 아니하는 것이요"(요 3:18)라는 말씀을 들어 예수님을 믿는 사람들은 심판 절차조차도 거치지 않는다고 합니다. 그러나 저는 그물 비유(마 13:47-48)와 다른 성경 말씀들(행 10:42; 딤후 4:1; 벧전 4:5 등)에 비추어 볼 때 정죄를 통한 영원한 벌을 받지는 않아도 하나님의 심판대 앞에서 양과 염소, 알곡과 가라지, 좋은 물고기와 못된 물고기로 구분되는 심판 절차는 거친다고 생각합니다.

그러므로 이 땅에서 사는 동안 예수님의 이름을 부르며 믿음을 선물로 받은 자처럼 행동했으나 하나님의 심판대 앞에 섰을 때 그 믿음이 거짓으로 드러나면 아무리 예수님의 이름을 불러도 예수님은 그 사람을 위해 변호해 주지 않으실 것입니다. 이렇게 이해하면 그물 비유는 지금 이 시대를 살아가는 그리스도인에게 매우 심각한 비유입니다.

기독교는 심판의 종교이고, "죄와 심판"은 성경의 대주제입니다. "한 번 죽는 것은 사람에게 정해진 것이요 그 후에는 심판이 있으리니"(히 9:27), "하나님은 모든 행위와 모든 은밀한 일을 선악 간에 심판하시리라"(전 12:14)라는 말씀 외에도 성경에는 심판에 관한 내용이 많습니다(전 11:9; 마 3:12, 10:28, 12:36-37, 24:37-39; 요 3:17-18, 5:28-29; 행 17:30-31; 롬 2:4-5, 14:10-12; 살전 5:3, 2:10-12; 히 4:13, 9:27-28, 10:26-29; 벧후 3:7; 계 20:11-15, 21:8, 22:10-13 등). 이처럼 심판에 관한 내용이 많은 이유는 하나님의 심판이 실재성을 가진 사건이기 때문에 사람들에게 그 심각성을 일깨워 주기 위해서입니다. 심판을 믿지 않으면 그리스도인이 아닙니다.

(**하나님 나라에는 심판이 있다**

하나님 나라는 마냥 좋은 곳이 아니라 땅에서의 삶에 대한 심판이 있는 곳입니다. 추수 때에 주인이 곡식은 거두어들이고 가라지는 불태우듯이, 하나님 나라에 들어가기 위해서는 그 나라의 주권자이신 하나님의 허락을 받아야 합니다. 다시 말해, 양과 염소를 나누고, 알곡과 가라지를 구분하며, 좋은 물고기와 못된 물고기를 구분하는 심판절차를 통과해야 합니다.

예수님은 군중을 향해 다음과 같이 말씀하셨습니다.

천국은 좋은 씨를 제 밭에 뿌린 사람과 같으니 사람들이 잘 때에 그 원수가 와서 곡식 가운데 가라지를 덧뿌리고 갔더니 싹이 나고 결실할 때에 가라지도 보이거늘 집 주인의 종들이 와서 말하되 주여 밭에 좋은 씨를 뿌리지 아니하였나이까 그런데 가라지가 어디서 생겼나이까 주인이 이르되 원수가 이렇게 하였구나 종들이 말하되 그러면 우리가 가서 이것을 뽑기를 원하시나이까 주인이 이르되 가만두라 가라지를 뽑다가 곡식까지 뽑을까 염려 하노라 둘 다 추수 때까지 함께 자라게 두라 추수 때에 내가 추수 꾼들에게 말하기를 가라지는 먼저 거두어 불사르게 단으로 묶고 곡식은 모아 내 곳간에 넣으라 하리라(마 13:24-30).

예수님이 무리를 떠나 집에 들어가시니 제자들이 예수님께 나아와 '밭의 가라지 비유'를 설명해 달라고 했습니다. 그러자 예수님은 다음과 같이 풀이하여 설명하셨습니다.

좋은 씨를 뿌리는 이는 인자요 밭은 세상이요 좋은 씨는 천국의 아들들이요 가라지는 악한 자의 아들들이요 가라지를 뿌린 원수는 마귀요 추수 때는 세상 끝이요 추수꾼은 천사들이니 그런즉 가라지를 거두어 불에 사르는 것같이 세상 끝에도 그러하리라 인자가 그 천사들을 보내리니 그들이 그 나라에서 모든 넘어지게 하는 것과 또 불법을 행하는 자들을 거두어 내어 풀무 불에 던져 넣으리니 거기서 울며 이를 갈게 되리라 그때에 의인들은 자기 아버지 나라에서 해와 같이 빛나리라 귀 있는 자는 들으라(마 13:37-43).

예수님은 같은 취지의 말씀을 다음과 같이 비유로 말씀하셨습니다.

또 천국은 마치 바다에 치고 각종 물고기를 모는 그물과 같으니 그물에 가득하매 물가로 끌어내고 앉아서 좋은 것은 그릇에 담고 못된 것은 내버리느니라 세상 끝에도 이러하리라 천사들이 와서 의인 중에서 악인을 갈라내어 풀무 불에 던져 넣으리니 거기서 울며 이를 갈리라(마 13:47-50).

하지만 그물 비유에는 양과 염소 비유, 알곡과 가라지 비유와는 조금 다른 측면이 있습니다. 양과 염소 비유, 알곡과 가라지 비유는 인류 전체를 대상으로 한 심판을 의미합니다. 그러나 그물 비유는 전체 인류에 해당하는 '물고기 전체'가 아니라 '그물에 들어온 물고기'만을 대상으로 한 심판을 의미합니다. 따라서 그물 비유는 양과 염소 비유, 알곡과 가라지 비유보다 좁은 범위의 사람들을 대상으로 한 심판을 말하는 것입니다. 이에 관해 조지 E. 래드는 다음과 같이 말합니다.

> 그물 비유는 범위를 더 좁혀 언급하고 있으며, 그리스도의 인격 안에서 하나님 나라가 역사함으로써 영향을 받은 사람들의 집단을 묘사하고 있다. … 이것은 우리 주님께서 직접 택하신 제자들의 집단 내에 어찌하여 유다와 같은 사람이 있었는가를 이해할 수 있게 만들어 준다.[5]

그물 비유는 교회에 출석하는 사람들이 더욱 주의 깊게 읽어야 할 말씀입니다.

하나님 나라에는 영생과 상이 있다

심판절차를 통과하여 하나님 나라의 시민이 된 사람들에게는 영생이 주어집니다. 영생은 "신령한 몸"(고전 15:44), 부활한 몸으로 영원히 살아가는 것을 의미합니다. 다음 말씀들을 보십시오.

> 하나님이 세상을 이처럼 사랑하사 독생자를 주셨으니 이는 그를 믿는 자마다 멸망하지 않고 영생을 얻게 하려 하심이라(요 3:16).

> 그들은 영벌에, 의인들은 영생에 들어가리라(마 25:46).

영생은 하나님과 예수님을 '아는 것'을 통해 이루어지므로, 이 땅에서 하나님과 예수님을 알게 된 사람들은 '이미' 영생을 확보했다고 할 수 있습니다.

하지만 하나님을 아는 지식은 우리가 지금은 거울로 보는 것같이 희미하나 그때(심판의 때)에는 얼굴과 얼굴을 대하여 볼 것이요 지금은 내가 부분적으로 아나 그때에는 주께서 나를 아신 것같이 내가 온전히 알게 될 것입니다(고전 13:12).

한편, 심판절차를 통과하여 하나님 나라의 시민이 된 사람들에게는 마태복음 25장 14-30절에 나오는 '달란트 비유'처럼 영생 외에 청지기직 수행에 대한 결산을 통해 상이 주어질 것입니다.

삶의 우선순위

심판이 있다는 것을 전제한다면 우리가 삶의 우선순위를 어디에 두어야 할지는 분명해질 것입니다. 그래서 예수님은 "먼저 하나님의 나라와 하나님의 의를 구하라"고 말씀하신 것입니다.

> 한 사람이 두 주인을 섬기지 못할 것이니 혹 이를 미워하고 저를 사랑하거나 혹 이를 중히 여기고 저를 경히 여김이라 너희가 하나님과 재물을 겸하여 섬기지 못하느니라 … 그러므로 염려하여 이르기를 무엇을 먹을까 무엇을 마실까 무엇을 입을까 하지 말라 이는 다 이방인들이 구하는 것이라 너희 하늘 아버지께서 이 모든 것이 너희에게 있어야 할 줄을 아시느니라 그런즉 너희는 먼저 그의 나라와 그의 의를 구하라 그리하면 이 모든 것을 너희에게 더하시리라 그러므로 내일 일을 위하여 염려하지 말라 내일 일은 내일이 염려할 것이요 한 날의 괴로움은 그날로 족하니라 (마 6:24-34).

예수님은 '하나님'과 '재물'의 우선순위에 관해 말씀하시면서, '하나님'과 '맘몬신'(재물의 신)이 인간의 삶을 지배하는 두 주인이라고 표현하셨습니다. 그리스도인은 삶에서 하나님이 우선되어야 한다고, 물질보다 정신과 영혼이 우선되어야 한다고 말합니다. 하지만 실제 우리의 삶을 보면 그렇지 않습니다. 매일 아침 일어나면 "지난밤 동안 지켜 주셔서 감사합니다"라고 기도하기보다는, 갈증과 배고픔에 무엇을 먹고 마실지를 먼저 생각합니다.

'믿음은 시공간 세계에서 영원 세계를 보는 눈'이라고 했습니다. 이것은 "믿음은 바라는 것들의 실상이요 보이지 않는 것들의 증거"(히 11:1)라는 말씀이 뜻하는 바이기도 합니다. 이 눈이 밝으면 우리는 남들이 보지 못하는 세계를 볼 수 있습니다. 그렇게 되면 자신과 세상보다는 하나님과 천국에 우선순위를 두고 살아갈 수 있습니다.

목숨보다 우선순위를 가지는 것이 있을까요? 죽음이 있는 유한한 생명보다 영원한 생명이 우선순위를 가진다는 것은 더 이상 말할 필요가 없습니다. 영원 세계를 보는 눈을 가져야 영원 세계를 소망할 수 있습니다. 그러면 영원 세계의 주재자이신 분이 시공간 세계로 복을 내려 주실 것입니다.

핵심 정리 삶의 우선순위

하나님 나라에는 심판이 있습니다. 그리고 심판절차를 통과하여 하나님 나라의 시민이 된 사람들에게는 영생이 주어집니다. 이 땅에서 예수님을 알게 된 사람들은 '이미' 영생을 확보했습니다. 한편 심판절차를 통과하여 하나님 나라의 시민이 된 사람들에게는 영생 외에 청지기직 수행에 대한 결산을 통해 상이 주어질 것입니다.

- 지금 당신의 우선순위에서 가장 중요한 일은 무엇입니까? 어떤 일에 가장 많은 에너지를 쏟고 있습니까? 심판이 있다는 것을 기억하면서 하루의 우선순위를 다시 세워 봅시다.

에필로그

　　구원을 이루는 길은 예수님밖에 없습니다. 예수님이 길이요 진리요 생명이시기 때문입니다. 구원을 이루는 길은 믿음의 길을 가는 것이고, 믿음의 길에서 벗어나지 않으려면 심판의 왕이요 사랑의 주이신 예수님을 온전히 알아야 합니다. 우리는 젖 먹던 힘까지 짜내어 예수님을 알아야 합니다. 예수님을 알게 되면 자유를 선물로 받습니다. "진리를 알지니 진리가 너희를 자유롭게 하리라"(요 8:32)라는 말씀을 늘 기억하며 살아야 합니다.

　하나님의 아들 예수 그리스도는 하나님 나라를 회복하기 위해 악의 괴수 사탄을 상대로 치르는 전쟁에서 '이미' 승리하셨습니다. 예수님이 십자가의 죽음을 이기시고 부활하신 것이 바로 그 증거입니다. 하지만 사탄의 저항으로 '아직' 회복되지 않은 영역이 있습니다. 이 영역의 회복은 구원의 선물을 받고 하나님 나라의 시민이 된 우리에게 맡겨진 소명이요 의무입니다. 우리는 그 소명과 의무를 이행하기 위해 왕이신 그리스도의 병사로서 '악과의 전쟁'에 참여해야 합니다. 여기서 '양심적 병역 거부권'을 행사하는 것은 하나님 나라의 시민이 되지 않았다는 증거입니다.

근대 계몽주의 사상과 현대 포스트모더니즘은 힌두교, 불교와 같은 범신론적 동양 종교 사상과 결합하여 '새로운 영성 문화'를 만들어 내고 있습니다. 이 영성 문화는 사람들을 교회보다는 명상 센터나 사무실 등에 마련된 명상실로 인도하고, 공동체적 예배보다는 개인적 명상을 선호하게 하며, 죄의 참회는 뒷전으로 하고 인간의 심리적 안정만 추구하게 합니다. 특히, 예수님을 하나님이 아니라 다른 종교의 창시자 정도로 격하시키고, 하나님이라 인정하더라도 '심판주로서의 예수님'에 대해서는 괄호 안에 넣어 버리거나(bracket) 화이트로 지워 버리고(delete) '사랑의 예수님'만 인정하고 있습니다. 우리는 커다란 무쇠솥에 갇힌 개구리마냥 이러한 사탄의 전략을 알지 못한 채 죽어 가고 있습니다.

기독교는 계몽주의가 시작된 이후 200년간 수많은 도전을 받아 왔지만, 이 새로운 영성 문화는 지금까지의 도전과는 차원이 다른 심각한 격전을 예고하고 있습니다. 많은 분이 새로운 영성 문화를 제대로 이해하지 못하면 기독교계의 전망은 매우 어둡다고 합니다. 이 전망이 옳다면 "인자가 올 때에 세상에서 믿음을 보겠느냐"(눅 18:8)라는 예수님의 말씀이 성취되는 것입니다. 그렇게 되면, '여리고성을 향해 진격해 가는 이스라엘 백성'이었던 그리스도인의 신앙적 지위가, 새로운 영성 문화에 침략당한 '여리고성 안에서 해방을 기다리는 창녀 라합과 그 가족'으로 뒤바뀔지도 모릅니다.

하지만 이러한 때를 당해서도 전지전능하신 하나님과 예수님은 성령님을 통해서 믿음의 그루터기를 남겨 두실 것입니다. 그 말씀을 의지해서 믿음을 지켜 나가야 합니다. 특히, 코로나19로 인해 기독교에 대한 사회적 혐오가 매우 커진 현실 앞에서 거룩하신 하나님을 경외하고 사모하는 마음을 늦추어서는 안 된다고 생각합니다. 라합이 하나님 백성의 승전가를 기다리며 성벽 위 오두막집의 창문에 붉은 줄을 드리워 두었듯이, 우리 영혼의 창문 밖으로 붉은 줄을 드리우고 하나님의 전신 갑주로 완전 무장한 채 주님 오실 날까지 믿음을 굳건히 지켜야 합니다.

> 마귀의 간계를 능히 대적하기 위하여 하나님의 전신 갑주를 입으라 우리의 씨름[전투]은 혈과 육을 상대하는 것이 아니요 통치자들과 권세들과 이 어둠의 세상 주관자들과 하늘에 있는 악의 영들을 상대함이라 그러므로 하나님의 전신 갑주를 취하라 이는 악한 날에 너희가 능히 대적하고 모든 일을 행한 후에 서기 위함이라 그런즉 서서 진리로 너희 허리띠를 띠고 의의 호심경을 붙이고 평안의 복음이 준비한 것으로 신을 신고 모든 것 위에 믿음의 방패를 가지고 이로써 능히 악한 자의 모든 불화살을 소멸하고 구원의 투구와 성령의 검 곧 하나님의 말씀을 가지라 (엡 6:11-17).

주

1 예수의 역사적 좌표는, 조병호, 《통박사 조병호의 신구약 중간사》(통독원, 2012)를 참고하여 간략하게 개관했다.
2 제임스 K. A. 스미스, 《습관이 영성이다》(비아토르, 2018), p. 269 이하.
3 마틴 로이드 존스, 《하나님 나라》(복있는사람, 2008), p. 317.
4 달라스 윌라드, 《하나님의 모략》(복있는사람, 2015), p. 173 이하.
5 조지 E. 래드, 《하나님 나라의 복음》(서로사랑, 2009), p. 228.